소득불평등과

예고된 대항의 시간

소득불평등과 예고된 대항의 시간

초판 1쇄 인쇄 2024년 12월 13일
초판 1쇄 발행 2024년 12월 23일

지은이   최재은
펴낸이   박미옥
디자인   황지희
펴낸곳   도서출판 당대
등록   1995년 4월 21일 제10-1149호
주소   서울시 마포구 독막로3길 28-13(서교동) 204호
전화   02-323-1315~6
전자우편 dangdae1995@naver.com
ISBN   978-89-8163-179-6 (03300)

대항의 시간, 예고된 소득 불평등

최재은 지음

 당대

소득불평등이 참을 수 있는 한계를 넘어섰다고 주장하는 이 글의 얼개는 세 해 전쯤에 구상되었다. 문재인정부가 임기를 1년 남짓 앞둔 시점에 소득불평등이 완화되기를 바랐던 기대 상실감이 커지면서, 소득불평등 문제와 빈곤을 영속화하는 성장주의 정책에 대해 문제를 제기해야 한다는 생각에서 시작되었다. 촛불민주주의가 불평등한 소득분배와 제도개혁을 시대적 과제로 부과한 문재인정부를 평가하기에는 이른 시점이었지만, 소득불평등에 대한 문제를 성장정책 체제와 대립시켜 넓혀보자는 의도를 가지고 몇 분에게 제안했었다. 그때 필자가 제안했던 프레임을 책의 형태로 정리했고, 이 글의 범위가 본의 아니게 넓어진 까닭이다.

시간이 지난 지금 그 평가는 더 큰 상실감으로 우리에게 되돌아왔고, 개혁의 진정성이 있었는지를 따져 묻는 시간이 되었다. 뒤이어 정부의 태생부터가 특이한 윤석열정부는 기본과 원칙도 없이 '감세의 정치'와 '배제의 정치'를 확대하고 있다. 국가재정을 관리하겠다면서도 포퓰리즘적 감세정책을 남발하고 있다. 소수를 위해서 다수의 희생을 강요하고 있다.

다루는 내용의 범위가 넓은데도 글을 쓰게 된 배경에는, 소득불평등의 역사가 곧 우리의 역사라는 문제의식이 크게 작용했다. 소득불평등의 역사 속에서 고착된 제도와 정책이 우리 사회의 경제제도와 왜곡된 분배구조를 결정하고 우리 일상을 지배하고 있다. 기대소득의 하락은 부채로 확대되고 빈곤이 상속되고 있다. 권위주의적 경제제도에서 민주적 '탈'소득불평등 정책으로 전환해야 하지만, 국가정부가 우리에게 날마다 '배달'하는 정책은 그렇지 않다. 우리 사회의 정책이 어떻게 포장되어 '성장'과 '혁신적인 세상'이 되는 것처럼 왜곡하는지, 그것이 우리에게 어떤 불평등을 강요하고 누구를 위한 정책인지 눈을 부릅뜨고 적극적으로 목소리를 내자는 제안으로 이해하기 바란다.

이 글의 관점과 논점에 대해서 '조심스럽게' 비평해 주신 분들이 여럿 있었고, 그 비평들이 큰 도움이 되었다. 생각을 다듬을 기회를 제공했다. 이 글의 논리적 비약과 해석의 오류나 또 원인과 결과를 명료하게 설명하지 못한 내용은 다른 분들이 충실히 비판하며 바로잡을 것이다. 소득불평등의 구조적 문제에 대한 논의범위도 더 확장할 것이라고 믿는다. 그리고 이미 많은 연구자·이론가 들의 논문과 저서의 힘도 컸다.

이 글에서 다루는 시간을 살아온 내 삶도 여기서 지칭하는 하위계층과 다르지 않다. 나는 '더 나은 세상'이 되기를 바라는 마음으로 딸의 이름을 '동녘'이라고 지었다. 다음 세대들이 새로운 세상에 살기를 바랐기 때문이다. 그로부터 또 한 세대가 훌쩍 지났지만 저임금·저소득의 시대, 비정규직 시대, 부채사회가 되었고 역사를 거슬러 우리 사회는 더 심하게 불평등을 강요당하는 세상이 되었다. 딸과 그 세대에게 늘 부끄럽고 미안한 마음이 든다. 내 솔직한 고백이다.

저임금·저소득을 강요당하는 모든 하위계층과 또 노동과 빈곤의 현장에서 불평등한 시장체제와 국가의 제도·정책에 맞서 싸우는 많은 활동가에게도 미안하다는 말씀을 드린다.

소득불평등 문제에 큰 관심을 가지고 출판해 준 당대출판사와 특히 기획을 맡아준 심영관 실장께 고맙다는 말씀을 드린다. 늘 어려움을 참으며 함께 사는 삶을 꿈꾸는 동료이자 아내인, 또 평범한 독자로서 초고를 읽고 의견을 보태준 박재희에게 고맙다는 말을 꼭 하고 싶다.

차 례

들어가며

소득불평등과 빈곤을 강요하는 사회

문제제기: 빈곤이 영속화될 가능성

보는 관점에 따라 소득불평등에 대한 심각성이 제각각 다르겠지만, 불평등이 더 확대되고 하위계층의 빈곤이 영속화될 것이라고 비관적으로 전망하는 경고가 하루가 멀다 하듯 제기되고 있다.[*] 여러 각도에서 연구자와 평론가들은 '불평등'과 '불평등한 성장'의 문제를 지적하며, 자본주의 체제가 위기의 정점을 향한다고 말하고 있다. 전망과 경고는, 소득이 낮아서 불평등하다고 말하는 게 아니다. 역사에 내재한 불평등한 분배구조와 권위주의적 경제제도가 소득감소와 '분배 없는' 사회를 강제하기 때문이라고 경고한다. 이런 현실이 우리 사회 위기의 실체라는 것이다. 이런 관점에서 이 글은 소득불평등을 왜곡된 소득분배와 '감세tax reduction의 정치'와 '배제의 정치'의 곱product이라고 규정하였다. 배제의 정치란, 정치집단에서는 상대 정치집단을 배제하는 정

---

[*] 통계시스템(KOSIS)에 따르면 우리나라가 OECD 회원국 중 9번째로 소득불평등이 높다. 그러나 코스타리카, 칠레, 튀르키예, 리투아니아 등의 GDP가 낮은 국가를 제외하면, GDP가 높은 나라 중 미국이 소득불평등 1위이다. 그 뒤를 이어 영국과 우리나라의 GINI 계수가 높다.

치형태를 말하지만, 소득불평등의 관점에서는 국가정부가 소수 자본과 기업자본의 성장만을 위해 주권자의 다수인 하위계층의 요구는 배제한다는 의미로 사용된다. 곧 '기업가의 나라'의 정치형태를 말한다.

이 글은 기업가의 나라가 이렇게 강제한 소득불평등이 곧 우리의 역사라는 관점에서 출발하였다. 기업자본은 '노동의 종말'을 선언하고 노예 수준의 임금과 노동규칙을 들이밀며, 최저임금 인상과 주당52시간노동 제도를 결사적으로 반대하고 있다. 왜곡된 분배구조는 하위계층의 노동소득이 올라갈 가능성을 영구적으로 차단하고 있다. 지대경제는 하위계층의 소득을 '증발'시키고, 금융자본주의는 하위계층을 미래의 포로로 만들고 있다. 불평등한 사회는 대다수 하위계층의 빈곤이 '혁명적'으로 영속화되는 시간을 재촉하고 있다. 불평등한 사회를 넘어서 빈곤이 대물림되는 '빈곤영속화 시대'로 표상되고 있다.

시장과 경제의 '관리권'은 분배를 왜곡하는 기업자본과 하위계층의 소득을 증발시키며 미래의 포로로 포획하는 금융자본에 위임된 시대이다. 한마디로 자본이 통치하는 시대이다. 국가정부의 역할과 임무는, 프롤레타리아의 노예가 될 수 없다는 하이에크F. Hayek의 사상적 배경을 압축한, 분배 없는 승자독식의 성장과 기업가의 나라에 '시장동형적'인 제도와 정책을 공급하는 것일 뿐이다. 이것이 감세의 정치, 배제의 정치, 권위주의적 경제 제도·정책으로 표상된다. 이런 정치·경제적 폭력이 소득불평등을 확대하고, 불가역적 빈곤을 강제한다. 그러나 자본과 국가정부는 구조적인 사회경제의 모순을 개인의 문제로 파편화시키며, 미래에 대한 한 뼘의 기대와 한 치의 희망도 허용하지 않고 있다.

이 글은 이런 맥락에서 불평등을 강제하는 신자유주의적 경제제도를 청산하는 것을 '시대적 과제'라고 규정하였다. 왜곡된 소득분배구조의 작동을 차단하고, 감세의 정치와 국가재정 관리를 핑계로 궁핍을 배분하는 긴축과 배제의 정치를 거부하지 않으면 시대적 과제는 해결되지 않는다. 그러므로 기업가의 나라를 벗어나 '주권자의 나라', 곧 민주주의를 복원하는 것이 '우리'의 시대적 과제라는 것이다.

이 글의 구성과 제안

이 글은 전문적인 지식과 이론을 지향하지 않는다. 소득불평등이 더 확대될 것이라는 진단비평을 통해서, 소득불평등에 대한 협소한 논의 범위를 벗어나 우리 인식의 틀을 넓히자는 의도를 담고 있다.

이 글은 크게 세 부문으로 구성되어 있다. 제1부는 소득불평등이 확대되고 하위계층의 빈곤이 영속화될 것이라는 주장을 담고 있다. 제2부에서는 소득불평등의 문제가 왜 '시대적 과제'가 되어야 하는지를, 또 이 시대적 과제를 해결하려고 체제나 국가정부가 시스템이나 기조를 전환할 가망이 조금이라도 있는지를 살펴본다. '전혀' 기대 불가능하다는 것이 결론이다. 그러므로 이 시대적 과제는 '우리'의 시대적 과제로 환원되었다고 주장하며, 소득불평등의 역동성을 재구성하여 우리의 과제를 조망하고 대항력을 복원하는 전략을 탐색하자고 제안한다.

제1부는, 우리 사회가 불평등이 강요되고 빈곤이 영속화되는 시대로 가고 있는가라는 우울한 질문으로 소득불평등의 전망에 대한 진단을 시작한다. 청산되었어야 할 모순들이 반복되기 때문이다. 이 글은

이에 대해서 분배 없는 사회, 소득증발과 부채 사회, 빈곤이 영속화되는 사회경제 구조가 고착되었고, 소득불평등이 더 확대될 것이라는 정황을 설명한다.

1.에서는 왜곡된 분배, 저임금·소득을 강제하는 핵심 요인 몇 가지와 그 실태를 탐색한다. 기술혁신 시대의 특성으로, 비정규직을 양산하는 분화된 고용형태, 시장을 탈취하며 디지털영토를 확장하는 지대경제와 플랫폼으로 재구성된 생산양식을 지목하였다. 자본의 유기적 구성organic composition of capital과 기술의 이런 자본주의적 쓰임과 지대경제가 소득불평등 사회와 빈곤영속화 시대를 고착시키고 있다는 주장이다. '분배 없는' 경제와 비타협적 폐쇄성이 소득하락을 강제한다는 것이다.

소득증발은 부채를 증가시키는 요인이다. 2.에서는 하위계층의 소득증발 요인을 크게 두 가지로 압축하였다. 하나는 차별적 이자율을 적용하는 금융자본의 독점적 '가격주도 형성권'이며 또 하나는 자산경제asset economy 사회가 낳은 지대경제이다. 두 큰 요인이 하위계층의 소득증발과 어떻게 부채증가에 영향을 끼치는지 살펴본다. 신자유주의 시기의 금융자본과 그것의 산물인 부채주도 성장정책과 부유층을 위한 '감세의 정치'가 자산불평등을 낳고 자산경제 사회를 고착시켰다. 이것이 자본축적과 지대경제의 관계에서 왜곡된 분배구조와 함께 소득을 증발시키는 '수탈'적 요인이며 빈곤세습을 주도하는 주요 동인으로 작용한다.

이제 우리 사회는 노동소득으로 가구소득이 오를 수 있다고 기대할 만한 고용 중심employment driven 사회가 아니다. 개인의 소득생애lifetime of earning 구조도 임금 중심wage driven의 소득생애가 아니라는 의미이다. 자본주의의 노예제도와 크게 다를 바 없는 왜곡된 분배구조와 저임금구조에서 소득증발 요인이 하위계층을 금융자본이 파놓은 덫에 몰아넣고 있다. 부채는 하위계층을 포획하여 자본주의의 그물망에 '이중적'으로 결박하고, 미래의 영원한 포로로 변환하는 수단이다. 부채의 이런 '확장성'은 경제의 영역을 넘어섰다.

이렇게 제도화된 경제사회구조가 저임금·저소득의 사회, 소득불평등 사회와 빈곤영속화 시대를 실질적으로 관리하고 통치하는 구조적 결합체로 작용하고 있다. 부채의 확장성은 개인의 위험만 증가시키지 않는다. 투기로 팽창된 민간부채의 위험은 하위계층의 유동성 위험으로 전가될 가능성을 높인다. 이런 금융위기의 위험성이 내재한 지형에서도 국가정부는 금융산업 자본만 구세하며, 하위계층의 위험문제는 정책에서 배제할 것이다. 민주적 정당성을 역행하며, 하위계층에게 빈곤의 영속화를 강제할 것이라는 우울한 전망은 피할 수 없다.

3.에서는 하위계층의 임금·소득 하향을 강제하는 자본의 이윤동기와 국가정부의 경제 제도·정책의 주장이 근거 없이 비약되는 실태를 비판한다. 임금격차와 하향하는 '평균임금'과 '노동소득분배율' 지표는, 우리 사회에 고착된 자본-노동 간의 기울어진 권력구조에 의해 불안정고용과 비정규직이 확대된 노동사회의 변동을 보여주고 있다. 그런데도 기업가의 나라는 임금이 높아졌다는 허구적 논리를 주장하고 있다. 나아가 노동생산성을 끌어들여 최저임금제도마저 무력화하려고 시도하고 있다. 저임금과 '노조 없는 세상'을 구축하려는 기업가의 나라와 권위주의적 국가정부가 합작하여 프로파간다를 재생산하고

있다. 이것은 국가정부가 소득불평등의 확대와 회복할 수 없는 빈곤의 영속화를 하위계층에게 강제하는, 즉 배제의 정치를 더 강화할 것이라는 우울한 미래를 시사한다. 대립 가능성이 고조된 현실에서, 자본과 국가정부가 위험한 폭력마저 호출하겠다는 분명한 예고로 해석된다. 그러나 여기에는 자본의 이윤율이 성장의 한계에 봉착했다는 의미가 내포되어 있고, 또 국가정부가 확대되는 소득불평등을 전혀 막을 수 없는 한계에 도달했다는 사실이 반영되어 있다.

이런 한계가 분명하게 예상되는데도 불구하고, 제2부에서 자본주의 체제와 국가정부가 탈소득불평등 기조로 '전환'할 것인가라는 어리석은 질문을 반복하였다. 이 글이 제기하는 두번째 질문이다. 확대된 소득불평등이 자본주의를 위협하는 단계에 도달했다는 주장을 전개하고자 함이다.

1.에서는, '감세의 정치'와 '기업가의 나라'를 건설한 신자유주의적 전략과 저임금을 강제하고 투기수익을 극대화하는 과정에서 '배제의 정치'가 소득불평등을 어떻게 확대했는지 그 관계를 살펴본다. 그리고 글로벌 금융위기로 파국을 맞은 신자유주의 이후에 재편된 포용성장론과 이해관계자 자본주의 stakeholder capitalism를 한 묶음 지어, 자본주의 경제질서 재편의 성격이 소득불평등을 완화할 의지와 가능성을 담보했는지도 소득불평등의 관점에서 살펴보고 있다.

IMF의 경제학자들은 자본주의 체제를 위협할 정도로 확대된 소득불평등이 글로벌 금융위기와 상관있다고 분석한 바 있다. 심지어 그들은 '사전'pre 분배정책의 필요성까지 제기했다. 국가 간 소득불평등도는 글로벌 금융위기 때보다 낮아졌지만, 그때보다도 국가 내부의 계층

간 소득불평등은 더 커졌다. 소수에게 수익이 집중되며 평균소득이 하향했고, 소득격차가 더 커졌다는 증거이다. 이런 사실적 관점에서 포용성장론은 낙수효과 이론을 대체한 자본주의적 수사이며, 소득불평등의 확대를 해소하지 못하는 미봉적인 대안에 불과하다고 진단한다.

이해관계자 자본주의를 어떻게 이해할 것인가? 이에 대해서는, 이해관계자 자본주의가 ESG 공시의무를 시행하기 이전에 인간의 얼굴로 분장한 기업자본이 내밀었던 사회공헌 활동과 기업의 사회적 책임 CSR이 감세의 정치를 정당화하는 도구로 쓰였다는 데서부터 출발한다. 이해관계자 자본주의가 천명한, 공정한 분배에 대한 약속을 지킬 것인가라는 의문을 제기한다. 이해관계자 자본주의에서 노동자와 시민대중은 자본가와 대등한 이해관계자가 아니기 때문이다. 여전히 자본에 종속된 피해자에 불과하다는 관점에서 이해관계자 자본주의와 그들이 표방한 ESG는 오히려 종속된 이해관계자인 노동자·하청업체·자영업자에게 저소득·저이윤 분배를 받아들이라고 강요하는 수단이 될 가능성도 크다고 예상할 수밖에 없다. 그러므로 글로벌 금융위기 이후에 재편·재구성된 자본주의 사회경제 질서가 소득불평등을 완화·해소할 전망은 기대하기 어렵다. 과거보다 더 큰 '힘'을 가진 금융자본주의가 독자적 '제국'으로 자리매김하였다는 추론이 도출된다.

소득불평등의 확대는 곧 감세의 정치와 배제의 정치, 권위주의적 경제제도가 한층 강화되고 있다는 우울한 미래를 가리키지만, 우리 정부가 소득불평등을 더는 확대·심화되지 않도록 제어하려고 하는가라는 어리석은 질문을 반복한다. 2.는 신자유주의식 감세의 정치와 배제의 정치를 우리 국가정부에 대입시켜 진단하자는 의도이다.

신자유주의에 대한 전세계적인 대항운동은 '보편적 기본소득' 의제 등과 같은 '탈'소득불평등 의제를 수면 위로 끌어올렸다. 이 의제들은 부유층에 대한 '징벌적' 누진과세 progressive taxation를 의미하는 게 아니다. '정당한' 과세제도로 전환하여 감세의 정치와 긴축을 벗어나자는 것이다. 이것을 시대적 과제로 설정하고, 증세와 재분배 변혁으로의 전환을 공통되게 주장하고 있다. 신자유주의 시기에 감세의 정치는 국가의 세금수입 부족을 초래했다. 게다가 글로벌 금융위기 때는 피해자보다 먼저 금융자본을 구제하는 데 막대한 비용을 퍼부었고, 이는 엄청난 재정부족을 초래했다. 반면에 하위계층을 국가 재정관리와 긴축 austerity정책의 희생제물로 삼았다. 승자독식의 성장주의와 기업가의 나라를 위한 감세의 정치를 확대해 온 역대 우리 정부도 마찬가지였다.

그러므로 촛불민주주의가 문재인정부에 권력을 위임했다는 사실은 소득불평등이 확대된 우리 사회에서 매우 중요한 의미가 담겨 있다. 촛불민주주의가 우리 사회의 '소득불평등 해소'와 '신자유주의 경제제도·정책의 청산'이라는 시대적 과제를 문재인정부에 부과했다는 의미이다. 문재인정부가 '촛불민주주의'로 탄생한 정부라고 규정되는 한, 이 시대적 과제는 문재인정부의 정책목표와 불가분의 관계에 있다. 세번째 질문은 여기서 도출된다. 탈소득불평등과 신자유주의적 경제제도 청산의 시대적 과제를 부여받은 문재인정부가 이런 전환의 토대를 구축했느냐는 질문이다. 우리 역대정부의 반동적인 감세와 배제의 정치가 강도 strength의 측면에서는 문재인정부에서 약간 차이가 있다고 할 수 있겠지만, 시대적 과제로 부과된 전환도, 또 권위주의적 경제제도의 틀도 깨지 못했다.

소득불평등이 확대된 오늘날, 재정부족의 문제를 해소하기 위해서 어느 정도 감세의 정치를 탈피하려는 움직임이 미국이나 유럽에서 일어나고 있다. 어느 나라든 국가재정의 부족이 중요한 정치적 의제가 되고 있다는 증거이다. 특히 코로나 이후에 이런 흐름이 더욱 두드러졌다. 그러나 우리 정부는 여전히 감세의 정치를 확장하고 있다.*

반면에 탈소득불평등 의제는 '재정관리'라는 미명에 가려진 채, '영구미제'의 의제로 정책궤도의 밖을 떠돌고 있다. 우리 사회에서 소득불평등을 강요당하는 하위계층에게 허용된 '유일한' 자유는 각자도생과 기업가나라의 질서에 순응하는 것뿐이다. 이렇게 불평등한 사회와 빈곤이 영속화되는 시간을 관통하면서, 소득불평등에 대한 시대적 과제가 정치공간에서 사멸되기는 문재인정부에서도 마찬가지였다. 문재인정부는 촛불민주주의가 부과한 신자유주의의 청산의 시대적 과제를 다시 '우리의' 시대적 과제로 되돌려놓았다. 하위계층은 권위주의적 경제제도와 보수화된 대의제 민주주의의 한계를 실감하였고, 이렇게 보수화된 대의제 민주주의에서는 국가정부나 정당이 표방하는 정체성identity에 기대할 만한 가치가 없다는 불편한 진실을 우리가 재확인하게 되었다.

문재인정부의 '개혁후퇴'는 이런 맥락에서 우리에게 중요한 메시지를 전달한다. 자본주의 체제와 국가정부가 우리 사회의 소득불평등을

---

* 윤석열정부의 조세제도와 경제정책 기조는 비민주적으로 더 심각하게 역행하고 있다. 임기 초기에 분석된 바로는 임기 동안 최소한 90조 원이 넘는 감세조치가 예상되어 있다. 그러나 시간이 지나면서 낮은 지지세를 끌어올리려고 감세범위를 늘리고 있다. 이런 감세의 정치와 긴축의 과시즘적 프로파간다는 '관리재정의 정치'와 시대적 추세를 역행하는 '극단적 신보수주의'로 표상되고 있다.

해결할 수 없다는 사실을 고백했다는 의미이다. 또 이 고백은 해결할 의지가 없는 국가정부 권력집단과 대의제 정치에 대한 기대를 철회하고 시민대중이 주도하는 변혁, '직접민주주의'를 확대하는 '행동'이 필요하다는 우리의 시대적 과제를 규정하는 메시지를 전달한다. 또 이 메시지에는 불평등한 권위주의적 성장정책에 '침묵'하고 소모적 정치와 대의제 민주주의에 '일말의 기대'를 걸었던 기성세대의 정치 소비문화에 책임을 묻는 이중적 의미도 내포되어 있다.

앞에서 제기한 세 개의 비평적 질문과 우리에게 환원된 과제인, '우리'의 시대적 과제에 우리가 이 어떻게 접근할 것인가라는 질문을 낳는다. 네번째 질문은 우리가 우리에게 제기하는 질문이다. 분배구조가 왜곡된 자유시장주의 체제에서 전세계적으로 하위계층의 부채는 가중되고 있다. 저임금·저소득·비정규직의 시대에 소득불평등과 부채에 대한 파업과 투쟁이 각 대륙에서 일어나고 있다. 특히 코로나 이후에 투쟁이 더욱 커지는 추세이다. 이것이 먼 나라의 이야기가 아니다. 경제산출 상위권인 우리나라의 소득불평등이 다른 나라에 비해 높은 것은 엄연한 사실이다. 이 사실은 하위계층의 소득감소와 소득증발, 부채증가와 배제의 정치가 확대하는 소득불평등과 빈곤영속화는 권위주의적 경제제도로 이행하는 '시간성'에 규정되어 있다는 것을 의미한다. 이런 맥락에서 우리의 역사와 동의어가 되어버린 소득불평등을 청산하고 민주주의를 복원하는 것은 우리의 시대적 과제이다. 또 우리의 시대적 과제도 대항적 실천의 시간에 규정을 받고 있다. 대항적 실천과 시간을 예민하게 인식하자고 강조하는 의도로 제3부의 시론을 출발할 것이다.

이 글 제3부에서는 소득불평등을 둘러싼 쟁점을 비판적으로 검토하고 소득불평등의 본질을 재구성하여 '다르게' 사고하자고 제안한다. 독립성을 가진 소득불평등의 '힘'을 재해석하고 '역동적 개념'으로 재구성하자는 제안이다. 소득불평등의 저수지에 누적된 분노의 저량 stock을, 변혁의 유량flux과 유속velocity의 개념으로 바꾸는 재해석과 예고된 대항의 시간을 전망하며, 시대적 과제에 접근하자는 제안을 의도하고 있다.

자본주의 체제와 국가체제의 위협요인으로 작용할 만큼 확장된 소득불평등은, 자본의 이윤축적과 권위주의적 경제 제도·정책의 종속적 개념이 아니라 변혁의 역동성을 가진 실재existence하는 '힘'으로 부상했다는 가정적 주장을 연결한다. 소득불평등의 독립된 '힘'이 작동하면, 소득불평등의 역동성은 과거의 정형화된 관계를 폐기하며 국가정부가 더 우경화된 권위주의적 경제 제도·정책을 피동적으로 선택할 수밖에 없도록 제약할 것이다. 소득불평등의 역동성은 이런 비극적 단계를 거쳐, 기존 질서를 '거부'하고 '부정'하는 '대항적' 행동을 호출할 것이라는 가정이다. 소득불평등의 역동성이 대항적 행동을 매개하고 조응하는 특성을 가졌기 때문이다. 그러므로 대항적 행동주의가 저임금시대와 부채사회라는 불평등한 미래와 감세와 배제의 정치를 거부하는 정당성과 연속성을 잉태하며 사회변혁으로 수렴된다는 관점에서, 재구성된 소득불평등의 역동성이 가지는 변혁적 의미에 주목하자고 제안한다.

재구성된 소득불평등의 역동성은 대항력의 '복원'이라는 중요한 과제를 연결한다. 우리 일상에서 불평등을 강제하는 개념을 우리가 민감하게 비판하고, 이 비판이 사회에 환류하는 것에서부터 대항력의 복원이 시작된다. 더 불평등한 세상을 향하는 지금, 우리 사회와 장래세대의 미래가 변화할 수 있는가? 우리는 무엇을 바라고 어떤 사회를 상상할 것인가? 우리 스스로 질문을 제기하면서, 우리에게 내재하는 정의 immanent justice와 '비타협적' 원칙으로 시장 내부의 강제력과 권위주의적 국가정책 체제에 맞설 대항력을 복원하자는 주장을 전개한다. 이런 집합적 인식과 권위주의적 국가를 압박하는 행동주의가 민주주의를 회복하는 경로를 열어줄 것이라는 기대를 담아, 소득불평등의 역동성과 대항적 행동주의의 조응성과 몇 가지 대항양식을 통해 분화된 또는 앞으로 분화될 비전형노동자, 미조직노동자 등이 대항적 행동주의의 새로운 주체로 출현할 가능성을 전망한다. 배제의 정치를 거부한다는 목소리를 내지 못했던 미조직 하위계층이 불평등의 시간 속에서 더 참을 수는 없다는 목소리를 분출하고 있다. 이 목소리에는 변혁을 갈망하는 원동력이 담겨 있다. 이 목소리가 직접행동이나 대항적 행동주의로 전환되면서, 새로운 실험적 대항양식도 의미 있게 진화할 것이다. 이것이 탈소득불평등과 변혁의 통로로 수렴될 것이다. 이런 전망과 함께 대항적 행동주의의 의미를 재발견하는 '공감'과 '연대'를 기성세대의 실천과제로 추가하고 있다. 감세의 정치와 배제의 정치 그리고 소득불평등의 역사를 청산하며 민주주의를 복원할 가능성의 '지평'을 넓히자는 것이다.

제1부 소득불평등 사회, 빈곤영속화 시대

우리 사회가 불평등이 강요되고
빈곤이 영속화되는 시대로 가고 있는가?

1. 분배 없는 사회

하위계층의 확대
분배 없는 혁신의 시공간
기술혁신, 시장탈취, 노동착취

하위계층의 확대

소득불평등 시대, 하위계층의 시공간

자본은 성장이 둔화했다고 말하며 노동을 기술로 대체하고 있다. 자본의 유기적 구성이 노동시장을 빠르게 분절시키고, 하위계층이 안정적으로 노동소득을 얻을 수 있는 전일제full time 일자리는 사라지고 있다. 또 비정규직이나 자영업자 또는 개인 도급형 노동자로 밀려나는 하방 이동decent job이 확대되고 있다. 이런 사회경제 구조에 노동이 소득의 유일한 수단인 다수 하위계층의 소득은 낮아지고 있다. 이것이 기술혁신의 시대적 특징이다.

자본은 이런 사회적 위기에는 전혀 개의치 않는다. 오히려 노동소득이 줄고 미래의 삶이 불안한 하위계층을 '고립된 개인'으로 파편화micronization시켜 자산경제asset economy의 사회시스템에 포섭하고 있다. 하위계층에게서 수익을 영속적으로 뽑아내기 위해, 자본은 우리 사회를 불로소득과 지대경제로 초과이윤을 축적할 수 있는 '자산경제' 사회를 만들고 있다.

우리 사회는 이제 소득과 자산 불평등이 재생산되고 빈곤이 세습되는 사회가 되었다. 양극화와 소득불평등 사회를 넘어서, 다수인 하위계층의 빈곤이 영속화되는 시대를 마주했다.[*] 소득불평등의 문제를 개인에 한정된 절대·상대적 빈곤 차원의 문제로 인식하거나, 소득이 하향되는 구조와 불평등의 문제를 '정태적' 관점으로 바라보면 안 될 이유이며[1] '노동의 위기'와 하위계층이 더 많이 늘어나고 있는 현실을 주목해야 할 이유이다.

우리나라 총취업자 가운데 '비임금노동 취업자'를 제외한, 임금노동자의 규모는 2022년 8월 기준 2172만 명이다. 국가의 공식통계는 좁은 의미로 비정규직을 집계하지만, 이 가운데 비정규직 노동자는 약 815만 명이며 이렇게 집계하더라도 그 규모는 매년 늘어나고 있다. 통계청 기준으로, 비정규직 노동자는 2012년에 총임금노동자의 33.2%였는데, 2022년 8월 현재 37.5%로 늘어났다. 1인 자영업자는 자기를 노동자로 고용한 사업자이다. 국가통계에서는 이들을 비임금노동 취업자로 간주하지만, 실제로는 '자영'노동자이다. 급여를 받지 않고 일하는 가족을 포함하면 영세한 규모의 자영업자는 400만 명이 넘는다 (국제노동통계기준 ICSE-93은 무급 unpaid 가족종사자를 자영업 종사자로 간주한다). 이들을 뺀 1인자영업자만 따져도 325만 명을 넘는다. 실제로 이들은 불안정 고용상태에 있는 노동자와 다르지 않다.

이들과 비정규직 노동자를 더하면, 우리 사회에서 소득이 줄어들고 불안정한 상태에 있는 노동자는 임금노동자의 절반 수준에 이른다. 이

• '왜곡된 분배구조'를 강조하기 위해서 이 글에서는 불가피하게 소득불평등이라는 용어를 주로 사용하였다. 또 하위계층의 빈곤이 영속화될 위기가 도래한다고 강조하기 위해서 '궁핍화'라는 용어보다는 '빈곤영속화'라는 용어를 사용하였다.

글에서는 이들을 '하위계층'이라고 통칭하였다.

노동형태만으로 하위계층이라고 규정할 수만은 없다. 비정규직 임금노동자와 소상공인과 영세자영업자는 전통적인 계급론적 관점으로 보면 '이질적인' 집단이다. 그러나 이들은 사회경제적 관계와 생산영역에서 종속되거나 결박된tight binding 관계에 있다는 공통성, 소득과 경제적 자원이 낮아지는 계층이라는 공통성이 있다. 또 정치·경제적으로도 권력의 중심에서 배제된 취약한 지위에 있다는 공통성을 가지고 있다. 이런 공통 특성을 하나의 실체로 간주하여 '하위계층'이라는 용어로 사용하겠다.

줄어든 전일제, 늘어나는 비전형노동

우리나라 비정규직 노동자의 비중이 다른 나라보다 높고, 전일제 일자리가 빠르게 줄어들고 있다는 사실을 모르는 사람은 없다. 굳이 통계 수치가 아니더라도, 불안정 고용구조에서 비임금·비정규직 노동형태가 계속 분화되고 확대되는 현실을 일상에서 쉽게 목격할 수 있다.

고용실태조사 자료를 근거로 '풀타임환산고용률'(FTE=고용률×주당 실제 노동시간/40시간)을 계산하면, 2017~20년에 195만 개의 전일제 일자리가 줄었다. 이 기간에 비정규직은 95만 명이 늘어났다.[2] 이 통계조사 결과를 두고, 당시 고용노동부는 2019년에 조사방식이 변경됐기 때문이라고 설명하였다. 이미 줄어든 전일제 일자리와 늘어난 비정규직이, 변경된 통계방식에 따라 '이제야' 통계에 포착된 결과라고 해명한 것이다. 비정규직 규모에 대한 통계상 오차가 전보다 줄어들어 나타난 착시현상 optical illusion이라는 말이다. 그러나 이런 착시현상이 아니더라도 실제 전일제 일자리가 줄어들고, 비정규직은 늘어났다. 눈 가림과 같은 이런 해명방식이라면 국가통계가 비정규직의 규모를 낮 게 집계하거나 앞으로 더 낮아질 고용률의 추세를 제대로 집계하지 않 을 가능성도 배제할 수는 없다.

통계청은 2018년에 비정규직을 661만 명, 2019년에는 748만 명 이라고 발표했다. 통계청은 비정규직을 한시·기간제·시간제·파견·용 역·가내·호출·특수고용 노동으로 분류한다. 그러나 이 방식에는 장기 간 임시고용직temporary employment이 정규직으로 분류될 오류의 가능 성이 잠재되어 있다. 응답 방식과 처리에 문제가 있기 때문이다. 이 분 류에 포함된다고 응답한 비정규직을 제외하고, 이 분류에 들지 않는다 고 응답하면 정규직으로 분류될 오류 가능성이다.[3] 또한 통계청 경제 활동인구 조사의 부가조사에서 추정하는 '고용안정성'도, 피조사자에 게 질문한 "폐업이나 구조조정 계획이 있는지"에 대한 응답에 의존한 다. 계획이 없다고 응답하면 고용이 유지된다고 추정한다.

그러나 기술혁신 시대에는 노동형태가 기계로 대체되는 추세라든 가 산업 전환추세, 하청기업이나 자영업체의 예상치 못한 경영악화나 폐업하게 될 가능성이 큰 현실을 고려하면, 표준화된 노동이나 안정된 전일제 일자리는 계속 줄어들 것이다. 또 고용이 불안정한 비정규직과 1인자영업 형태의 비임금노동, 특수 형태의 노동 등으로 하방 이동하 는 규모는 실제 늘어날 것이다.

2018년에 한국고용정보원은 특수 형태 노동자의 규모를 47만~53 만 명으로 추산했다.[4] 한국노동연구원은 2018년 기준, 포괄적인 특수 형태의 노동자를 153만 명으로[5] 국가인권위원회는 229만 명으로 추정하였다. 그리고 업종별 행정조사는 200만 명으로 추정하였다. 2021년에 한국고용정보원은 비전형 노동의 특성상 단기 아르바이트부터 플랫폼의 중개를 통해서 일감을 얻고 있다고 추정할 수 있는 여러 형태의 비전형 노동자를 포함해서 조사하였다.[*] 이렇게 조사된 특수 형태 노동자의 규모는 220만 명에 이른다.[6]

비전형 노동은 특수 형태의 노동을 비롯해서 노동플랫폼과 그것이 중개한 '단기'용역 형태의 일자리로 구성된다. 단기노동에서는 '1일노동'(일일노동, 날품) 형태가 가장 많다. 이 규모가 81만 4천 명 정도이다. 노동플랫폼이 대가와 보수를 중개하는 노동형태의 규모는 약 66만 명이다. 이렇듯 '시간제'나 '한시적' 비전형 노동의 특수 형태 노동과 1일노동과 용역노동이 뒤섞인 플랫폼노동이 늘어나고 있다. 바뀐 노동통계 조사방식을 무시하더라도, 또 2018년에 개념을 좁게 적용하여 조사한 플랫폼노동자 규모를 2021년 조사결과와 비교하더라도, 3년간 최소한 20여만 명의 플랫폼 노동자가 더 늘어난 것으로 보인다. 여기에 포함할 수 없는 특수 형태의 노동자까지 합치면, 실제 규모는 고용노동부의 조사결과보다도 더 클 것이다.

국가 공식통계에서는 비전형 노동을 파견·용역·특수 형태 노동, 1일노동, 가정 내 노동으로 분류한다. 공식통계에서는 2022년 기준 특수 형태 노동자의 규모를 50만 명 정도로 추정한다.[7] 이 규모는 2018년에 한국고용정보원이 플랫폼노동자가 약 53만 명이라고 발표했던

• 2018년 조사에서는 플랫폼에 '수수료'나 노동한 대가의 일정액을 수수료로 지불하면서, 플랫폼을 통해서 일감(일자리)을 구한 경우를 기준으로 하였다. 그러나 2021년 조사에서는 플랫폼을 통해 일감을 소개받거나 플랫폼노동자로서 플랫폼이 노동대가를 중개한 규모까지 조사에 포함하였다.

규모와 비슷하다.[8] 실제 정확한 규모를 파악하기 어려운 제약조건들이 있겠지만, 국가 공식통계와 기관별 행정통계가 법적 개념을 어떻게 정의하는가에 따라 규모차이가 매우 크다. 통계와 실제 규모의 차이는 더 클 것이다. 이것은 이들이 통계 뒤에 숨겨진 계층이며 국가정책의 범위에서 배제되어 있다는 사실을 충분히 보여주고 있다.

비정규직 노동자 중 시간제 노동자는 2023년 8월 기준 378만 명에 이른다.[9] 비정규직의 47.7%가 시간제노동자이다. 비정규직 전일제 노동이나 비전형 일자리마저 줄어들면서, 시간제 노동이 꾸준히 늘어나는 추세가 뚜렷하다. 2023년 8월 기준, 시간제 노동자의 주당 평균시간은 18.6시간이다. 이들은 사회보장보험에 가입할 수 없고 유급 주휴수당과 유급 연차휴가는 물론 퇴직금도 없다. 과거에 노동집약적인 일부 기업들은 편법으로 노동자의 노동시간을 '쪼개기'하여 시간제 노동으로 전환시킨 적도 있었다.* 그러나 이런 편법적 고용을 무시하더라도, 주당 15시간 미만 일하는 초단시간 노동자가 큰 폭으로 늘고 있다. 2012년에 79만 3천 명이던 초단시간 노동자가 2021년 10월에는 157만 1천 명이나 되었다.[10] 이런 단기 아르바이트 형태의 시간제 노동자가 늘어난 것은 '일손' 부족이 아니라, '일자리'가 부족해서 비정규직에서 시간제나 기간제 일자리로 이동하는 양상인 것이다.

코로나 감염증이 퍼진 기간에 부업two job노동도 늘어났다. 2021년

• 2014년 홈플러스 등 대형 유통업체에서 각종 노동법의 적용을 회피하기 위한 꼼수로 출퇴근 시간을 30분 단위로 관리하는 이른바 '점오계약'(0.5시간 단위 노동계약)을 강요하여 이것이 사회문제가 된 적이 있었다. 또한 '점오계약'보다도 더욱 심각한 '10분이 빠진' 노동시간 계약을 체결하는 꼼수를 쓰기도 했다(『오마이뉴스』 2022. 7. 11 기사 참조). 억지로 초단시간 노동으로 만든 계약을 강요한 것이다.

7월 기준 56만 6천 명으로 추산된다.[11] 이런 추세는 자의적으로 편리한 시간을 선택해서 일하는 긱gig노동과 차원이 다르다. 영업소득이 줄어들어서 과외로 일할 수밖에 없었고, 대다수가 본업은 폐업하다시피한 상태에서 부업을 한 것이다. 국가정부나 유엔보건기구가 코로나감염증 비상대응 종료를 선언했다고 해서 부업이 줄어들지는 않을 것이다. 이들의 부채는 늘어났고 이런 이력현상으로 이미 산업생태계에 붕괴의 파장은 높아졌다.

자영업부문 종사자는 총취업자의 25%가량 된다. 이들의 규모도 늘어나고 있다. 2017년에는 472만 6천 명, 2019년에는 530만 9천 명이었고, 2021년에는 656만 8천 명으로 집계되었다. 영세자영업의 특성상 개업과 폐업이 빠르게 반복되기 때문에, 이들의 규모도 조사에 제대로 반영되지 않고 '통계의 행간'에 숨겨지는 경향이 있다. 공식통계는 아니지만, 노점상과 같은 '무등록' 자영업자의 규모도 등록된 자영업자의 15~16% 정도는 된다고 추정하고 있다.[12]

하위계층의 다른 이름, 통계 뒤에 숨겨진 계층

하방 이동하는 하위계층과 저임금·저소득의 불안정 상태에 놓인 하위계층 규모는 국가 공식통계나 행정통계의 수치보다 늘어나고 있다. 노동사회의 이러한 변화가 매일같이 목격되지만, 빈곤의 살얼음판을 걷는 하위계층이 얼마나 증가하고 소득불평등이 얼마나 확대되는지, 사회적 변동실태를 웬만한 상식으로는 알아차리기 어렵다. 그동안 국가 공식통계가 이런 변동추세를 집계하지 않았기 때문이다. 또 국가정부가 하위계층의 노동소득과 고용에 대한 매우 민감한 실태를 자세하게 밝히지 않았고, 밝히지 않을 가능성도 크다.* 그러므로 추산과 추정을 거듭해야만 하위계층이 얼마나 늘고, 소득이 얼마나 하향하는지 대략적으로라도 헤아릴 수 있다. 비정규직 시대의 실상보다 실업률이 낮아졌다고 강조함으로써, 마치 고용이 나아지고 소득이 오르는 것처럼 보이게 하는 '기업가 나라'의 경향성이 국가통계체계에도 그대로 투사되고 있다는 의심을 떨쳐버릴 수 없는 이유이다.**

하위계층은 대부분 시장의 교환법칙이 합리적이지도 공정하지도 않은 교환을 강제하는 공간에 존재한다. 자본-노동 간 권력의 기울기가 더 커진, 불평등한 노동시장이 하위계층이 존재하는 공간이다. 하위계층은 표준화된 규범이 해체된 노동으로, 임금과 소득 하락을 강제coercion하는 모순된 구조적 요인에 의해 왜곡된 분배구조가 고착된 시공간에, 비정규직 또는 비전형 노동자나 시간제 노동자 또는 자영업자라는 이름으로 존재한다. 또 금융자본이 통치하는 부채사회의 공간에서는 채무자 또는 저신용자라는 이름으로 존재한다. 이런 시공간에서 하위계층을 지칭하는 또 다른 이름들은 소득불평등을 우리 사회의 구조적 문제가 아닌, 개인의 문제로 치환된 시공간이라는 공통성을 가지

---

* 국제노동기구(ILO)는 다양하게 분화된 고용 형태와 현황을 파악할 수 있도록 '국제 종사상지위 분류'를 개정(2018)하였다. 우리나라도 '한국 종사상지위 분류'를 개정하였다(2021. 12). 통계청은 '경제활동인구조사 조사표'를 개편해서 2022년 7월부터는 월 단위로 조사하기 시작했다. 그러나 고용노동부와 통계청은 최소한 2~3년간 "자료를 축적한 뒤에, 그것을 토대로 '임금통계 공표에 따른 파급효과를 최소화하는 방안을 모색"하여 개편된 분류방식을 적용할 시기를 검토하겠다고 답변했다(장혜영 의원실 자료 2022. 10. 17 참조).

** 국가정부와 전문경제관료들은 노동소득 분배에 대한 문제보다도, 주로 장단기를 구분하지 않고 '실업'과 '실업률' 지표를 주요 기준으로 정책성과를 설명하려는 경향이 강하다. 하위계층과 관련된 모든 지표를 최저한도인 실업에 맞추는 것이다.

고 있다.

하위계층은 정책공간에서도 배제의 정치와 긴축의 시공간에 존재하며, 국가 공식통계의 물밑에 숨겨진 계층으로 표상되고 있다. 이것이 계급화된 사회에서 하위계층을 지칭하는 다른 이름이다. 일부 소수가 아니라 이런 하위계층이 다수인데도 '패자'로, '서민'으로, '일반대중'으로 사회·경제·정치의 모든 영역에서 숨겨진 계층처럼 배제되고 있다.

하위계층 확대와 빈곤영속화의 내생적 함수

40세 이상 퇴직자 중에서 59.5%는 권고사직, 명예퇴직, 정리해고나 계약기간이 종료되어서, 12.4%는 직장 경영사정이 나빠지거나 휴폐업이 발생하여 퇴직하고 있다.* 퇴직자의 70% 이상이 예정보다 일찍 비자발적으로 퇴출당하는 셈이다. 이것은 전일제 일자리가 없어지는 추세를 반영하며, 개인의 생애 노동소득이 42세에 최고에 이르러 그 뒤부터 낮아지는 구조적 변화의 배경을 설명해 준다.[13]

독점과 시장지배력, 비정규직과 '일회용 노동'의 확대

비자발적 퇴직은 혁신된 기술과 자본의 유기적 구성, 산업전환이 주도

* 조사된 바에 따르면, 대략 49세에 퇴직한다(최석현 외, 『이슈&진단』, 경기연구원, 2018 참조). 이런 이유로 일찍 퇴직하는 추세는 고령층 자영업자(1946~63년 출생자)가 증가하는 양상과 밀접한 관계에 있다. 2008년 288만 명이던 고령층 자영업자가 2017년에는 335만 명으로 늘어났다. 고령층 자영업자의 약 38.5%가 이렇게 진입하는 것으로 조사되었다(이승렬 외, 『KLI 노동패널 조사』, 한국노동연구원, 2018 참조).

한다. 기업자본이 유기적 구성과 산업전환을 강행하더라도, 노동사회의 합법적인 대항수단이 보장되어 있으면 노동을 배제하는 속도는 최소한 어느 정도라도 제약받는다. 그러나 우리 사회에서 유기적 구성과 노동의 배제는 가속화되고 있다. 그러므로 혁신된 기술과 자본의 유기적 구성이라는 요인만으로는 우리 사회에서 표준화된 노동이 해체되고 극단적인 일회용 disposability 노동이 늘어나는 사회변동 양상을 모두 설명할 수 없다.

일자리가 없어지고 비정규직이 확대되는 것은, 우리 사회의 특수한 하청구조가 우리 사회에 고착된 데서 기인한다. 이 구조적 특성은 과거 권위주의적 '추격형' 성장의 역사에서 출발한다. 특히 하청기업 현장에서 비정규직이 확대되고 하방이동과 극단적인 노동형태의 분화가 빠르게 일어나고 있다. 이런 확대와 분화는 '재벌'이라는 특이한 '기업제국'의 물적 토대인 하청구조가 영원히 협력 불가능한 종속적 관계로 고착되었기 때문이다. 구시대의 유물인 하청의 수직계열화 vertical integration와 하청 및 비정규직에 의존한 특수한 노동체제가 '표준화된 노동사회'를 해체했고, 자본 주도의 혁신된 기술과 유기적 구성이 가세하여 노동사회를 더 빠르게 파괴하고 있다.

이것은 과거에 수출가격 경쟁력을 확보한다는 명분으로 권위주의적 국가가 강제하던 수직 계열화된 하청구조가, '기업가의 나라'에 의해 봉인된 sealed 독점적 시장지배력과 이윤축적을 고도화하는 문법이며 비정규직 시대를 만드는 원동력으로 작동한다는 사실을 의미한다. 이러한 특수한 하청구조의 토대 위에서, 이제 노동을 기술로 대체하는 유기적 구성과 혁신된 기술의 자본주의적 쓰임새가, 노동형태를 극단적으로 분화시키며 전일제 일자리 소멸과 비정규직 저임금시장의 확대를 결정하고 있다. 이것이 하방이동과 비자발적 퇴직을 주도하는 노동배제의 '칼'로 작용하며, 비정규직 시대와 일회용 노동 사회를 직면하게 된 우리의 특수한 원초적 배경인 것이다.

이런 특수한 배경에서 유기적 구성이나 산업전환으로 비정규직이나 영세자영업이나 특수 형태의 노동으로 일자리가 하방할 때마다, 이들의 소득은 과거에 받던 임금(명목임금)보다 10%에서 많게는 40%까지 낮아진다.[14] 과거에 정규직으로 일했던 시간보다 더 많은 시간을 일하더라도, 이들의 실질소득은 오르지 않는다. 자본의 유기적 구성이 저임금 저수지를 확장하는 구조적 변동을 주도함으로써, 노동의 형태는 극단적 비정규직 노동형태인 '일회용' 노동으로 재구성하고 있다.[15] 2017년 7월 기준, 공식적인 노동통계에서는 '비임금' 노동자 규모를 670만 명으로 추정한다. 그러나 2020년 국세통계에서는 이들의 규모를 700만 명, 2021년에는 788만 명으로 추정한다.[16] 국세통계와 노동통계가 추산하는 방식과 목적에 따라 비임금 노동자 규모의 차이가 있지만, 일한 '노동량에 대해서만' 대가를 받는 비임금 노동자가 늘어나는 추세인 것은 분명하다. 저임금으로 재구성된 비정규직 노동형태가 매우 빠르게 분화되며, 비정규직과 비임금 노동자의 이동은 저임금시장의 회전문 안에서 순환될 뿐이다. 또 지금의 특수 형태 일자리도 언제 없어질지 모르고, 소득기회가 언제 단절될지 모를 불안이 확대된 사회이다.•

• 윤석열정부는 핀 테크 기술을 통해 하나의 플랫폼에서 대출, 예금, 보험상품 등을 한꺼번에 비교하여 추천하는 형태의 서비스사업을 허락했다(금융규제혁신회의 2022. 8. 23 결정). 플랫폼기업

우리나라에서 자본소득은 1990년대부터 꾸준히 증가하고 있다. 반면에 한국은행의 국민계정과 국민총소득GNI 대비 자본소득과 노동소득 분배비율을 보면, 노동소득 분배율labor's relative share이 낮아지고 하위계층의 가구소득이 줄었다는 사실을 알 수 있다. 노동소득 분배율이 소득불평등의 원인이나 하위계층의 빈곤을 직접 나타내는 지표는 아니다. 그러나 노동소득 분배율과 평균임금average wage이 동반하여 하락하고 있는 지표는, 자본-노동 간 소득분배의 기울기가 과거보다 자본에 더 기울었다는 객관적 사실과 추세를 설명해 준다. 또 하청이 더 영세해지고, 비정규직과 영세한 자영노동자가 극단적인 저임금·저소득 구조로 내몰리는 추세를 반영하고 있다.

이런 추세는 대기업자본이 비용을 줄이려고 최소의 인력만 고용하면서[17] 시장지배력을 이용해 수직계열화한 하청의 공정을 '혁신적으로 관리'하는 시스템이 관철된 결과이다. 대기업자본이 최적화된 고용시스템이라고 일컫는 하청분업 네트워크의 '혁신적 공정관리'가 그것이다. 아리기Giovanni Arrighi는 자본주의와 독점자본의 발흥을 국제분업의 네트워크를 동원한 자본축적 구조로 설명한다.[18] 그는 과거에 상호협력 조건의 기반에서 정의되고 약속된 분업체계가 자본의 과잉축적 탐욕에 의해 무너졌으며, 이렇게 이어진 지금의 분업체계는 승자독식의 제로섬 게임이나 심지어는 네거티브섬 게임식의 경쟁시스템이라고 말한다. 이런 독점경쟁이 20세기를 관통하면서 불평등한 사회로

들이 보험업에 진출(네이버, 카카오, 토스 등)하면서, 특수고용직종인 보험영업자들의 일자리가 위협받고 있다. 자동차보험업종은 제외하기로 했지만, 보험대리점과 보험설계사 등 45만여 명의 미래가 불투명해졌다.

만들었다고 비판한다. 이 비판처럼, 기업자본이 수직 계열화된 혁신적 공정관리 방식으로 저임금을 강제하는 노동 교환과 분업 체계를 굳힌 normalized 결과가 비정규직 시대를 고착시켰다. 비정규직의 증가와 맥을 같이하는 소득불평등의 확대는, 하청과 거기에 속한 노동자에 이르기까지 자본이 설계한 분업화된 노동과 다층적인 임금격차가 일사불란하게 관철된 결과이다.

그러므로 이 결과는 잉여가치와 이윤을 이전하는 축적방식이 고도화되고 노동형태의 분화를 빠르게 강제하는 그들의 시장지배력이, 오늘날 비정규직의 확대와 평균임금 하향을 강제하는 시대를 고착시킨 실질적인 권력이라는 사실을 설명한다. 왜곡된 분배구조의 문제 또는 비정규직의 확대와 소득불평등에 대한 모든 문제를 거론할 때마다 소수 대기업의 시장지배력market power과 케케묵은 '기형적인' 수직계열화된 하청구조를 늘 소환하여 설명하는 이유이다. 하위계층의 규모나 소득규모가 그 사회의 '건강성'을 나타내는 기준이라는 경구epigram가 말하듯이, 기업가의 나라에서 소수 대기업자본의 시장지배력이 노동 배제의 사회, 불가역적 소득불평등의 사회로 대체replacement하는 실질적인 '힘'으로 작용하는 사회라면, 그 사회는 분명히 불안이 고조된 위기의 사회이다.

명목 국내총생산nominal GDP에서 대기업자본의 실물매출액(실물산업 매출액)과 점유율, 실물 총자산점유율은 높아졌다.[19] 그들에게 시장지배력과 경제력이 집중되었다. 그들의 실제 시장지배력은 경제지표보다 범위가 더 넓다.[20] 자본의 소득분배율보다 자산가치와 축적되는 지대가치(자본화된 지대의 가치 capitalized value of rent)가 높기 때문이다.

대기업자본의 독점적 시장지배력이 소득불평등의 확대와 빈곤영속화로 이렇게 사회경제에 끼치는 '부정적' 기능에도 불구하고, 성장주의 경제학자들은 경제를 성장시키려면 자본의 양과 시장지배력이 더 필요하다고 주장한다.

성장주의 정책은 하위계층 빈곤영속화의 함수

그러나 우리 경제를 독점monopoly한 대기업집단의 시장지배력을 어느 정도까지 인정하느냐 하는 문제는, 소득불평등과 하위계층의 빈곤영속화를 우려하는 관점에서는 관심 밖의 주제이다. 대기업자본의 독점적 시장지배력은 하청기업에 이윤을 낮게 배분하고 노동자들에게 저임금을 강제하며, 비정규직을 확장하는 실질적인 권력수단이라는 사실이 중요하다. 기업가 나라의 모든 정치·사회 공간에 실재하는 권력이라는 사실이다. 그들의 시장지배력이 저임금과 과거와 현재의 소득불평등을 강제하고 빈곤이 영속화될 미래의 역사를 규정하는 실질적인 '힘'이라는 사실 또한 새삼 거론할 필요는 없다.

2013년에 '하도급법'이 개정되었다. 그러나 지금까지 납품대금 조정신청은 단 한 건에 불과하다. 이에 문재인정부는 '대중소기업 상생협력촉진에 관한 법률'(상생협력법)과 2021년 4월에 '납품대금 조정제도'를 도입했다. 그러나 수많은 하청·납품 기업 가운데 조정을 신청한 기업은 단 한 군데도 없었다.[21] 효과를 전혀 기대할 수 없는 정책이란 뜻이다. 무용지물이 된 이 정책은 하청과 하청에 포진된 노동자의 낮은 이윤과 임금을 끌어올리고 자영업자의 소득을 끌어올려서 성장의 선순환구조를 마련한다는 소득주도 성장income led growth 기조와 중소기업 중심의 경제구조로 전환을 강조한 문재인정부의 개혁의지와 진정성을 의심하게 하였다. 장기간의 코로나 감염증 유행과 미국의 중국 봉쇄전략과 러시아와 우크라이나의 전쟁으로 원자재가격이 계속 오르자, 2022년 윤석열정부는 '원자재가격과 연동된 납품가격제도'를 시행하겠다고 발표하였다. 그동안 시장에서 자율적으로 상생하는 표준적인 대안이 도출되기를 기다렸지만, 그렇게 도출되지 않아서 정부가 직접 나섰다는 것이다. 그러나 이 브리핑은 매우 궁색한 변명이다. 이 의제는 역대정부의 캐비닛 안에서 14년 넘게 묵혀 있었다. 하청의 납품대금을 적정하게 올리거나 인상된 물가와 연동하겠다는 정책수단은 다르고 각각 개혁정책인 것처럼 포장되었지만, 둘 다 실효성 없는 정치적 제스처라는 점에서 동질적이라는 사실이다.

실효성이 없으리라고 충분히 예견되었지만, 문재인정부는 제대로 된 후속 보완조치를 하지 않았다. 문재인정부가 법으로 규정한 제도도 대기업자본의 보이지 않는 '힘'에 의해 사문화invalidating되는데, 하물며 윤석열정부가 내놓은 강제성이 없는 '자율적' 연동제의 실효성을 가늠할 필요는 전혀 없다. 하청에 이윤을 정당하게 보장되도록 하겠다는 두 정부의 정책행간에는 낮은 납품단가나 오른 원자재가격에 신음하는 중소기업과 하청의 입을 틀어막는 정책이라는 동질적 허구성과 역대정부가 오랫동안 시장지배력이 큰 대기업자본의 눈치만 보았다는 사실적 정황만 존재할 뿐이다. 이런 정황은 시장지배력이 큰 대기업자본의 '힘'이 국가정부보다 우위에 있는 권력지형의 내적 실상을 보여준다.

그러나 그렇더라도 불평등한 이윤분배와 교환방식을 국가정부가 규제한다면, 기업자본의 보이지 않는 힘이 강제될 수는 없다. 자본과 기업이 추구하는 모든 이윤활동은 국가 경제제도와 정책체계의 틀 안에서 이뤄지기 때문에, 자본의 독자적인 힘만으로 시장에서 강제되는 불공정의 모순과 승자독식의 자유시장경제와 '분배 없는 시대'가 우리 사회에 고착되지는 않는다. 그러므로 허구적인 이 정책사례만으로도 국가정부가 왜곡된 분배의 원인과 결과 모두 자본과 기업의 책임이라고 둘러댈 수는 없다. 자본의 힘과 기업가의 나라를 지향하는 비민주적인 성장주의 국가정책체제가 소득불평등을 확대하는 내생적 함수라는 사실을 충분히 알 수 있다.

이런 정치·경제·사회의 시공간에 하위계층이 존재한다. 노동소득은 줄어들고 생계부채는 늘어나며, 빈곤의 경계에 놓이는 하위계층이 늘어나고 있다. 빈곤영속화의 가능성은 더 커졌고, 그 도래시기는 더 빨라질 것이다. 소득불평등에 대한 문제인식의 범위를, 분배를 왜곡하는 자본과 국가정부의 결합체인 기업가의 나라로 넓히려는 것이 이 글의 시작이다.

분배 없는 혁신의 시공간

승자독식의 이윤율 성장전략 시대

자본의 이윤율 성장전략이 '분배 없는 시대'를 강제하고 있다. 자본은 기술에 의존한 유기적 구성으로 노동을 배제하고 소득을 노동에 분배하지 않는다. 혁신과 성장을 표방하는 기술혁신 시대는 저임금구조에 기반을 두고 있으며, 이것이 기술혁신 시대의 폐쇄적 특성이다. 이 폐쇄적 특성에 대한 비관적인 비판은 오늘날에 처음으로 제기된 문제가 아니다.

지난날 일부 경제학자나 미래학자들은, 기술이 발전할 때마다 역사에 등장했던 기술적 실업문제를 일종의 '성장통'growing pain에 비유했다. 이런 맥락에서 케인스J. Keynes는 기술혁신이 100년 후에 우리 삶과 자손들의 삶의 경제적 수준을 높일 것이라고 낙관하였다.

기술의 효율성이 빠르게 증가하며 노동을 흡수하고 있다. 기술의 효율성이 기술적 실업을 일으키고 있고, 이에 대한 경제적 비관주의가 지금 우리를 공격하고 있다. …그러나 장기적으로 이것은 우리 인류가 경제문제를 해결하고 있다는 사실을 의미한다. 앞으로 100년 뒤, 우리의 삶의 수준은 지금보다 4배에서 8배 정도는 더 높아질 것이다. 현재의 지식수준에 비춰보면 그리 놀라운 일이 아니며, 훨씬 더 삶의 수준이 발전할 가능성은 크다. 몇 년 안에 우리는, 지금까지 익숙했던 수고의 1/4만으로 모든 작업을 수행할 수 있을 것이다.[22]

또 미래학자들은 노동자가 힘들게 일하지 않고 주 3일만 일하고 소비와 여가를 즐기는, 꿈같은 기술시대와 풍요로운 미래가 도래한다고 전망했다. 그러나 우리 눈앞에 현실로 펼쳐진 '미래의 노동'은 그렇지 않다. 일시적인 성장통이 아니라 폐쇄적인 승자독식의 분배구조가 관철되는 시대를 맞닥뜨린 것이다.

노동을 축출하는 폐쇄적 전략과 경제조작의 시대

노동자와 약자를 희생시키지 않고 산업관계와 노사관계를 파괴하지 않는 정의로운 산업전환은 노동의 참여 없이는 불가능합니다. 노동은 생산의 도구가 아닙니다. 산업변화는 노동의 변화에서 출발합니다. …이미 벌어진 사회의 격차가 산업전환을 이유로 더 벌어지게 해서는 안 됩니다. …불평등은 재앙입니다. 재벌 대기업이 독주하는 산업전환은 불평등을 키우는 또 다른 역병입니다.

2021년 7월, 전국금속노동조합 투쟁선언문의 일부이다. 이 투쟁선언문은 자본이 이윤율 증가를 위해서 일방적으로 노동자와 약자를 희생시키는 산업전환과 해고를 자행하는 부당함을 고발하고 있다. 낮은 노동생산성이 자본의 이윤율을 떨어뜨리고 경제성장을 정체시킨다는 굴절된 논리적 프리즘으로, 성장의 핵심 동력이었던 노동을 배제하며 유기적 구성과 산업전환을 강행하는 기업자본을 고발하고 있다. 이처럼 기술혁신 시대는 노동을 자동화된 기술로 대체하며 그동안 표준화되던 노동이 사라지는 시대를 규정하고 있다.

우리나라의 로봇사용 밀집도(노동자 1만 명당 로봇수)는 세계에서 가장 높다. 이 사실만으로도, 우리나라에서 노동이 자동화 기술로 대체되는 추세와 노동형태의 변화가 얼마나 빠르게 진행되고 있는지 그 속도를 충분히 짐작할 수 있다. 다른 나라보다도 훨씬 더 빠르게 전일제 일자리가 사라지며, 비정규직과 일회용 노동이 빠르게 확대되고 있다. 고도화된 기술이 낳은 비정규직 시대와 저임금 시대 그리고 양극화와 빈곤의 시대와 마주하고 있다.

과거 포드주의Fordism 시기에는 경기가 침체하면 실업자가 늘었다가, 회복되면 실업자가 줄어드는 양상이 반복되기라도 했다. 그러나 오늘날의 기술혁신 시대에는 경기가 나아지더라도 실업은 줄지 않는다. 기술혁신은 예나 지금이나 '경기'와 '실업'의 관계를 크게 변질시킨다. 자본이 주도한 기술혁신은 노동자가 저임금을 감당하며 스스로 자기를 착취하게 만드는 구조이다.

기술혁신과 자본의 유기적 구성으로 노동이 배제되고 저임금이 강요되며 실업자가 늘어나는 문제는, 자본이 이윤을 늘리기 위해 자본주의적으로 기계·기술을 도입하여 실업을 초래한다고 마르크스가 '적대감과 모순'을 설명했던 것처럼, 산업혁명 이후부터 늘 제기되어 왔다.

이처럼 기술혁신 시대의 '자본의 심화' 즉 유기적 구성의 전략에는 기술로 노동을 보완한다는 합리적 목적은 존재하지 않는다.[23] 부가가치와 생산성의 효율적인 변화(대체탄력성 elasticity of substitution)의 관계를 따지지 않는다.

그러므로 노동배제와 실업문제는 기술혁신이 낳은 부산물이 아니며, 호황·불황이라는 경기상황이 낳은 것도 아니라는 것이다. 자본이 수익극대화 전략과 기술혁신을 결합하여 분배를 변동시킨 결과물이라는 사실이다. 이것은 자본주의 사회가 소득을 분배하지 않는 '폐쇄적' 경제사회로 이동한다는 것이며, 자본이 경제를 조작하여 소득을 분배하지 않는 불평등을 토대로 유지되는 자본주의의 본성을 설명한다. 그리고 이윤동기가 이렇게 불평등의 역사를 강제해 왔다는 사실을 설명해 주는 것이다.

이윤율과 경제성장의 관계를 이렇게 굴절시킨 자본주의의 이러한 본성은, 노동을 파괴할 목적으로 노동자의 조직화된 힘을 제압하고 기술과 통화정책과 금융시스템에 개입하여 경기를 '조작'하고 불황위기의 반복과 그것이 회복되는 시간과 속도를 조정하면서 '느린 성장'을 선호preference한다는 비판적 추론의 타당성을 입증해 준다. 즉 자본이 모든 경제영역을 승자독식의 문법으로 조작하는 시대라는 의미이다. 자본이 주도하는 기술혁신 시대가 소득불평등이 더 확대하고 하위계

• 다음은 1980년 *World Marxist Review*의 국제심포지엄 토론 내용이다. "신자유주의가 시작되었던 1970년대 말부터 노동을 기술로 대체하면서 '실업'이 늘어났고, OECD 회원국들은 유례없는 실업의 시대를 맞았다. …기술혁신(당시에는 하이테크high tech라고 불렀다)은 전통산업을 해체하고 '반노조antiunion법'(영국 대처정부), 노동조합의 '파업권'을 파괴(구 서부독일 헬무트 콜정부)하는 주요 무기가 되었다."(*World Marxist Review* vol 30, 1987; 한국사회연구소, 『오늘

층의 빈곤을 영속화하는 시대, 분배 없는 디스토피아로 끌고 간다는 것이다.

분배 없는 디스토피아의 시대

국가정부와 기업자본, 성장론자 들은 어느 시기든 늘 '성장의 정체기'라고 과장한다. 과거보다 자본의 이윤이 줄고 기대보다 이윤상승률이 낮아지면 이것을 성장의 정체와 동일시하고 있다. 그러나 성장의 정체와 이윤율 성장을 동일시할 수는 없다. 또 그들이 정체라고 지목한 원인에 대해서도 동의할 수 없다. 성장의 정체는 자본 간 경쟁과 과잉생산이 임금하향을 강제하고 소비부진을 수반한 악순환의 반복이 원인이다. 이런 악순환으로 기업가치가 오르지 않아 이윤상승률이 낮아진 것이다. 그러나 자본은 이윤상승률 정체의 원인을 근거 없이 노동의 탓으로 돌리고 있다. 노동생산성보다 더 많은 임금을 지급했기 때문에 이윤율이 낮아지고 경제성장이 정체되었다고 주장한다.

자본은 이렇게 필수 생산요소인 노동을 자본이윤율의 조정변수 adjustment variable로 전락시켜 '노동의 종말'을 선언하고 있다. 표준화된 노동이 없는 저임금사회를 건설하겠다는 목적으로 무장한 주장이다. 자본의 이윤율과 경제성장을 동일시하는 논리적 프리즘은, 노동소득을 분배하지 않는 생산체계를 구축하려는 전략과 그런 행위를 반대하는 노동조직을 와해시키려는 전략적 목적을 담고 있다. 원시적 형태의

의 정치경제학』, 「과학기술혁명과 현대노동자계급」, 1989.) 이런 지적이 나온 지 무려 40년이 넘었다. 그러나 그때나 지금이나 자본의 유기적 구성은 의도적으로 고용을 배제하고 노조를 무력화하는 도구이며, 체제의 위기를 반복하는 요인으로 작용한다는 사실을 보여주고 있다.

저임금·일회용 노동과 왜곡된 노동소득 분배구조를 공고화하여[24] 더 많은 이윤을 축적할 영속적인 물적 토대를 구체적으로 구축하자는 것이다.[25] 이런 비난을 피하려고, 노동생산성이 낮아 성장이 정체되었다고 딴지를 걸고 있다. 나아가 소득격차와 저임금 시대의 원인과 책임을 모두 노동에 떠넘기고 있다. 이런 주장으로 사회의 불안정과 위기를 높이는 자본주의 경제의 모순에 대한 이의제기와 비판을 모두 무시하며, 산업전환과 노동자해고를 강행한다는 비판을 희석하고 있다.

소득이 분배되지 않는 기술혁신의 시공간은 하위계층의 저임금으로 지탱되고, 저임금노동의 저수지가 확장된 시대와 사회를 가리킨다. 이것이 기업가의 나라가 바라는 유토피아이다. 그러나 하위계층에게는 소득하락의 강제와 소득기회의 단절을 겪는 디스토피아의 시공간이다. 노동의 위기와 빈곤영속화의 가능성이 증폭되고, 착취와 소득불평등의 역사를 강요당하는 시공간이다.

분배 없는 성장이 혁신이라는 시대

소득불평등을 확대하는 자본의 유기적 구성과 산업전환은 '기술'과 '혁신'이라는 용어를 필수적으로 수반하고 그것과 결착되어 있다. 이 용어가 오늘날 승자독식의 경쟁적 시장경제와 '이윤율 상승'을 연결하는 시대적 키워드이다. 또한 기술과 혁신이라는 두 개의 용어는 국가 경제성장 전략과 경제 제도·정책의 핵심적 논리회로를 구성하고 있다. 이 배경에는 자본과 자본주의가 뒤집히지 않을까 우려했던 슘페터 J. Schumpeter의 혁신가설과 고전적 경제성장론에 기술을 성장요소로

포함한 주류경제학의 '내생적 성장이론'endogenous growth theory이 자리
하고 있다.

시장의 강제요인을 무시한 성장이론

이 성장이론은 투자와 생산성의 변화가 최적화된 균형을 이루는 성장
경로를 제시한다.[26] 기업자본이 혁신된 기술을 지속해서 생성하고 시
장이 어떻게 기능하느냐에 따라서, 국가 경제성장이 결정된다는 이론
이다.[27] 기업자본이 창의적인 지식과 시간을 투입하여 개발한 혁신된
기술의 양이 늘어나면 국가경제가 지속성장unbounded growth할 수 있다
는 이론이다. 신자유주의적 성장론자들이 가장 '최적화'된 성장모델이
라고 신봉하는 이론이다. 이 이론이 우리 사회를 지배하며, 혁신된 기술
이 노동과 고용을 배제하는 수단으로 기능하는 논리를 제공하고 있다.

　이 이론대로 국가경제가 경쟁력 우위competitive advantage를 확보하여
성장하려면, 기술개발에 공공투자를 확대하고 기술을 연구하는 인력
을 키워 민간기업에 공급해야 한다. 또 기업이 기술개발에 투자하도
록, 투자와 수익에 대한 기업감세를 더 확대하는 정책을 공급해야 한
다. 뿐만 아니라 그들에게 적용되는 규제를 해제하고, 저임금체계를
유지할 수 있는 정책을 공급해야 한다. 신자유주의적 국가정부의 역할
을 규정하는 이론인 셈이다. 이것이 혁신성장 전략의 주요 골격을 이
룬다.

　내생적 성장론이 국가 정책체제에 주입한 이러한 성장전략은 소수
자본과 기업에 대한 감세의 정치를 확대하지만, 늘어난 재정지출의 결
과는 소득분배 효과로 사회에 환원되지 않는다. 생산된 '부'는 주주의

배당수익과 기업자본의 이익으로 사유화되고, '분배 없는' 성장으로 귀결될 뿐이다. 주권자의 소유지분은 사라지고 기업자본의 사적 전유물로 변환된다. 이 원인은 혁신된 기술의 '태생적' 배경에 있다. 누구의 기술이냐는 전유 appropriation와 직결되어 있다.

현실자본주의 체제가 사적 소유권을 과잉보호하고 왜곡된 전유를 보장하기 때문이다. 신자유주의가 국가의 역할로 강요한 정책 '공급주의'에서는 더욱더 그렇다. 이론사회에서는 시간과 창의적인 지식의 축적으로 기술혁신이 이뤄진다고 설명하지만, 이 설명과 달리 혁신된 기술은 이윤축적을 목적으로 한 자본의 이익사유화의 도구로 규정되어 버린다.

노동자, 하청과 사회적 편익으로 모두에게 합당하게 배분·분배될 때 지속성장의 기대가 기각되지 않는다. 그러나 기업가의 나라는 감세와 배제의 정치를 연결하여 기업자본의 이익사유화를 보장한다. 내생적 성장이론과 신자유주의 성장방식이 강조하는 대로, 자본 위주로 정책을 공급하는 국가의 성장정책체제는 혁신된 기술을 이윤과 지식을 독점하려는 자본의 목적에 맞게 불완전경쟁과 시장지배력을 보장하는 전위vanguard도구로 변환하는 역할을 한다. 그러므로 소수 자본과 기업가 나라의 성장을 위한 이론이라는 불평등한 성장론의 한계를 드러내는 내생적 성장론과 지속 성장할 수 있다고 가정한 이론적 기대는, 혁신된 기술의 태생적 속성에 의해 기각된다.

내생적 성장이론이 불평등을 강제해 온 역사적인 조건, 즉 역사성을 무시한 이론이라는 비판의 굴레를 벗어날 수 없는 까닭이다.[28] 내생적 성장이론을 주창했던 경제학자 로머P. Romer도 혁신된 기술의 자본주의적 쓰임과 성장의 이익이 소수에게만 집중되며 불평등을 초래했다고 회고하는 내용을 자신의 블로그로 밝힌 적이 있다.

독점과 기형적 경제를 배태하는 개념으로 오염된 혁신

내생적 성장이론과 불가분의 관계에 있는 혁신가설은 독점력을 가질 정도로 독보적이어야 비로소 혁신했다고 평가할 만하다고 개념적 기준을 설명한다. 그러나 자본은 기술혁신이 지속되려면 중간재로 투입되는 기술과 재료를 개발한 중소기업의 독점적 이윤이 보장되어야 한다는 필요조건을 강조하는 개념을 독점의 도구적 개념으로 바꿔버린다.[29] 사회과학적 인식이 없다고 비판받는 내생적 성장이론의 설명적 기준과도 배치되는, 승자독식의 이윤축적을 정당화하려는 자본의 이윤문법으로 재구성하여 기술과 지식과 데이터를 독점한다. '잠금장치'와 같은 그들의 재산권, 독점력과 계약효력 등 독점적인 시장지배 규칙으로 혁신된 기술의 사회적 확산을 가로막고, '혁신이 곧 독점'을 의미하는 것처럼 편의적으로 오염시켜, 반反독점행위를 규제하는 사회적 규범을 무력화하고 있다. 그러나 혁신된 기술의 태생적 속성이 이익의 사유화와 지속성장의 불가능성을 잉태했다는 비판 속에서도 '혁신'과 '성장'의 개념적 동맹관계는 시장자유주의 경제체제에서 강고하게 결착되어 있다. 기술과 혁신과 성장을 버무린 개념은 모든 영역을 넘나들며 이것들의 사회적 개념의 혼란을 증폭시키고 있다. 독점과 '사이비'pseudo 지식경제[30]와 분배 없는 노동을 강요하는 개념으로 오용하면서 소득불평등을 강제하고 있다.

기술혁신 시대를 대표하는 새로운 산업유형의 대부분은 노동·배제와 분배 없는 기술혁신으로 굴절된 지식경제knowledge economy라는 외피를 두르고 산업전환을 주도하고 있다. 그러나 문제의 심각성은 사이비 지식경제가 여기에 편승하여 성장의 아이콘으로 출현하는 경향이 확장된다는 데 있다. 이런 유형의 사이비 지식경제는 '창조적 파괴'를 거친 혁신도 아니며 성장을 담보하지도 않는다. 그들의 대부분은 시장탈취와 극단적인 일회용 노동으로 임금을 착취하는, 업그레이드된 지대경제의 축적방식에 의존한다. 기술과 혁신이 사이비 지식경제에 새로운 축적양식의 전략을 제공한다는 것이다.

자본주의적 물량공세로 시장을 탈취하고 독점·독식하거나 노동자를 해고하고 임금을 착취하는 기형적인 사이비 지식경제가 이 시대의 그럴듯한 대표적 혁신산업처럼 부상하고 있다. 노동을 배제하는 파괴성과 저임금시대를 강제하는 이러한 사이비 지식경제를 '지식경제 산업'이라고 부를 수는 없다. 이런 신조어와 자본주의식 명명법이 사회적 개념이 가진 본원적 의미의 해체하여 가치의 혼란을 불러일으키고, 우리의 비판적 사고를 마비시키며 파시즘적 날조를 획책하는 도구가 되고 있다. 혁신이란 용어가 자본의 이윤율 성장을 극대화하기 위해 '분배의 정의'를 사회담론의 밖으로 추방하는 이데올로기적 도구로 사용되는 데서 불평등의 강제적 확대는 분명하게 예견된다.

노동조합을 파괴하면서 정리해고와 임금을 동결하고, 노동과업을 더 부과하는 쥐어짜기 경영이 오늘날 우리 사회에서 '혁신경영'이라는 용어로 버젓이 유통되고 있다.* 혁신의 행진에 합류하면 승자winner가

---

* 우리나라 사례는 아니지만, 최근 아마존이나 메타(페이스북), 트위터, 리프트(차량공유업체) 등 미국 IT업계에서 대량 정리해고가 일어나고 있다. 기업들은 경기침체로 인건비를 줄일 수밖에 없

되고 '모두를 가질 수 있다'는 환상의 내면화를 강요하는 키워드로 쓰이고 있다. 노동자에게 모든 지식과 시간을 갈아넣으라는 태움burn out 을 강요하고* 저임금과 불평등한 사회를 강제하는 폭력적 지침을 고상하게 아우르는 용어로 자리매김하였다. 기술혁신 시대에 자본이 이렇게 왜곡된 파시즘적 개념을 파생시키고 있다. 또한 이러한 혁신의 개념이 민간과 공공 영역의 구분 없이 우리 사회에서 시대적 아이콘으로 폭넓게 유통되고 있다.

분배를 전제하지 않는 성장을 혁신과 연결 짓는 권위주의 국가정부의 폭력적 슬로건으로 진화하는 양상마저 나타나고 있다. 오염된 개념으로 버무려 국가 경제 제도·정책의 공간에서 유통되는 '혁신성장'이라는 권위주의적 슬로건은 소득불평등을 강제하는 이데올로기와 견고하게 결착되고 있다. 역대정부들의 반노동적 슬로건은 기업가의 나라를 위해 규제를 해제하는 반노동 퇴행정책을 겉으로는 규제혁신이라고 명명하는 정도였다. 그러나 윤석열정부의 개념왜곡은 더 비약적이다. 기업자본을 위한 반노동적 규제해제를 규제'타파'라고 규정하고 있다. 반노동 고용제도로의 퇴행을 '노동카르텔 척결' 정책으로 변질시켰다. 부정적인 부패의 이미지를 덧씌워 정당한 노조활동과 파업을

다고 하지만 이미 기술로 대체가 가능할 만큼 인공지능 자동화 시스템이 먼저 구축된 부문부터 해고하는 양상이 나타나고 있다. 아이러니하게도 IBM 같은 IT업체와 GM에서는 기술을 개발한 노동자들이 개발된 기술에 의해 먼저 해고당하는 사례가 많다. 이런 양상이 나타나면서 주로 이 산업분야에 많이 포진되어 있는 청년세대 노동자들도 노동조합의 필요성을 '공감'하고 있다.

• 혁신이라는 개념이 작고 평범한 소기업조직에서조차도 '스스로 건강을 해칠 정도로' 일하라는 구호로 사용되고 있다(Ellen Ruppel Shell, *The JOB: Work and Its Future in a Time of Radical Change*, Crown, 2018). 오염된 '혁신' 개념이 노동자들에게 '기업가정신'을 요구하며 모든 사회 영역에 광범위하게 바이러스처럼 퍼져 유통되는 한 장면이다.

'카르텔'이나 불법과 접합시킨 것이다. 공권력을 동원해서라도 이것을 '척결'하는 것이 규제혁신이라는 의미로 개념왜곡을 비약하고 있다.

혁신은 역동적인 동기를 유발하는 데서 시작된다. 성과에 대한 '보상'과 '분배'가 혁신의 필수적인 전제이다. 분배한다는 필수적인 전제가 없거나 신뢰가 형성되지 않으면, '자발적이고 역동적인 참여'는 일어나지 않는다. 이렇게 왜곡된 자본주의식 혁신과 성장의 논리구조를 본원적 의미로 복원하는 것이 혁신이다. 그러나 오늘날의 오염된 혁신 개념은 기업자본이 태움을 강요하는 의미를 넘어섰고, 노동배제와 해고의 협박을 의미하는 울타리도 넘어섰다. 승자독식의 자의적 기표 signifier가 내면화된 이데올로기적 개념으로 바뀌었다.

이러한 자본의 행태와 권위주의적 경제제도에서, 자본이 스스로 한계에 이를 때까지는 독점과 착취와 탈취를 절대 멈추지 않으리라고 추론할 수 있다. 우리 사회의 고용 패러다임을 극단적인 저임금노동으로 바꾸고, 하청과 영세자영업자에게 저이윤·저소득 구조를 강제할 것이다. 혁신 개념의 의미이동은 소득불평등의 확대와 하위계층의 빈곤영속화를 증폭시키며 기업가 나라의 '독재'를 예고하고 있다.

기술혁신, 시장탈취, 노동착취

기술혁신 시대의 생산양식, 시장 교란과 탈취

새로운 산업양식으로 둔갑한 플랫폼 지대경제의 생산양식은, 자본이 이윤축적의 기회를 포착하고 '네트워크 효과'를 독점하여 시장지배력을 확대하여 이윤을 축적하는 기법을 발전시킨 양식이다. 이런 특성상, 플랫폼 지대경제는 시장을 교란derangement하고 탈취stealing하는 승자독식의 공격성향을 거리낌 없이 드러내며, 탈취와 착취가 일상화된 경제사회로의 '일대' 전환을 주도하고 있다.

소비자의 생활양식을 바꾸며 빠르게 온라인 유통플랫폼이 장악한 시장은, 소상공인 자영업자의 전형적인 소득공간이었다. 이들의 소득공간을 온라인 유통플랫폼이 탈취하여 이윤을 수탈하고, 노동자의 임금을 착취하고 있다. 이러한 고도화된 시장탈취 기법으로 진화된 생산양식mode of development이 그들의 축적방식이다.[31]

플랫폼 지대경제, 시장교란의 생산양식

그러나 온라인 유통플랫폼 기업의 기술은 데이터를 은밀하게 수집하고 이것을 은닉하는 기법에만 있을 뿐, 특별한 혁신성은 존재하지 않는다. '디지털영토'를 확장하고 시장을 탈취하는 비법도 특별하거나 혁신적이지 않다.

소비시장을 선제적으로 독점하려는 온라인 유통플랫폼 기업 간 경쟁이 과열되고 있지만, 그들이 새롭게 개척할 시장은 거의 존재하지 않는다. 개척하기보다는 기존의 시장을 '파괴'한 뒤 그 시장을 독점하는 것이, 그들이 말하는 새로운 기회이며 '시장개척'이다. 내수시장 생태계 파괴와 시장탈취로 이어지는 시장경제 교란은, 자본력을 장착한 전근대적인 방식으로 물량공세를 퍼부어 자본력이 없는 중소기업과 자영업자의 시장을 탈취하는 단순한 비법으로 이뤄진다. 온라인 유통플랫폼 기업의 성장모형은 이런 비법으로 디지털영토와 시장지배력을 강화해 이윤을 탈취하며 기업가치를 높이는 전략으로 구성되어 있다.

그러므로 중소기업과 자영업자의 시장을 탈취하는 지대경제 플랫폼기업 간 경쟁이 '영토전쟁'의 시작과 끝이다. 그러나 이 전쟁은 자기의 영토를 두고 치르는 전쟁이 아니다. 내기도박wager의 성격을 가진 전쟁이다. 각자의 판돈을 건 도박과 달리, 도박에 건 '내기물품'은 제3자의 영토이다. 제3자의 영토를 차지하는 것이 승리자의 전리품trophy이다. 제3자의 영토를 차지하여 '식민지'로 만드는 제국 간 전쟁의 목적이나 방식과 전혀 다르지 않다.

그들의 성장모델을 이런 맥락으로 보면 시장탈취 행위는 온라인 유통플랫폼 기업들이 경쟁하는 과정에서 생기는 단순한 일탈행위나 '부작용'이 아니다. 시장탈취가 그들의 '목표물'이라는 사실이 분명하다. 탈취행위가 곧 플랫폼 자본주의의 '본능'이라고 규정할 수 있다.[32] 이런 탈취본능은 비중이 다른 나라보다 훨씬 높은 우리나라 중소상공인이나 영세한 자영업자의 생존을 심각하게 위협한다. 시장탈취 행위를 심각하게 바라보지 않는 사람들은 그와 같은 부작용도 있지만, 소상공인 자영업자가 온라인 플랫폼 시스템에 포섭되면 '구독경제'subscription economy가 실현되고 매출과 소득이 오를 것이라고 낙관한다. 하지만 공생의 토대는 애당초 존재하지 않는다. 그들의 포섭전략에는 소상공인과 자영업자가 독립할 수 있는 사다리는 원천 봉쇄되고 종속의 원칙만 강요된다. 폐쇄적 시장규칙에 따라 이윤배분의 불공정을 강제하고 영속적으로 지배하는 플랫폼 자본주의의 공간이기 때문이다.

전근대적 영토확장과 단계적 시장탈취

온라인 유통플랫폼은 물량공세를 미끼로 던져 우리의 일상 소비공간을 포섭했고 생활양식을 이미 지배했다. 유통시장 구조는 이미 독과점 시스템으로 '재편'되었다. 중소기업이 생산한 제품이나 자영업자가 판매하는 제품은, 그들이 발급한 '통행증'과 그들이 통제하는 플랫폼의 '차단기'gate를 거쳐야만 시장에 나올 수 있다. 그마저도 플랫폼에 의해 통제된 공간에서 소비자와 간접적으로 대면할 뿐이다.

이런 폐쇄적 구조에서 그들의 단계적인 탈취전략은 판매수수료를 높이거나 알고리즘을 조작하여 차등화하는differentiated 단계로 이동한다. 물량공세에 투입한 비용을 회수하는 단계이다. 소상공인 자영업자의 독립이나 자립 가능성은 이 단계에서 이미 상실되고, 소득과 이윤은 줄어들 수밖에 없다.

그러나 최종적인 최악의 시나리오는, 디지털화된 기술과 데이터를 매개로 유통시장을 독점한 지대경제 플랫폼이 거래중개와 '생산 없는' 위탁판매 방식에서 한 걸음 더 '야만적'으로 나아간 단계에 있다. 유통시장의 탈취뿐 아니라 중소기업이 생산한 상품까지도 훔칠 수 있는 그들의 야만성이 발현되는 단계이다. 영원한 종속이 시작되는 단계이다.

대부분의 온라인 유통플랫폼 기업이 그렇듯이, 쿠팡도 구매자의 데이터를 독점해서는 판매를 위탁한 기업에 이 데이터를 제공하지 않는다. 위탁된 상품이 많이 팔릴지 아닌지는 데이터를 독점한 플랫폼만 알 수 있다. 이런 폐쇄적 구조에서, 쿠팡에 판매를 위탁한 어떤 중소기업의 상품을 쿠팡이 베껴 비슷한 기능을 가진 자사상품 privite brand을 만든 사례가 있었다. 쿠팡은 이 상품을 위탁받은 중소기업의 제품가격보다 훨씬 싸게 팔았다. 소비자들이 중소기업이 생산한 상품보다 값이 싼 쿠팡의 제품을 구매하는 바람에, 쿠팡에 판매를 위탁한 중소기업의 매출은 줄어들었다. 그리고 매출이 낮다는 이유로 플랫폼에서 퇴출당했다. 그런 다음 쿠팡은 자사제품 가격을 크게 올렸다. 이것이 판매를 위탁한 중소기업과 쿠팡이 분쟁에 이른 자초지종이다.

쿠팡은 이것을 담당자가 실수한 '단순한 사고'였다고 변명했다. 그러나 이 사례는 플랫폼기업이 시장에 침투하여 독점력을 확보한 뒤에 생산까지 탈취하는 '예정된' 단계적 이행경로를 시사한다. 유통시장의 새로운 권력자가 된 그들의 '큰 그림' 안에는, 처음부터 중소기업의 생산까지 장악하려는 '야만적인' 전략 포트폴리오가 탑재되어 있다고 의심의 눈초리를 치켜세울 수밖에 없다. 플랫폼 지대경제가 대세인 지금, 플랫폼기업들끼리 경쟁이 치열해지면 누가 먼저랄 것 없이 하위계층의 생계터전을 빼앗는 시장탈취와 생산탈취 경쟁의 위협은 확장될 수밖에 없다. 플랫폼기업의 '최종' 발전양식이 이런 위험을 불러올 것은 예견된 것이다.

가면을 쓴 플랫폼 지대경제의 탈취양식

이런 최악의 시나리오가 언제 현실로 나타날까? 시간이 얼마나 남았을까? 이것은 두 가지 변수에 달려 있다. 국가정부가 온라인 유통플랫폼의 시장탈취 행위를 규제한다면, 다소간 시간이 지체될 수 있을 것이다. 또 하나의 변수는 그들이 필요한 물량공세 자금을 확보할 수 있느냐 하는 가능성이다. 이 두 변수가 그 시간을 결정할 것이다. 두 가지 가능성이 크다면, 유통시장 탈취를 넘어서 생산을 탈취할 가능성도 크다는 예상이 무리는 아닐 것이다. 시장을 탈취하려는 전략적 야욕의 발톱은 감추고, 규제를 해제하라고 줄곧 주장해 온 그들의 논리와 자본의 투자성향에서 그럴 가능성을 충분히 가늠할 수 있다.

애국과 혁명적 서비스라는 플랫폼기업의 가면

규제를 해제하라는 서비스 플랫폼기업 자본의 비상식적인 주장은 날로 대담해지고 있다. 그들의 주장은, 국부유출을 막고 시민대중에게 편익을 제공하는 사업을 국가정부가 규제하는 것은 부당하다는 논리적 가면mask을 쓰고 있다. 디지털 파워를 장착한 외국 서비스기업이 국내에 들어오지 못하게 효과적으로 막아야 한다는 애국적 발로나 '혁명적' 사회서비스 사업처럼 포장한 논리이다. 이 논리적 가면을 쓰고 규제를 해제하라고 주장하고 있다.

2019년 '타다'는 운전기사를 포함한 차량임대사업으로 사업영역을 확장했다(타다의 실질적 대주주는 당시 문재인정부 혁신성장위원회 공동민간위원장이었다). 우버 같은 외국 서비스기업의 '국내 진입'을 막겠다는 논리였다. 택시기사들은 타다의 사업방식과 사업영역이 '여객자동차운수사업법'을 위반했다고 고발했다. 국토교통부가 판단을 오락가락하는 사이에 싸움은 더 커졌다. 2020년에 문재인정부는 법을 개정해서 타다의 사업진출을 명시적으로 제한했다. 타다와 같이 렌터카를 이용한 플랫폼 운송업체들은 매출액의 5%를 사회기여금을 내어야 하고 차량총량도 제한한다는 내용으로 법을 개정했다. 타다는 이에 반발하고 헌법소원을 청구하였다. 2021년에 헌법재판소는 법개정이 헌법에 어긋나지 않는다고 판결했다.

타다가 여객자동차운수사업법을 위반했는지는 실제 행위에 근거하여 판단할 일이다. 규제의 필요성은 법위반 논란과는 관계가 없다. 자유시장주의 본산인 미국에서도 우버나 에어비앤비의 사업방식에 여러 문제점이 있다고 판단하여, 규제조건을 달아 사업을 승인하고 있다.[33] 이것은 디지털시대에 시장에 출현한 새로운 형태의 시장중개인[34]에 지나지 않는 플랫폼 자본주의의 사업방식과 영역확장이 타인의 이익을 침해하거나, 공공규범을 벗어나는 문제를 일으킨다는 사실이 반영된 것이다. 그러므로 규제는 '정당성'과 '형평성'을 충분히 갖춰야 한다는 규범의 존재 필요성을 의미한다.

이것이 택시기사와 타다 간의 대립쟁점이다. 택시업체의 이해, 특히 오랜 무사고경력과 영업시간의 규정을 받으며 개인차량으로 영업하는 개인택시의 이해는 타다의 사업에 의해 침식당한다. 개정된 법이

규정한 사회기여금은 침식당한 이해를 보완하는 수단이다. 정책으로
발생한 수익자의 이익은 손실자에게 분배되어야 정당하므로, 이런 정
당성과 형평성의 조건을 갖추라는 것이 규제의 취지이다. 이런 조건을
갖춘다면 플랫폼기업들이 굳이 애국자나 혁명적인 서비스제공자인
척할 필요가 없고 공유경제sharing economy라는 가면으로 위장할 이유
도 없다.* 그들의 주장은 규제를 피하려는 목적[35]과 시민대중에게 실질
적인 사회적 편익을 제공하지 않으면서 시장을 탈취하는 플랫폼 자본
주의의 본 모습을 숨기는 포장일 뿐이다.

시장탈취를 허용하는 자유시장주의와 기업가의 나라

그러나 몸집이 커진 서비스플랫폼 기업자본은 시장지배력과 자본의
정치력을 빌려 규제해제의 타당성을 재포장하고 있다. 그러나 그 타당
성은 사회적 정당성과 계속 충돌할 수밖에 없다. 사업영역의 확대 등
이 시장자유주의에 어긋나지 않는다는, 가면을 쓴 그들의 주장이 곧
공정과 정당성을 의미하지는 않는다.

　기업자본의 대변자인 경영자단체들, 대한상공회의소나 한국경영자
총협회 등은 이런 규제가 성장과 혁신의 효율성을 방해한다고 주장한
다. 대기업이 플랫폼사업 방식으로 신사업을 할 수 있도록 정부에 '선'
육성 '후' 규제의 원칙을 도입하라고 요구하고 있다. 이것은 시장탈취
행위를 보장하라는 주장과 상통하며, 온라인 플랫폼기업의 독점행위

---

* 공유경제는 과잉공급의 경제를 지양하며 이윤을 추구하는 자본주의적 생산방식을 반대하자는
취지의 경제를 말한다. 그러나 플랫폼 자본주의 기업들이 본래 이런 취지의 개념을 오염시켜 '공
유경제'라는 용어를 사용하고 있다. 이런 까닭에 공유경제라는 용어 대신, '공동체 경제'라는 용
어로 구분해서 사용하자는 주장도 제기되고 있다.

를 규제하지 말라는 주장이다. 또 규제하는 범위를 축소하고 '규제 샌드 박스' 제도를 적용해서 규제가 필요한지에 대한 판정을 보류해 달라고 요구하고 있다. 이것은 사실상 규제의 방파제를 단계적으로 허물어버리는 선례가 된다. 그 선례는 얼마 안 가서 우리 사회의 시장을 교란하는 새로운 규칙으로 자리를 잡는다. 서비스플랫폼 기업들이 이러한 주장에 편승하여 시장탈취를 실질적으로 허용하라고 요구하고 있다.

그러므로 국가정부가 시장탈취를 '판별'하는 기준을 낮춘다면, 판매와 소비가 이뤄지는 시장은 기업자본의 이윤동기와 축적방식에 의해 철저히 '봉쇄'될 것이다. 중소기업과 자영업자의 시장과 생태계는 탐욕적인 플랫폼 자본주의 지대경제 시스템에 완전히 잠식당할 것이다. 솜방망이 같은 기존의 규제장치로는 이런 위험을 막을 수 없다. 이러한 우려가 이미 현실로 나타나고 있다. 이런 위험 때문에 시장탈취 행위는 이미 자본주의 시장경제에서 중요한 의제로 이미 대두되었다.

다른 나라에서는 플랫폼기업의 독점적 사업방식과 사업확장을 규제하는 법을 제정하고 규제를 강화하고 있다. 미국 상하원의 법사위원회는 '플랫폼 반독점법'을 의결하였다.[*] 이 법안은 아마존, 구글, 페이스북 같은 거대 IT 또는 플랫폼 기업에 대해서, 그들의 시가총액market value과 국내뿐 아니라 외국에서의 매출액도 포함하여 연간매출과 월간 사용자규모를 기준으로 규제대상을 규정하고 있다. 플랫폼 거대기업big tech이 자기 회사 상품을 우대하는 관행을 막고, 또 '그럴 가능성이 있다'고 예상되는 사업에는 진출하지 못하게 법제도로 규제를 강화

---

* 일명 반독점법안이다. EU도 이와 똑같은 디지털시장법(DMA, Digital Markets Act)을 시행하기로 했다.

하는 추세이다.

소상공인 자영업자가 다른 나라보다 많은 우리나라에서 이 의제는 매우 중요하다. 문재인정부의 공정거래위원회는 '온라인플랫폼공정화 관련법' 제정을 추진했다. 그러나 우리나라의 거대 플랫폼기업들은 이런 규제법이 신기술의 사업화와 산업의 성장을 가로막는 규제라고 반발했다. 경영자단체까지 가세한 '힘센 소수'의 목소리만 과다대표 over representation되고 있다. 노동자의 이윤과 시장을 탈취한다는 사회적 비난을 기업들이 전혀 눈치 보지 않고 이렇게 주장하는 데는, 대기업·자본집단의 '힘'이 든든한 뒷배로 작용하기 때문이다. 미국에서도 메타(페이스북)처럼 시장지배력이 큰 '실리콘밸리 제국'의 플랫폼기업 자본들은 자신들의 독점행위를 규제하려는 미국정부에 큰 압력을 행사하고 있다.[36] 국가정부에 맞설 만큼 커진 그들의 힘과 정치력은, 정부-기업 간 권력의 형세변화를 보여주며 기업가 나라의 주인으로 행세하는 소수 자본이 승자독식의 논리와 규칙을 주도하고 있다는 정황을 보여주고 있다. 소수 재벌 위주로 짜인 우리나라 사회경제체제에서 대기업자본의 정치력이 어떻게 작용하는지를 암시하는 바는 크다.

몇몇 사례를 들어, 플랫폼기업의 목적과 사업확장을 '야만적인 탈취'라고 주장하는 것은 지나친 확대해석이 아니냐고 반문할 수 있다. 그러나 시장지배력이 커질수록 그들이 시장을 독점할 가능성과 시장을 탈취할, 자본주의적 폭력을 행사할 가능성은 더 커진다. 탈취행위를 시장의 자유로운 경쟁이라고 인식하는 그들의 '선택적' 인식이 강고해진 흐름이나, 시장자유주의라는 이름으로 '불공정'이 '공정'으로 도치되는 비민주적 흐름이 우리 사회에 더 확대되었다는 맥락에서 이럴 가능성이 크다는 것이다.

 윤석열정부는 '자율적으로 규제하겠다'는 경영자단체와 기업자본의 주장을 빌려 '혁신'과 '성장'을 내세우며 규제를 해제하거나 조건부로 해제하는 문을 거침없이 열어주고 있다. 자율적으로 골목상권을 보호하며 동반성장하겠다는 플랫폼기업의 허구적인 상생논리를 내세워, 약관정책을 고치라고 권고하는 것으로 규제를 대체했다. 고양이에게 생선을 맡기는 격으로 폐기해서는 안 될 규제를 '폐기'하였다. 소상공인 자영업자의 이윤을 수탈하고 경쟁적으로 시장을 탈취하는 거대 플랫폼기업의 행위를 국가정부가 '보호'하겠다는 선언이다. '불공정한' 자유시장주의를 '제약이 없는' 자유시장 경제라고 억지로 정의하는 극단적 보수세력답게 소수 기업자본에만 '선택적'으로 자유를 보장해 주는 윤석열정부를 향해, 소상공인과 자영업자는 이것이 윤석열정부의 제1호 공약인 '소상공인 살리기'냐고 항의하며 대립각을 세우고 있다.

 이제 지대경제 플랫폼의 지대추구와 야만적인 시장탈취 행위는 빠르게 진행될 것이다.* 이런 지대경제 플랫폼기업이 늘어나기 전과 비교해 볼 때, 국가정부가 그들에 대한 규제를 해제한 뒤에 우리 사회경제의 양극화와 소득불평등이 더 확대된 양상은 더 극명해질 것이다.

---

* 윤석열정부가 임기를 시작하면서 이렇게 자본의 독점을 보장함으로써 시장 교란과 탈취, 독과점 현상은 더욱 커졌다. 2023년 12월 국무회의에서 (가칭)'플랫폼공정경쟁촉진법'을 발의하기로 의결하였다. 카카오 기업집단의 독점이 유발한 불법 시세조종 사건 등에 대하여 여론이 나빠진 탓도 있지만, 시장 교란과 탈취, 독과점을 윤석열 정치방식대로 방치할 수 없다는 현실적 위기감을 어느 정도 시인한 것이다. 이 법을 발의하기로 한 윤석열정부의 공정거래위원회에 기업자본이 다시 반발하고 나섰다. 그러나 공정거래위원회는 "플랫폼법 제정이 늦어지면 공정위원회는 역사의 죄인이 될 것"이라고 표명했다. 윤석열정부의 정책에 균열이 일어나는 조짐이다. "시장 독과점화가 이미 진행된 후에는 어떤 조치로도 회복하지 못한다"며, 국내기업을 역차별한다는 (플

시장탈취에 필요한 자금조달 가능성

지대경제 플랫폼기업들이 시장을 성공적으로 탈취하는 데는 물량공세에 필요한 '자금조달'의 가능성이 충분한지가 관건이다. 어떤 사업에 투자할지 선택하는 과정에서 자본의 본성이 드러나며 그 힘이 발휘된다. 윤석열정부가 시장탈취에 대한 규제를 해제하는 움직임은 시장을 탈취하는 데 필요한 자금을 자본시장에서 조달할 가능성을 키우는 중요한 지렛대로 작용할 것이다. 자본시장에서 자금을 확보할 가능성이 충분하다면, 시장탈취 행위는 급물살을 탈 것이다. 이런 가능성은 주식자본시장에서 엿보인다.

지대rent에 의존한 수익창출 방식이라는 특성적 측면에서, 플랫폼기업과 자본시장은 상호친밀도가 높다. 일반적으로 자본시장에서는 IT, 디지털과 결합하여 네트워크를 점령하는 '신'산업은 지속해서 시장을 독점할 가능성이 크고 기업가치가 높다고 평가되고 있다.

감가상각비용과 한계비용도 거의 발생하지 않으므로, 많은 지대가 보장될 가능성이 크다.[37] 이런 사업분야에는 어김없이 주식자본의 비상한 관심이 쏠리게 마련이다. 대기업집단이 지대추구형 사업을 확장

랫폼 거대기업들의) 주장은 '거짓뉴스'라고 말했다(공정거래위원회 사무처장 기자회견, 2024. 1. 24). 독과점에 대한 판단기준은, 예상되는 시장점유율이어야 한다. 그러나 과거 우리 정부들은 조사개시 시점의 시장점유율을 기준으로 사업진출을 허락해 왔다. 기자회견에서 밝힌 바와 같이, 카카오택시를 허가하기 전, 조사개시 시점의 시장지배율은 14%였다. 조사를 마친 시점에는 카카오택시의 시장지배율은 이미 73%를 웃돌았다. 그러나 공정거래위원회의 이런 결정에도 소상공인 자영업자에게 치명적인 유통서비스 플랫폼의 규제는 포함되지 않을 전망이다. 시장점유율이 높더라도 매출액이 낮은 플랫폼기업은 제외한다는 것이다. 기업자본의 반발을 우려한 미온적인 정책이다. 소매업종 소상공인 자영업자의 몰락위험은 여전히 정책 밖으로 내모는 대책에 지나지 않는다.
• 2020년 5월~21년 4월, 대기업집단이 새로 설립한 계열사 297개 기업 중 111개 기업이 가상증강현실 기술로 상품화하는 기업이다.

하는 경향도 이런 유형의 사업이 자본의 기대치를 충족할 가능성이 크다는 신호를 발산하는 데 한몫하고 있다. 대기업집단이 새로 설립한 14개 기업이 2021년에 주식시장에 상장했다. 그들의 초기 주식공모IPO에 2020년 주식공모 총액의 8배에 가까운 775%, 총 16조 4천억 원의 청약금이 몰렸다. 이 폭발적인 청약과 주식 투자수요를 메타버스나 NFT Non-Fungible Token, 게임산업과 같은 디지털화된 IT 서비스플랫폼 분야의 기업이 주도했다. 이런 경향은, IT기반 지대경제형 플랫폼기업이 단기수익을 노리는 자본(펀드)에 '좋은 투자처'라는 매력을 형성해 준다.

일부 플랫폼기업들은 이미 대기업집단(재벌그룹)으로 지정됐다. 자본시장이 플랫폼기업의 성장 가능성과 이윤가치를 높이 평가할 '신화적' 존재로 인정할 만큼 몸집이 커졌다. 카카오는 2018년에 72개 계열사에서 2022년 4월에는 138개사로 늘어났다. 네이버의 계열사는 2018년 45개에서 2022년에는 54개사로 늘었다. 이들의 확장은 2021년 국회 국정감사에서 '문어발식' 확장이라고 질타를 받았다. 그들은 핵심 사업을 벗어난 계열사는 '정리하겠다'고 답변했지만, 계열사를 계속 늘리고 있다. 새로운 시장을 개척해서 그들의 몸집이 이렇게 비대해진 것은 아니다. 물량공세와 네트워크 효과를 이용한 탈취와 시장지배력에 의존한 몸집 불리기의 결과이다.

이런 정황이 유통플랫폼들이 물량공세를 할 자금조성의 가능성이 크다는 추론을 도출한다. 이 가능성은 소상공인과 자영업자의 시장과 생산(물) '탈취'라는 '재앙'의 가속화로 이어진다. 시장을 탈취하는 플랫폼기업과 자본시장 사이에 이런 투자동기의 연결고리를 단절시킬 만한 적합한 제도적 장치가 없거나 소상공인·영세자영업자·시민이 연대하여 행동으로 제지할 수 없다면, 소상공인과 영세자영업자의 '재앙'은 예정되어 있다고 할 수밖에 없다.

극단적인 형태의 플랫폼노동 확대

또 플랫폼기업의 시장탈취는 불안정한 단기고용으로 대표되는 플랫폼노동도 확대할 것이다. 하위계층의 소득을 감소시키는 큰 요인으로 자리매김할 것이다. 기술혁신 시대가 빚어낸 플랫폼 자본주의의 확대는 시장을 탈취하며, 한편으로는 수직 계열화된 하청시스템과 쌍을 이뤄 저임금노동과 '분배 없는 경제'를 확장한다. 플랫폼 자본주의가 '기형적인' 플랫폼노동을 낳기 때문이다.

플랫폼노동은 노동자의 고용 종속성이 있으면서도 필요필수 노동이 아닌 것처럼, 표준화된 노동시장의 외부에 존재하는 노동이다. 언제라도 없어질 수 있는 '임시 일감'으로 재구조화된, 일회용 노동[38]의 특성을 가진 비정규직 노동이다. 플랫폼노동자는 '극단적으로' 왜곡된 분배구조에 놓여 있으며, 플랫폼 자본주의와 전방에 배치된 유통플랫폼 기업이 현대판 '노예'와 같은 노동[39]을 빠르게 확산시키고 있다.

현대판 노예 같은 분배방식

우리나라에서 거대 유통플랫폼 기업으로 군림하는 쿠팡의 단기고용계약률은 총고용의 97%나 된다. 대개 3개월부터 1년 단위로 고용계약을 연장하고 있다. 단기고용이라는 특수성은 최악의 작업환경을 배경으로 한다.

그러나 노동자는 극단적 고용구조와 열악한 노동조건에서도 고용자인 쿠팡에 작업환경을 개선해 달라고 요구하지 못한다. 재계약에서 탈락할지 모른다는 불안에 사로잡혀 노동조합에 선뜻 가입하지도 못한다. 물류센터 현장에 에어컨을 설치해 달라고 요구한 노동자는 계약기간이 끝나자마자 일자리를 잃었다. 1인시위를 벌인 노동자는 쿠팡의 부당한 감시에 시달릴 수밖에 없었다.[40] 그동안 대가로 지급되지도 않는 작업을 하고, 손실된 그 시간을 만회하려고 무리해서 배달하다가 택배노동자 여러 명이 과로로 목숨을 잃었다. 열악한 작업환경과 부당한 일회용 노동과 고용시스템이 만들어낸 '죽임'이다. 이 같은 퇴행적인 노동조건에 비해 노동의 대가는 턱없이 낮다. 작업량에 대해서만 노동대가를 받는 '도급'원칙을 적용하기 때문이다. 작업량을 제외한 투입요소의 대가는 전혀 보장되지 않는, 불합리한 보상체계가 단기노동의 분배방식이다.[41]

2022년 3월에 쿠팡이츠는 상품의 생산자나 소비자가 부담하는 수수료는 내리지 않으면서, 배달기사의 임금인 기본 배달수수료는 20%나 내렸다. 온라인 유통플랫폼 기업의 불합리한 보상체계는 하루가 다르게 일방적인 결정과 극단적인 착취방식으로 바뀌고 있다. 쿠팡이츠는 '실시간 배달요금제'를 채택하였다. 자본시장에서 주식시세와 환율이 매초 변하듯이, 배달수요의 많고 적음에 따라 배달기사에게 지급하는 수수료가 실시간으로 변경되는 시스템이다.

노동대가와 고용기간도 표준화되지 않은 일회용 노동은, 플랫폼기업에 더 많은 이윤이 이전되게 설계된 실시간 초 sec 단위 임금체계로 진화하고 있다. 노동수요를 독점(노동수요 독점력)한 플랫폼기업이 노동자와 협상 없이 이런 모든 규칙을 결정하고 있다.

노동소득에서 유류비를 비롯해서 개인차량 할부금 및 유지비를 빼고 나면, 배달 플랫폼노동자의 실질소득은 생활임금에도 미치지 못한다.

특수 형태 노동자들 대부분의 월평균 임금소득은, 주당 40시간에 해당하는 최저임금 시급을 적용한 전일제 노동자의 소득보다도 더 낮다. 플랫폼노동자는 최소한 주당 57시간을 넘게 일해야만, 전일제 노동자의 최저임금과 비슷한 수준의 소득을 얻을 수 있다. 2022년 현재, 최저임금제 적용의 영향을 받는 노동자는 약 355만 명에 이른다. 매년 이들의 규모가 늘어나고 있다. 그러나 약 220만 명으로 추산되는 플랫폼노동 등 특수 형태의 노동자도 계속 늘어나고 있다. 그러므로 플랫폼기업이 확대될수록 최저임금보다 소득이 낮은 노동자도 늘어날 것은 너무 당연하다.

반면에 이들의 소득과 플랫폼기업 주주나 경영자의 소득분배 격차는 상상을 초월할 정도로 크다. 우리나라 데이터는 아니지만, 미국 유통·프랜차이즈·플랫폼 기업의 자본-노동 간 왜곡된 소득분배 구조와 격차 실태를 참고해 보자. 코로나 감염증이 유행했던 2020년 1월~21년 10월에, 미국에서 수익을 많이 낸 22개 회사(주로 아마존·DHL·월마트 등 유통업체, 스타벅스·맥도날드와 같은 외식업체 등)를 대상으로 소득분배를 분석한 결과, 소수에 지나지 않는 그들 전체 기업의 주주가 배당받은 자본소득이 그 기업들의 전체 노동자에게 분배된 임금소득의 '합'보다 무려 57배나 많았다.[42]

플랫폼노동자들이 최소한의 수준에서라도 '표준화'된 대가의 보수체계, 공정한 보수와 도급제도를 요구하는 것*도 이렇게 극단적으로 왜곡된 노동대가를 강요당하고 있기 때문이다. 이 사례는, 저임금노동에 기생하며 불공평한 보상체계를 강요하는 왜곡된 소득분배가 그들의 수익원천이라는 사실과 플랫폼자본주의의 본모습을 여과 없이 보여준다. 플랫폼기업이 확대한 기형적인 노동은 최저임금 시대와 디스토피아로 하위계층이 내몰리고 있다는 '빨간' 신호인 것이다.

고용을 부정한 고용방식

대기업자본이 대리인을 통해서 실제 사용자라는 실체를 감추는 간접고용이 노무관리의 기본 문법이 된 지는 오래전이다.

우리나라 주요 제조업인 조선·자동차·철강기계·금속 산업부문은 다층적인 재하청구조로 구성되어 있다. 원청의 사업장 안에 있는 사내하청internal subcontracting firm은 사실상 원청의 힘이 직접 개입되는 노동현장이다. 원청은 사내하청과 명목상의 외주업체를 통해서 '프로젝트협력사' 또는 '단기계약업체'라고 불리는 다층화된 하청업체를 관리한다. 원청이 사내하청의 노동조건에 직접 관여하고 지휘 또는 감독했거나 2년 넘게 파견노동자로 노동을 시켰다면, 이들은 사실상 원청에 속한 노동자나 다름없다. 엄연한 불법 파견노동이지만, 간접고용 형태

• 2018년 미국 뉴욕시에서 우버택시 호출서비스에 가입한 택시기사들은 6개월의 투쟁 끝에 최저표준대가minimum pay standard 보장제도를 따냈다. 승객 없이 영업활동을 한 시간 일부를 노동시간으로 간주하는 보상방식이다. 뉴욕시에서는 배달서비스 노동자에게도 이 제도를 확대하려고 논의하고 있다. 영국에서는 공정 보수fair rate 도급제를 시행하고 있다. 우리나라 '화물차 안전운임제'도 이와 같은 제도이다.

의 고용은 계속되고 있다. 반면에 하청의 노동자들이 이런 고용법규 준수를 원청에 요구하거나 임금인상을 요구하며 파업함으로써 예정된 기간에 과업을 마치지 못하면, 원청은 하청에 직접 블랙메일blackmail을 보내거나 하청노동자에게 '노란봉투'(손해배상청구)로 그 책임을 묻는다. 심지어 매출액 전부를 손실액으로 계산하여 청구하고 있다. 살인적인 손해배상금액을 청구하여 하청노동자의 합법적인 노동쟁의를 원천적으로 봉쇄하며, 하청과 노동자에게 모든 불이익을 부과한다. 이런 위력으로 강도 높은 노동과 위험까지 강제로 외주화한다.[43]

플랫폼기업의 앱이나 콜 시스템도 이런 간접고용 형태와 똑같다. 유럽뿐만 아니라 우리나라에서도 플랫폼기업이 종속된 고용관계라는 틀을 벗어나, 불합리한 고용이나 위험을 외주화하는 수법은 교묘하게 진화하고 있다. 쿠팡 퀵플렉스, 쿠팡 로지스틱스 서비스, 배민배달대행앱, 우아한청년 등은 유통플랫폼 기업의 외주관리를 하는 사내하청 성격의 자회사이다. 이렇게 외주하청으로 관리되는 플랫폼노동의 구조적 지형에서는 산업재해에 대한 실질적인 고용자의 책임과 보상체계가 없다. 노동권도 보장되지 않는다. 또 원청의 자회사를 제외한 나머지 하청업체나 노동자들은 영업권을 회수당하거나 일방적인 해고를 의미하는, 이른바 '클렌징'cleansing의 0순위 대상이다.[44] 플랫폼기업들이 이렇게 노동자와 하청을 압박함으로써 노동조합 설립을 실질적으로 막고 단체교섭권과 임금인상 요구를 차단한다. 노동자의 권리를

• 대법원은 직접 채용하지 않는 행위는 '불법파견'이라고 판결했다(대법원 2022. 10. 27, 현대기아자동차 사건). 이 판결까지 꼬박 20년이나 걸렸다. 20년 동안 이 소송당사자인 노동자들은 물론이고 이런 노동자들 모두가 하청노동의 현장에서 임금격차를 강제당한 것이다.

박탈하고, 도로 위에서 생사가 갈릴 수 있는 위험까지도 노동자에게 떠넘기는 퇴행적인 고용과 하청관리 방식으로 구성[45]한 극단적인 반노조 시스템을 가동하고 있다.

국가인권위원회와 고용노동부는, 택배기사는 사실상 플랫폼기업이 고용한 '종속된 관계'에 있다고 판단하여 이들의 노동조합 설립을 허용하였다. 이런 절차를 거쳐, 어렵게 노조를 설립한 플랫폼노조는 플랫폼기업에 업무를 합리적으로 구분하고 합당한 지급수수료(단가보상) 체계에 대한 협상을 요구했다. 그러나 플랫폼기업은 업무구분이나 임금단가 문제는 대리점과 택배기사 사이에 맺어진 계약이라는 이유를 들어, 노동자와 협상테이블에 앉는 것 자체를 아예 거부하고 있다.*

기술혁신 시대에 의존한 통제방식과 고용형태가 노동사회와 직무구조를 이질적으로 분리하고, 노동자들이 노동자라는 '공동부지'common lot와 공동의 적대관계를 인식하지 못하도록 차단하는 특성은 플랫폼 고용 현장에서 두드러진다. 소통과 연대가 가로막힌 직무구조[46]가 노동의 조직화와 계급적 연대를 방해하는 것이다. 그리고 임금과 노동의 조건을 둘러싼 자본-노동 간 싸움을 노동자의 마당에 옮겨놓음으로써, 노동자들 내부에서 '밥그릇'을 둘러싸고 싸움과 갈등이 일어나는 것처럼 보이게 만들고 있다. 노동조직을 자본주의적으로 '분할'[47]하여

• 문재인정부가 ILO협약 비준을 미뤘던 배경에는, 이러한 하청회사 노동자-원청 간의 단체협상, 교섭권 보장과 관련하여 기업자본의 보이지 않는 큰 반발이 어떤 형태로든 개입했을 것이라고 추정된다. 그런데 윤석열정부는 이런 권리보장을 노골적으로 거부한다. 국가인권위원회에서 윤석열정부측의 한 위원은 한 술 더 떠 "하청노동자가 원청회사와 단체교섭을 하고, 원청이 이 이들의 요구를 들어주는 인심을 쓰면 나라가 망한다"는 발언도 서슴지 않았다(『경향신문』 2023. 5. 24 기사 참조).

노동자가 결집하지 못하도록 조직화를 파괴하며, 이러한 극단적인 저임금시대를 플랫폼 지대경제가 주도하고 있다. 자본주의 천민賤民인 하위계층이 단결하고[48] 노동자가 각자의 전쟁터에서 정의로운 신념으로 자본의 전략에 맞서자는 외침[49]에 공감하고 연대하여 대항하지 않으면, 소득빈곤이 영속화될 수밖에 없는 노예의 시대를 피할 수 없다.

2. 소득증발과 부채증가의 시간

소득감소와 소득증발, 부채의 함수
금융자본주의의 폭력적 차별과 소득증발
자산불평등 사회와 소득증발

소득감소와 소득증발, 부채의 함수

사회 전체 1인당 명목소득은 늘었지만, 노동배제와 시장탈취의 기술혁신 시대에 실질적인 임금노동소득은 줄어들고 있다. 비정규직과 영세자영업자 등 하위계층의 1인당 명목 노동소득은 단기적이나 중장기적으로 보더라도, 그동안 늘어나지 않았다. 1인당 GDP성장률과 물가인상률을 반영한다면, 실질소득 증가율이 낮아지거나 정체되는 추세는 뚜렷하다. 물가와 금융이자율이 최근에 급격하게 오르는 추세를 보면, 하위계층의 실질소득은 아무리 짧게 잡아도 최소한 2~3년 동안은 더 낮아질 것이다.

게다가 코로나 감염증은 이들의 노동소득이나 사업소득을 감소시켰다. 2020년에 소득 하위 1/5분위와 2/5분위 가구의 명목 노동소득은 전년도보다 각각 12.0%, 7.9% 줄었다.[50] 특히 하위 2/5분위 가구의 노동소득이나 사업소득은 더 줄어든 것으로 나타났다.[51] 차상위계층으로 소득감소가 확대되는 양상이다. 2022년 1분기 도시지역 1/5~4/5분위 가구의 실질소득은 전년도 같은 기간보다 더 줄어들었다.[52] 노동이나 사업 소득이라는 '개별' 소득 한 가지 항목만 비교하더라도 소득이 이 정도로 줄어들었다. 노동소득으로만 비교하지 않고 '종합'소득으로 비교하면 상위·하위 소득자 간 격차비율인 '5분위 소득배율'은 훨씬 커질 것이다.

이렇게 소득이 줄어들고 있지만, 금융이자와 주택이나 영업장 임차료 등과 같이 비소비지출 non-living expenditure로 빠져나가는 소득증발이 늘어나고 소득격차는 더 벌어지고 있다. 하위계층의 이런 소득증발이 왜 일어나는지는, 실질 처분가능 소득과 부동산자산 가격상승과 임차료 상승률을 비교하면 그 원인이 무엇인지 바로 알아차릴 수 있다.[53] 소득증가율보다 차별적인 금리나 금리인상률과 임차료 상승률이 훨씬 높은 것이다. 이런 현상은 부채사회와 임대소득 자본주의로 표상되는 자산경제 사회의 보편적 특성이다. 소득의 증발은, 지대경제의 수탈이라는 형태로 하위계층의 부채를 눈덩이처럼 키우며 빈곤화를 추동하는 요인이다.

가계부채house debt는 가구의 소득감소와 소비지출 감소를 반영하는 변수이다. 금융부채를 안고 있는 소득 하위 1/5분위 가구의 연간 처분가능 소득은 재난지원금의 효과로 3.2%가 늘어났지만, 이들의 금융부채도 23.2%가 늘었다.[54] 소득 하위 1/5분위의 64% 가구는 전년도 같은 기간보다 2021년 1분기에 부채가 더 늘었다.[55] 이 통계기간에 소비자물가는 특별히 오르지 않았다. 그렇다고 이들의 소비규모가 늘어난 것도 아니다. 국가정부가 보전해 준 공적 이전소득 public transfer income을 포함하더라도 비정규직과 영세자영업자 등 하위계층 가구의 부채가 늘어났다면, 소득 '감소'와 '증발'이라는 두 요인이 부채를 증가시켰다고 추정할 수밖에 없다. 더욱이 금융권이 득달같이 독촉하는 부채상환연체율도 늘어났다면, 구체적인 수치에 의존하지 않더라도 두 요인, 즉 소득감소와 비소비지출이 연체의 결정적인 요인이라고 단정할 수 있다. 2020년 통계청의 가계금융복지조사에 따르면, 금융부채 원리금을 상환하지 못하고 연체하게 된 이유의 33.1%가 소득의 감소 때문으로 나타났다. 29.6%는 생계비부터 지출하고 나니까 상환할 수 없어서 연체하게 된 것으로 조사되었다.[56]

일반적으로 공식통계에서 부채는 금융권에서 대출한 부채만 집계하고, 비금융권에서 대출한 부채까지 집계하지는 않는다. 집계되지 않은 이런 부채에, 비금융권이나 개인에게 빌린 부채까지 포함하면 이자로 빠져나가는 소득증발 규모는 훨씬 더 크다. 그러므로 소득이 낮아진 하위계층은 어떤 형태로든 빚으로 빚을 돌려막을 수밖에 없고 부채는 눈덩이처럼 불어날 수밖에 없다. 왜곡된 소득 분배구조와 증발이 부채의 늪에서 빠져나올 수 없는 위험한 다중채무자를 생성하고 있다.

소득 감소와 증발이 만들어낸 부채는 '가족의 부채'로 탈바꿈되고 빈곤의 위험은 가족 전체로 확대된다. 부채와 부채를 증가시키는 자산경제 사회는 가구의 미래를 위협하며, 빈곤을 세습하게 하고 금융자본주의에 영구적으로 포획되도록 만드는 확장성을 가지고 있다. 특히 금융부채의 이러한 확장적 속성은 장래세대에 심각한 영향을 끼친다. 장래세대는 '노동 없는' 기술혁신 시대와 취업절벽의 시대에 취업의 좁은 '문'을 통과해야 하는 세대이다. 늦은 취업은 이들의 생애 '기대소득'expected earning을 감소시킨다. 또 이들이 학자금과 생활비를 대출받았다면, 이것은 이미 장래의 기대소득(장래 처분가능 소득)을 더 감소시키는 확정요인이 된다. 불황기에 대학을 졸업한 미국의 청년세대가 학비와 생활비 대출금을 갚는 약 15년 동안 소득이 손실된다는 연구보고가 있다.[57] 실증 데이터로 항목을 일치시켜 비교하기는 어렵지만, 이 연구분석에 비춰보면, 미국 대학생들이 겪는 장래소득의 증발보다 우리나라 대학생과 청년세대가 겪게 될 증발규모가 더 클 것이다. 학비와 특히 서울의 보증금과 월세 등의 주거비와 생활비, 취업준비비용이 더 많기 때문이다.*

기술혁신의 시대에 '노동시민'이 아닌 '노동빈민'으로 시작해야 하는 불안정한 세대의 소득생애는 기업자본이 왜곡한 저임금 고용계약에서부터 시작된다. 이들 세대는 학교를 졸업한 후 보통 11개월가량 뒤에 생애 첫 취업을 한다. 이들 가운데 90% 이상이, 고용인원이 30인 미만인 중소기업에 취업한다. 대부분 불안정한 비정규직으로, 66%가 30인 미만 기업에, 27%가량은 5인 미만 기업에 취업하고 있다. 이들 가운데 적어도 1/3은 최저임금과 비슷한 수준의 임금 혹은 그보다 더 낮은 임금을 받는 것으로 추정된다. 최저임금제와 최저임금의 인상은 이들에게 경제적으로 매우 중요한 의미가 있지만, 시간이 지날수록 고용의 질과 조건은 더 나빠지고 최저임금이 오를 기미는 보이지 않는다. 그러므로 이들에게는 적은 노동소득을 쪼개서 부채까지 갚아야 할 암담한 미래가 기다릴 뿐이다. 안정된 일자리가 사라지는 현실에서 이들은 때로 취업과 실패를 하면서, 직장이 없거나 임금소득이 낮아 학비와 생활비 상환을 하지 못한 청년세대가 늘어나고 있다. 이들의 높

• 2021년 기준, 생활물가cost of living 국제비교에 따르면, 서울의 생활물가가 파리, 싱가포르, 취리히, 홍콩, 뉴욕시 등에 이어서 세계에서 12번째로 높다(Economist Intelligence Unit의 생활물가 조사결과, https://www.eiu.com 참조).

아진 상환연체율이 이런 사실을 대변한다.[58]

금수저를 물고 태어나지 않았거나 이른바 '부모찬스'가 없다면, 이미 대출받은 부채의 상환압박에서 해방되기란 매우 어렵다. 소득불평등과 빈곤이 재생산되는 시대를 관통하며 살아온 부모세대보다도 이들이 불평등이 세습되는 사회경제적 모순을 훨씬 더 체감하는 세대이다. 이렇게 불안정한 경제적 미래가 빤히 예견되는 지형에서, '빚까지 내가면서 공부해야 하는가'라는 비관적 고민과 갈등에 빠지는 것은 당연하다. 삶의 가치를 꿈꿀 수 있는 '청년시대'는 사라졌고, 불평등한 우리 사회는 이들에게 고통스러운 통과의례를 강요하고 있다.

이들은 생애 처음 취업한 후, 약 1년 반에서 3년 사이에 직장을 옮긴다.[59] 이직한 뒤에 천신만고 끝에 정규직에 취업하더라도 이전에 비정규직이나 임시직으로 일했던 경력은 인정받지 못한다. 시장은 이들에게 관행적으로 '초임' 평균임금을 적용한다. 그러므로 이들은 학비나 생활비로 빌린 돈을 어느 정도 갚을 수 있을지 계산해 가면서 직장을 옮길 수밖에 없다. 소득불평등의 시대가 자본주의의 용광로에서 빈곤이 세습되는 장래의 어두운 불안에 순종하라고 이들에게 압박과 절망을 '담금질'하고 있다. 기대소득 손실과 소득증발의 함수이자 불평등한 미래를 확장하는 부채가 이들에게 '채무자'라는 굴레를 덧씌워 마치 계산기 같은 삶을 내면화시키며 '자본주의적 인간'homo economicus 으로 치밀하게 개조하고 있다.

부채라는 금융자본주의의 통제수단은 미래의 노동소득을 담보 collateral로 잡고 청년세대의 삶에 이렇게 깊숙이 개입한다. 부채는 과거-현재-미래의 삶의 시간과 공간을 가로질러 '부채인간'으로서의 삶의 조건과 관계를 규정하며, 채무자의 삶을 영속화하는 확장력을 가진 '무기'인 것이다. 경제영역을 넘어, 이들 세대가 임금노동자라는 집단적 정체성을 가질 기회마저 가로막고 급진적 사고변화의 가능성을 미리 차단하는 기제로 기능하는 것이다. 소득감소를 강제하는 기업자본과 부채로 하위계층을 겹겹으로 포획하는 금융자본이 상호 공모한, 자본주의 체제의 촘촘한 '빈곤의 그물망'이 소득불평등의 역사를 강제하고 있다는 맥락에서, 이것이 부채라는 기제로 미래사회의 주인을 포로로 포획하여 총체적으로 노예의 삶을 강요하는 자본주의 체제의 '식민화' 전략이며, 신자유주의식 부채통치governing by debt로 표상되고 있다.[60]

금융자본주의의 폭력적 차별과 소득증발

금융자본주의 사회에서 신용등급과 차별적 이자율은 금융자본의 독점적 '가격형성 주도권'으로 결정된다. 이것이 하위계층의 소득증발을 강제하는 요인이며 금융자본이 초과수익을 수확하는 수단이다. 수요공급 논리에 따라 경기가 어렵고 하위계층의 소득이 감소할 때, 금융자본은 많은 이자수익을 얻는다.

코로나 감염증이 퍼진 기간에 소상공인과 영세자영업자의 영업손실은 컸다. 국가정부와 한국은행은 이들에게 대출할 자금을 '중개지원' 방식으로 시중은행에 공급했다. 적게는 대출자금의 50%에서 많게는 100%까지, 연평균 0.25%의 낮은 이자율로 공급했다. 그러나 시중은행은 이 자금을 중소기업에 연평균 2.87%의 이자율로, 또 자영업자에게는 2.52% 이자율을 적용하여 대출했다. 한국은행으로부터 공급받은 이자율보다 무려 10배나 높은 이자율이다.[61] 2017~21년에 시중은행이 이런 중개지원을 통해서 중소기업과 소상공인 등에게 대여한 총액은 102조 원에 달한다. 시중은행이 한국은행에 지급한 이자와 채무자의 연체로 발생한 손실을 빼고도 시중은행은 무려 2조 5천억 원에 이르는 큰 수익을 냈다.[62] 장기불황 국면과 코로나 감염증이 퍼진 재난시기에, 하위계층의 대출에 적용된 차등금리가 시중은행의 수익을 올려준 원천이 되었다는 사실을 보여준다.

위험에 처한 이들에게 가산금리additional interest를 높게 적용한 것은 물론, 일부 시중은행은 자기들이 예금보험공사와 중앙은행에 예치할 예금보험료와 지급준비금까지 채무자의 대출이자에 포함하기도 했다.[63] 신용이 낮은 채무자를 관리하는 위험을 시중은행이 안고 있다고 하지만, 재난적 상황으로 어려움을 겪는 중소기업과 자영업자의 위험을 줄여주려는 정책금융 대출 프로그램에서 시중은행이 높은 이자율과 부당한 비용까지 이들에게 떠넘긴 것이다. 이것은 자본주의 체제가 금융자본 시스템에 허용한 '약탈'적 축적[64]과 금융의 폭력이 우리 사회에 일반화되어 있다는 사실을 명백히 보여주고 있다. 자산이 없고 신용이 낮은 저소득 하위계층에게 금융을 지원하는 정책 프로그램인 '사잇돌대출'에서도 금융자본의 약탈적 폭력은 그대로 드러났다. 서울보증보험은 이 자금을 목적에 맞지 않게, 주로 신용이 높은 고소득자에게 편중적으로 대출했다. 고소득자에게 대출한 비율이 2021년 1~7월에는 68.5%까지 올랐다.[65] 코로나 감염증이 퍼진 기간에 자영업자 대출은 19% 늘었고 중소기업 대출은 20% 늘었다.[66] 그러나 국가정부가 정책금융 프로그램으로 이들의 위험을 줄이려고 했던 사회적 편익은 시중은행의 폭력적 차별로 축소되고 말았다.

금융의 차별은 불법 단기사채payday loan에 의존하게 하는 부정적인 효과를 수반한다. 불법 사채이자는 법정 최고금리인 20%의 20배를 보통 넘는다. 불법사채로 신고된 사례를 보면 이자율은 연평균 500%

를 훨씬 넘는다. 이런 불법 사채시장으로 내몰린 비율도 이 기간에 더 늘어났다.[67] 금융자본주의가 만든 신용등급제도가 차별적인 높은 대출 이자율을 적용하거나 금리가 높은 비금융권에 의존하도록 내몰고, 하위계층의 소득증발을 더 증폭시킨 것이다.

그러나 자본주의 시장체제가 허용한 금융자본주의는 하위계층을 '신용사회'와 '신용등급'의 맨 뒤에 줄 세우고, 수단과 방법을 가리지 않는 폭력적 차별로 초과 수익과 이윤을 축적하고 있다. 신용등급은 하위계층이 신용을 높이기 위해 더 많은 부채를 안더라도 부채담보 자산을 가지게 유인하는 기제이다. 금융자본주의가 자산경제 사회를 강제로 '구축'하는 의도도 하위계층의 부채가 그들의 영구적인 수익원천이기 때문이다. '신용'이라는 형태로 차별화된 불평등한 비대칭적 역학구조가 하위계층의 소득을 흡수하고 하위계층의 부채를 증가시키는 절대적인 요인이 되는 것은 두말할 나위가 없다.

긴 시간 코로나 감염증의 여파로 중소기업이나 자영업자의 매출은 하락하고 원자재가격은 올랐다. 이들에게 생존비용 성격의 부채는 늘어났다. 대기업의 대출금액보다 이들의 대출금액이 더 적지만, 부채비율을 따지면 대기업보다 높다. 기축통화 key currency 국가인 미국부터 시중에 풀린 자금을 회수하는 양적 긴축 quantitative tightening이 시작됐고 이자율은 오르고 있다. 저금리 시대를 벗어나면 '소비자금융'의 이자수익은 금융의 주요 수익을 좌우한다. 시중은행의 최근 몇 년간 수익실적을 보면, 금융자본의 수익원천이 어디에 있는지 충분히 엿볼 수 있다. 주요 시중은행의 이자수익은 2021년 1분기에 전년도 1분기보다 13~15% 정도씩 늘어났다. 이 기간에, 하나금융 전체 수익의 72%

가 예대마진(=대출이자-예금이자) 부문에서 발생했다.[68] 2022년과 2023년에도 그 기록을 계속 경신하였다. 이렇게 금융자본이 연간수익률과 '최대' 영업실적을 자축하고 있지만, 그 연회장의 지하에서는 하위계층의 소득이 증발하고 빈곤화가 가속화될 가능성이 매우 큰 불평등사회가 건설되고 있다. 대출마저 거부당해 불법사채에 의존하게 만드는 금융의 차별과 누적된 부채의 고통이 누군가의 삶을 스스로 마감하게 하는 결정적 동기가 되고 있다.

문제는 불평등한 사회에 내재한 파산insolvency 성향에 있다. 코로나 감염증 확산기간에 소상공인이나 자영업자들이 '개인사업자'로 대출받았던 규모는 늘어났고 대출잔액 규모도 높아지고 있다. 이들은 대개 다중채무자에 해당한다. 금액은 적지만 서너 군데 은행에서 대출했기 때문이다. 코로나 이력현상이 장기간 이어지면서 이들의 대출금 상환 연체율도 계속 높아지며, 유동성 위험도 커지고 있다. 그러므로 이들이 최종적인 부도로 이어지기 전에 유동성 위험을 선제적으로 방어해야 한다는 주장이 몇 년째 제기되고 있다.• 소상공인, 영세자영업자 등 하위계층 금융부채의 이자 일부를 국가정부가 부담해 주는 '이자차액

• 2021년 말 기준, 2022년 상반기에 다중채무자 비율은 12.8% 늘었고 전년도 같은 기간보다 대출금액은 28.4% 늘었다(윤창현 의원실 보도자료 2022. 9. 25). 2021년 말 기준 자영업자의 대출잔액은 약 909조 원이다. 코로나 감염증이 확대되기 전인 2019년 말보다 224조 원이 늘어났고, 69.3%가 다중채무자이다. 대출금리가 연 1% 오르면 자영업자가 부담해야 하는 대출이자는 연 6조 4천억 원이 늘어나게 된다(장혜영 의원실, 한국은행 가계부채 DB를 이용하여 설명한 보도자료 2022. 4. 17). 2022년 4분기에는 자영업자 대출잔액이 1020조 원을 넘었다. 이 가운데 720조 원의 대출이 다중채무이며, 이 금액의 약 40%가 이자가 비싼 비은행권에서 받은 대출금이다. 분기별 통계로 보면, 대출잔액이 늘어나고 있다(한국은행 금융안정보고서 참조). 연체위험률이 18.5%까지 높아질 것으로 전망하고 있다. 단기대출을 장기대출로, 일시상환을 분할상환으로 전환하지 않으면, 위험이 확대될 것으로 전망하고 있다.

interest difference 보조' 프로그램을 더 늘려야 한다는 주장도 꾸준히 제기되고 있다.[*] 위험이 증가하고 있으므로 국가정부가 영세한 소기업과 자영업자들에게 대출기간을 연장해 주고 이자 상환기한을 미뤄주는 등, 몇 가지 제한적인 프로그램을 시행하고 있다. 그러나 그것보다 채무를 조정해야 할 필요성과 방식을 신중히 검토해야 한다는 주장도 꾸준히 제기되고 있다.

채무조정은 대부분 '사후'에 국가정부가 시중은행으로부터 부실채권 NPL, non performing loan을 사들이는 방식이다. 이 방식은 채무자인 소상공인이나 자영업자가 부도로 폐업하거나 폐업하고 다른 직업을 선택하여 직장에 취업해야 하는 소득활동의 '전환'을 전제로 하고 있다. 따라서 사후에 채무를 조정하는 이런 정책보다는 이들을 위한 전문적 금융bad bank을 설치하여 선제적으로 공급하고 채무를 조정하는 프로그램이 필요하다는 주장도 제기됐었다. 윤석열정부 인수위원회는 부실채권을 전담하는 전용금융을 설치할 계획을 적극적으로 검토하겠다고 했다. 그러나 공약과제는 정부가 출범하기도 전에 실종되고 말았다. 대통령선거 뒤에는 국가재정이 부족하다는 논리로 태도를 바꿔 모르쇠하였다. 이것은 시중은행이 초과수익을 낼 기간을 더 보장하겠다는 선언이나 다름없다.

국가정부가 금융자본에 금리인하를 권고하거나 요구해야 한다는 주장이 높아지고 있다. 정책수단을 동원하여 금리를 제어하거나 인하

• 코로나 감염증이 확산된 기간에, 미국은 자영업자에게 '고정비 상환감면 대출 프로그램'을 시행했다. 자영업자의 임대료와 인건비 등 고정비에 대한 부채를 줄여주는 지원프로그램이다. 한국중소상인자영업자총연합회는 우리나라에서도 이 프로그램으로, 소상공인·자영업자의 채무를 조정하자고 제안하고 있다.

를 금융권에 요구하거나, 금융자본의 폭력적 차별과 시중은행이 재난을 이용하여 기록적인 초과수익을 냈기 때문에 그 축적방식을 국가정부가 '제어'해야 한다는 요구도 높아지고 있다. 금리인하 요구권을 발동하지 않는다면, 다중채무자로 전락한 하위계층이 부채를 상환하지 못할 것이 너무 뻔히 예측되기 때문이다. 금리인상으로 초과수익을 낸 금융권에 '횡재세'를 도입하자는 주장도 그것의 하나이다. 또 신용등급을 차별하지 않고 하위계층에 낮은 금리로 공급하자는 '포용금융'inclusive finance의 필요성도 제기되었지만, 금융자본의 수익기반이 침식된다는 이유로 금융시장은 이 주장을 거부하고 있다.

금융자본 시장에서는 OECD 회원국의 특성은 금융경제와 금융시장 '개방성'에 있다고 말한다. 금융자본은 이미 국가의 통제권을 벗어났으며, 금융자본이 '불가침'의 영역에 존재한다는 위상을 규정한 언명declaration이다. 이런 우회적인 표현으로 국가정부가 금융자본과 금융시장에 개입해서는 안 된다고 단호하게 거절하고 있다. 이것은 신자유주의적 금융자본주의와 일맥상통하는 명령이며, 세계화된 금융권력의 커진 위력을 보여주는 것이다.

금리가 급등하는 현실에서, 이제 금융자본이 하위계층의 소득증발과 부채에 어떻게 개입해야 하는지, 금융의 역할을 재고하자는 목소리는 더욱 커질 것이다. 국가정부가 대출한 정책자금의 채무상환 기간을 연장하고 시중은행도 임시방편으로 이런 시늉을 하고 있다. 그러나 하위계층의 부채가 부실채권이 되어 빚을 조정하게 되는 단계에 들어서면 채무자인 하위계층과 국가정부와 금융자본 간의 갈등은 어떤 형태로든 첨예해질 것이다.

금융자본은 그동안 얻은 초과이익으로 만약의 금융위기 상황을 대비한다는 이유로 금리를 인하할 수 없다고 주장하고 있지만, 조금이라도 손실이 발생하면 국민의 세금을 요구할 것이다. 지난 1998년 외환위기 때 우리가 경험한 것처럼, 또 미국의 서브 프라임 모기지론 사태에서 목격한 것처럼, 국가정부는 정당성이 없고 불평등한 '대마불사'too big to fail의 논리로 금융자본의 편에 설 것이며 하위계층의 구제는 배제할 것이다.

국가정부는 하위계층에게 '각자 알아서' 죽으라는 결정문을 배달하며, '죽는 방법'도 개인의 선택적 자유라는 자유시장주의의 신조와 함께 금융자본에 모든 처분권한을 위임할 것이라는 우울한 전망을 피할 수 없다. 금융자본주의의 제도화된 '폭력'이 통치하는 시대가 될 것이며[69] 국가정부의 의무와 역할에 대한 비판의 목소리도 높아질 것이다.

자산불평등 사회와 소득증발

불로소득 사회와 부채주도 성장의 함수

임차료는 자산 상위계층의 불로소득 unearned income이다. 자산가격 거품으로 임차료가 상승하며, 금융의 폭력적 '가격형성 주도권'과 더불어, 하위계층의 소득을 증발시키는 '쌍끌이' 요인이 되었다. 우리 사회가 소득불평등과 자산불평등 사회가 되었다는 증거이기도 하다. 지대경제를 중심으로 굴러가는 자산경제 사회가 소득불평등과 빈곤이 세습되는 사회로 변동을 주도하고 있다.

투기, 자산의 순환증식과 불로소득 사회

불평등을 심화시키는 자산 중심의 경제사회, '투기자본 사회'는 신자유주의 시기에 확산되었다. 일반적으로는 세계 금융자본의 실세 국가인 영국과 미국이 1980년대 불경기에 경기를 끌어올리려고 했던, 민영화와 민간사업(영국 대처정부의 공공임대주택 매각, '구입할 권리'라는 민영화와 미국 레이건정부의 주택공급 민간사업)이 그 시작이라고 말한다. 신자유주의 시기에도 고용은 줄고 실업자는 늘어났고 장기불황이 계속되기 때문에 경기부양책으로 민간주택사업을 꺼내들었다는 정책적 관점의 설명이다. 그러나 그 배경은 신자유주의가 고안한, 치밀하게 계획된 '기업가 나라'의 건설전략에서 찾아야 한다. 부채주도 성장debt led growth 전략은 그 목적으로 기획된, 저임금노동과 감세의 정치와 긴축재정을 합성한 허구적 성장전략이었다고 이해해야 한다. 오늘날 소득불평등과 자산불평등의 확대는 신자유주의 정책실패의 결과가 아니라, 처음부터 불평등을 확대하여 자본(가)만 성장하고 그들이 국가정부와 국가 구성원들을 통치하려고 기획한 목적물이었다고 규정해야 한다. 그렇지 않다면 확대된 불평등은 '우연적' 정책실패로 귀착될 수 있다.

신자유주의는 금융자본의 숨통을 열어 주택시장과 주식시장을 띄우며 추종전략following strategy을 설파했다. 주택자산은 장기간에 걸쳐 지대를 받을 수 있는 불로소득 수단이다. 일자리가 사라지는 시대에 노동하지 않으면서도, 이것만큼 가치가 상승하고 지대수익을 가져다 주는 원천수단도 많지 않다. 일하지 않고도 돈을 벌 수 있다는 환상을 불러일으키며 소득이 감소한 중하위계층을 자산투기 시장에 포섭하였다.

신자유주의의 부채주도 성장전략이 건설한 '생산 없는' 지대경제와 '돈이 돈을 버는' 자산경제 시대는 자산불평등 사회와 불로소득 사회로 표상된다. 개인의 생애 소득구조도 자산에 의해 결정되는 시대로 바뀌었다.[70] 이렇게 확대된 자산불평등은 신자유주의의 목적물이며 부채주도 성장의 결과이다.

자산불평등 사회, 임대소득 자본주의와 세습의 확장성

주택경기를 끌어올리는 허구적 경제성장의 시간에는 투기자본이 주택자산시장에 어김없이 몰린다. 투기자본의 순환증식이 일어나고 자산의 '쏠림'이 확대된다. 2020년 기준, 통계청의 주택보유 현황 발표 자료에 따르면, 다주택 보유자 상위 100명은 평균 200채 넘는 주택을 보유하고 있다. 우리나라의 무주택가구 비율은 43.9%이다. 서울지역의 무주택가구 비율은 51.6%다. 주택을 보유한 가구는 평균 1.36채의 주택을 보유하고 있다.[71] 주택보유자 중에 약 1/3(27.2%)은 최소한 두 채 이상씩 가지고 있다. 주택쏠림이 가격상승을 부추기며 임차료 상승의 원인이 되고 있다.

최근에는 주택구매 패턴과 쏠림과 순환증식의 패턴이 달라졌다. 지방에 있는 공시가격 3억 원 이하인 주택에 투기가 몰리는 패턴이다. 거주할 목적도 아니며 특별한 연고도 없지만, 순환증식의 패턴이 이렇게 나타나고 있다. 2019~22년 6월에 주택 약 21만 건이 이런 식으로 거래되었다. 이 기간에 약 8만여 명은 2채 이상 사들였다.[72] 투기가 이런 패턴으로 다른 지역에 전이되면서, 자산가격 오름세를 부추기고 있다. 그리고 임차료의 상승과 소득증발로 전이되며, 자산불평등이 더 확대될 것이라는 우울한 전망을 시사하는 신호들이다.

우리나라 자산 상위 20% 가구가 순net자산 전체의 62%를 보유하고 있다. 자산 하위 80% 가구가 순자산 전체의 38%를 보유한다. 자산 하위 20% 가구의 순자산은 5.4%에 불과하다.[73] 균등화한equalized 가구당 2016~19년의 처분가능 소득을 기준으로 본 우리 사회의 소득불평등도는 조금 줄어들었다. 그러나 자산불평등도는 더 커졌다. 가구간 순자산점유율 격차가 소득점유율 격차보다 더 벌어졌다. 자산을 보유한 가구의 순자산액은 전년도보다 10.6% 늘었다. 총순자산증가율의 거의 절반(42.8%)이 주택자산부문에서 올랐다.* 소비하지 않고 몇 년간 벌어야 집을 살 수 있는지 나타내는 주택가격지수(PIR, price to income ratio=주택가격/가구당 연간소득) 배율이 2020년에는 세계 최고로 높았다. '시멘트로 된 금金'이라고 표현될 정도로 주택가격은 올랐고, 물가상승률보다도 덜 오르는 노동소득으로는 불과 1년 만에 10% 넘게 가격이 상승하는 집을 마련한다는 상상은 허용되지 않는 사회가 되었다.

주택보유 쏠림현상이나 높은 가격지수는 자산경제 사회가 낳은 불로소득 사회의 또 다른 이름인 '임대소득 자본주의' 사회의 모습이다.[74] 오른 자산가격이 전월세 가격에 고스란히 반영되고, 자산취득에 쓰인 부채의 이자도 임차료에 포함되어 하위계층에게 전가된다. 하위계층의 소득증발을 흡수하는 상위계층의 비노동소득(불로소득)은 그들의 노동소득보다 높아지고 불로소득 증가율도 이미 그들의 노동소득 증가율을 앞질렀다. 상위계층의 노동소득과 불로소득이 역전된 현상은 자산불평등이 소득격차와 하위계층의 소득증발을 확대하는 요인으로 자리매김했다는 사실을 명백하게 보여준다. 또 하위계층의 소득이 더 증발하면서, 실질소득이 오를 가능성은 없다고 단정할 만한 설명요인이 된다.

장기적으로 주택 자산가격은 절대 내리지 않는다는 '불패'신화가 반

• 순자산 증가액에서 주택을 제외하고, 부동산자산 부문에서 순자산은 19.4%, 금융자산(현금예금과 지분증권과 펀드 자산)은 27.3% 증가했다. 주택가격이 순자산의 증가를 주도한다는 사실을 알 수 있다. 한국은행 2021년 국민대차대조표 참조.

영되어 있다. 주택자산이 민간자산과 국가경제를 떠받치는 핵심 수단
이 되었고 국가정부가 주택가격이 내려가지 않도록 관리하지 않으면
안 되는 시대가 되었다. 그러므로 부모가 주택자산을 증여하거나 주택
자산을 구입할 수 있는 자산을 보조한다는 것은 자녀세대의 장래 사회
경제적 위계를 결정짓는 핵심 수단으로 자리매김한다. '부'의 세습과
소득불평등과 하위계층의 빈곤이 세습되고 재생산되는 '경로'와 '패
턴'이 이렇게 자산경제와 자산불평등 요인에 의해서 바뀌었다. 이런
변동추세에 미루어보면, 앞으로 임금을 중심으로 소득수준이 올라갈
가능성(소득이동성 income mobility)을 분석할 필요가 없을 것 같다. 자산불
평등을 계급구조의 변동요인으로서 계급이론에 포함하자는 주장이
설득력을 충분히 가지는 것이다.[75]

늘어난 소득증발과 부채주도 성장

빈곤의 세습과 자산의 쏠림으로 특징되는 자산경제 사회는, 국가의 성
장정책이 조장한 결과물이라고 해도 과언이 아니다. 국가정부의 성장
정책이 주택부동산 가격의 급상승과 거품현상, 자산의 순환증식과 쏠
림현상, 가격에 연동한 전월세 상승, 하위계층의 소득증발 확대의 원
인을 제공하며, 신자유주의식 부채주도 성장이 국가정부의 경제성장
전략으로 채택되고 있기 때문이다.

　이명박·박근혜 정부 때부터 주택가격과 임차료와 전월세 가격이 동
반해서 오르기 시작했다. 이른바 젠트리피케이션 현상이 사회문제로
대두되고 하위계층의 소득이 증발하는 폭은 더욱 커졌다. 문재인정부
초반에는 자산가격 상승세가 비교적 완만했다. 그러나 임기 후반에 들

어서 불과 1년 반 사이에 상상을 초월할 만큼 올랐다. 정부의 임기를 기준으로 가격상승 폭을 비교한다면, 박근혜정부보다 문재인정부에서 대략 27%가 더 올랐다. 오른 가격에 투기의 가속도가 그 상승폭을 더 키웠기 때문이다.

문재인정부는 주택부족과 주거 문제를 해결한다는 전략으로 민간 주도의 임대주택사업을 기획하여 주택공급량을 확대했다.* 대통령 선거공약인 '내 집 마련의 꿈'은 민간 주도의 임대주택사업을 확대하는 정책과 결탁하여 부채주도 성장정책이 되고 말았다. 이것이 주택쏠림과 주택가격을 상승시켰다고 평가한다. 내 집 마련의 꿈과 노후자산을 지키려는 '내 집 지키기'라는 수요공급의 불균형으로 주택가격이 급격하게 오르자, 문재인정부는 짧은 기간에 28차례에 걸쳐 처방정책을 내어놓았다. 그러나 투기로 치솟은 주택가격 거품을 막지는 못했다. 하위계층의 소득증발을 키우며 소득과 자산 불평등은 확대되었고, 이것이 문재인정부의 치명적 정책실패로 귀결되었다.

또 민간주도 임대주택사업은 전문적인 임대주택사업 사기조직이 파놓은 함정에 빠져, 임대보증금을 몽땅 잃어버리는 세입자의 안타까운 피해마저 낳았다. 자유시장주의, 부채주도 성장, 감세정치의 틈을 파고든 투기와 주택쏠림이 낳은 사기와 피해가 이것을 '늘' 감시하는 우리나라 금융·세금·부동산감독 당국의 모니터링에 포착되지 않았다

• 문재인정부는 2017년 8월까지는 대출을 규제하여 주택가격 상승을 억제했다. 그러나 그해 말에는 '임대주택 활성화 정책'을 내어놓았다. 주택을 여러 채 가진 사람들이 임대주택으로 등록하면 양도소득세와 취득세, 재산세와 종합부동산세 등을 낮춰주거나 면제하여 임대주택을 늘리겠다는 정책이었다. 이 정책으로 불과 1년 만에 거의 40만 채의 임대주택이 늘었다. 그 이후에 기업형 임대주택도 늘어났고, 결국 투기와 쏠림이 확대되었다.

는 사실은 솔직히 이해되지 않는다. 사기피해가 주로 청년·신혼 세대에 집중되고 이들의 보증금과 '유령' 같은 개인적 부채가 삼중triple의 고통을 부과하고 있다. 부채주도 성장정책이 불러온 피해로 삶을 달리하는 비극도 계속 발생하고 있다. 피해자들은 국가정부의 미비한 정책이 유발한 '사회적 재난'이라고 규정하였지만, 집권당과 야당이라는 자리만 바뀐 국가정부나 국회는 사기피해자를 '사자우리'와 같은 시장에 던져둔 채, 책임과 대책마련의 임무는 서로 떠넘기며 회피하고 있다.

소득불평등의 관점에서는, 하위계층의 소득증발과 주택가격 상승과 전세사기 피해를 낳은 이 정책이 누구를 위한 정책이었는가 하는 비판적 질문이 제기된다. 문재인정부가 이런 부정적 결과를 상쇄할 만큼 하위계층에게 필요한 '장기'임대주택을 더 공급했는가?

문재인정부 임기 동안에 임대주택 공급량은 어쨌든 늘어났다. 그러나 하위계층의 소득증발을 다소나마 줄일 수 있는 장기임대주택 공급량은 그다지 많지 않았다.˙ 우리나라 장기임대주택의 양은 총주택(2022년 11월 기준, 총 1915.6만 채)의 4%에 불과하며, 8% 이상인 OECD 회원국 평균의 절반에 지나지 않는다. 그러나 문재인정부의 임대주택 정책은 주로 '단기'임대주택이거나 10년 뒤에 매입하는 전세형 임대나 행복주택 등의 임대주택을 공급하는 정책이었다.

문재인정부의 공약인 내 집 마련의 꿈은 주택가격 상승을 불러왔고, 임대주택 확대정책은 부동산 부자와 투기꾼과 금융을 제외한 다수 하

• '장기간' 임대하는 영구임대주택과 50년간 임대주택, 국민임대주택, 장기전세주택만 계산하면, 문재인정부가 공급한 장기임대주택은 과거 정부의 공급량보다 더 적다(경제정의실천연합, 『LH 장기공공주택 재고현황 분석결과』, 2022. 10. 5).

위계층에게는 내 집 마련의 꿈이 실현될 수 있는 정책수단이 아니었으며, 주거안정의 정책이 되지 못했다. 아울러 소득증발의 폭을 줄일 수 있는 장기임대주택 공급도 확대하지 못했다는 결론이다. 이런 국가정책의 결과는 소득불평등과 자산불평등의 확대와 함께 하위계층의 위험 가능성을 확대했다는 평가밖에 남지 않는다.

부채주도 성장의 위험 전가

대통령 단임제에서는 어느 정부든 임기 안에 괄목할 만한 경제성장을 이뤄야 한다는 압박을 받을 수밖에 없다. 특히 경기가 침체된 시기에는 이런 압박을 더 크게 받는다. 국가정부가 신자유주의 노선을 표방하지 않더라도 주택경기 부양과 같은 부채주도 성장정책의 유혹에 빠질 확률은 높아진다. 이런 정책이 짧은 기간에 경제가 활기차게 돌아가고 성장하는 것처럼 보이게 하는 마법적인 힘을 발휘하기 때문이다. 이런 정책이 내수산업에 직간접적으로 파급효과(산업연관 효과)를 주고 고용량에 크게 영향을 끼치는 것은 맞다.

그러나 마약과 같은 이런 부채주도 성장정책은 주택가격 거품을 일으키고, 자산의 순환적 증식과 자산의 쏠림을 초래한다. 동시에 소득과 자산 불평등이 커지는 위험과 유동성의 위험을 동반한다. 마법의 효과는 개인과 기업에 대한 대출한도 규제를 필수적으로 완화해야 발휘된다. 또 '1가구 1주택 원칙'을 폐지하고 누진적 보유세를 폐지해야 한다. 그러나 일련의 이런 완화·폐지 정책은 '거품을 머금은' 투기성 신용팽창을 일으키며 예정된 위험의 경로로 들어서게 한다. 이와 같은 위험은 모두 하위계층에게 전가되고 소득불평등을 더 확대하는 후폭풍을 몰고 온다.

부채주도 성장과 주택경기 부양책이 낳은 위험

부채주도 성장정책으로 발생하는 유동성의 위기liquidity risk를 국가정부가 통제하기는 어렵다. 부채주도 성장정책이 빚어낸 부채와 유동성의 위험은 이미 우리 사회에 잠복해 있다. 회복할 수 없는 파산에 직면할 하위계층이 늘어날 가능성도 커지고 있다.

신용팽창과 부채증가, 주택자산 가격거품의 동시적 현상은 금융위기의 위험을 예고하는 신호이다. 1987~92년 무렵, 금융위기를 맞은 노르웨이·핀란드·스웨덴·일본 등이 금융위기가 발생하기 전에 대개 이런 자산쏠림과 가격거품 현상을 겪었다.[76] 전문평론가들이 이것을 금융위기의 전조portent 증상으로 해석하는 이유이다. 가격거품과 결합된 주택담보대출과 신용팽창이 유동성 위기의 위험요인으로 작용하는• 관계는 자산의 '성격'에 달려 있다. 자산의 성격이 '투기 의존적'이며 부채에 의존한 자산이라면 분명한 위험자산이며 이것은 금융위기의 위험을 높이는 결정적인 요인이다.

2022년 말 기준 우리나라 주택자산 시가총액은 6209조 원이다. 우

• 부동산과 관련하여 금융기관과 보증기관이 신용대출을 했거나 투자한 상품을 합친 규모, 즉 금융위험노출financial exposure은 2018년에 처음으로 GDP를 넘어섰다. 그리고 불과 4년 만에 23.5%p가 늘었다. 2021년 말 현재 2566조 원이며 GDP의 약 125%에 해당한다. 이 가운데 절반이 가계신용 대출이다. 부동산담보 대출이 이것의 55.2%를 차지한다. 그리고 은행권이 이 대출의 55.9%, 비은행권이 44.1%를 대출했다. 비은행권의 대출비중이 늘어나는 추세이다. 장혜영 의원실 보도자료 2022. 4. 12.

리나라 연간 명목GDP의 약 3배에 해당한다. 주택자산 시가총액은 GDP보다 빠르게 올랐다. 민간부문 부채는 2023년 2분기 말 기준 명목GDP의 약 2.3배(226%)에 이른다.[77] 이것은 부채자산에 의존한 주택가격 상승과 양적 성장이 자산경제 사회의 위험과 비례한다는 관계를 암시한다. 그러나 대출이자가 오르면 자산보유자가 기대했던 안정적인 수익은 불가능하다. 금융자본이 부동산자산시장에서 철수하는 시점에는, 올랐던 주택 가격과 가치가 하락한다. 최근 상승세가 주춤해진 주택가격이 일시적 단기현상인지 알 수는 없다. 그러나 금리가 계속 상승하면 가계부채와 팽창된 신용이 유동성 위기를 불러온다고 평론가들은 매일같이 경고한다. 글로벌 금융위기 이후에 최악의 위기가 될 수 있는 여지가 크다고 우려하고 있다.

우리나라 금융불안지수(FSI, financial stress index)도 위기단계를 오르내리고 있다. 한국은행은 금융안정보고서에서 2022년 11월경에 '위기'단계까지 올랐다가 조금 낮아졌다고 밝힌 바 있다.[78] 그러나 최근 들어서 다시 높아지고 있다. 우리나라 민간부문(가계와 기업)의 신용부채비율은 국가부채비율보다 높다. 가계부채비율은 세계 1위에 이르렀다. 원금과 이자를 상환해야 하는 개인들의 부채부담액이 소득액보다 훨씬 커지고 있다. 소득 대비 부채부담액 비율을 기준으로 비교하면 세계 2위이다.

금융불안지수와 금융부채비율 지표가 예고하는 위험 말고도, 또 다른 위험요인이 지표의 밖에 숨겨져 있다. 비금융권에서 대출한 부채와 개인적 관계에서 빌린 부채이다. 이것을 포함하면, 실제 부채는 집계된 금융부채액의 최소 1.5배가 넘을 것으로 추정된다. 특히 소득이 하향하는 사회에서 개인 간 채권–채무는, 다른 개인의 손실로 이어지는 부채사회의 불안함이 보이지 않는 '유령'처럼 내재해 있다. 우리 사회가 안고 있는 부채와 파산의 위험성이다.

그런데도 고삐 풀린 투기시장과 투기자본은 주택뿐 아니라 아파트형 공장(이른바 지식산업센터), 쪼개기 식 '소수점' 주식과 가상화폐 등, '모든 것'을 투기상품으로 만들어 투기에 포섭하고 있다. 시중에는 목돈을 단숨에 만들 수 있는 '생애 마지막 기회'라는 투기홍보가 넘치고 있다. 부채주도 성장정책, 감세의 정치에 내재한 신용팽창과 투기, 민간부채를 통제하기 어려운 불가능성이 도사리고 있다는 것이다. 최근에 IMF는 우리나라 가계부채 문제가 '우려되는 수준'이라고 지적하였다. 국가정부는 겉으로는 가계부채를 관리할 수 있는 수준이라고 말하면서도 과열된 투기의 위험을 경고하고 있다.

그러나 그 말을 곧이곧대로 믿을 수 없다. 모순되게도 오히려 국가정부는 보유세를 낮추고 대출한도를 늘려주고 있다. 마치 '빚내서 투자하고 돈 벌어라'고 권장하는 이중구속double bind 명령처럼 들릴 정도이다. 윤석열정부는 아직도 시세와 차이가 큰 공시지가를 올리지 않고, 종합부동산세도 올리지 않는다. 다른 정부보다 감세의 정치를 더 확대하고 있다. 금융평론가들은 만약 유동성 위기가 온다면, 주택투기와 아무런 관계가 없는 가장 취약한 '아랫돌' 부문의 가계부채, 즉 하위계층의 부채가 유동성 위기를 결정할 확률이 매우 높다고 우려한다. 유동성 위기가 발생한다면, 결국 공적 자금의 비용-부담과 회복 불능의 위험은 모두 하위계층에게 전가될 것이다. 이미 국가세수가 엄청나게 줄었기 때문이다.

소득증발과 감세의 정치

문재인정부가 임기 말에 민간주도 임대주택사업 정책을 철회했지만, 소득불평등의 관점에서는 문재인정부가 자산의 쏠림과 자산불평등을 줄이려는 정책으로 전환하기보다 되레 주택자산에 대한 감세의 정치로 선회했다는 점을 비판하지 않을 수 없다. 몇 차례의 선거를 치르는 동안, 문재인정부는 주택자산의 가치가 오른 불로소득에 부과하는 과세율을 올리기보다는 '현실화'라는 명분으로 과세율을 낮추는 정책을 선택했다. 이것이 오히려 소득불평등과 자산불평등을 확대하는 결과를 가져왔기 때문이다.

주택자산 가격과 비교할 때, 우리나라의 보유세는 낮다. 보유세는 주택자산 가격의 0.3%, GDP의 0.93%에 불과하다. 보유한 부동산에 실제 부과되는 세금(실효세)의 규모는 민간 부동산자산 총액의 0.17%이다.[79] 이 수치로 보면, 보유세가 부자나 특정 계층 소수에 영향을 끼칠 뿐이지 폭넓게 적용되지 않는다고 추론할 수 있다. 문재인정부 임기 후반에 전문평론가들은 주택자산의 쏠림을 제어하려면 보유세를 올리고 거래세를 낮춰야, 상승한 가격을 실질적으로 현실화할 수 있고, 임차료도 낮아지는 효과가 나타난다는 의견을 제시하였다. 보유세를 내리면 종합부동산세가 줄어들기 때문에, 주택을 많이 보유하는 쏠림현상을 막을 수 없다고 말한다. 단순히 거래세만 인상하면 거래가 늘어나면서 쏠림과 주택가격은 오히려 상승하는 결과를 초래한다는 것이다. 따라서 국가정부가 소수 부동산부유층의 반대를 의식하기보다는, 보유세를 올려 주택가격 거품과 자산의 쏠림 추세를 막아야 한다는 의견이 많았다.

그러나 주택공급정책이 유발한 쏠림을 '정당한' 보유세 과세라는 정책수단으로 제어해서 안정시켜야 한다는 보유세 증세의제에, 감세의 포퓰리즘이 개입하였다. 보유세 증세가 주택보유자에 대한 '징벌적인 정책'이라고 비약되었다. 단순히 비약되는 차원에 그치지 않고 사회 내적 갈등의 양상을 보이며 대통령선거의 정치공간에서 더 심하게 굴절되었다. 보수진영은 문재인정부의 종합부동산세와 누진과세 제도에 반발하는 특정 지역의 값 비싼 주택 보유자와 다주택 보유자의 주장에 편승하여, 누진적 조세제도를 '전면 폐지'하겠다면서 선거쟁점으로 끌고 갔다. 선거의 시공간에서 자산불평등 문제와 부채주도 성장정책이 가진 위험을 어떻게 해소할 것인가라는 의제는 결국 실종되고 말았다.

뒤이어 윤석열정부는 집값 하락을 막겠다고 주택보유세를 낮추고 누진과세 제도를 폐지하고 있다. 다주택자에게 중과세하면 영세한 임차인에게 세금이 전가된다는 논리를 이유로 들이대며[80] 정당한 과세로 전환해야 한다는 시대적 요구를 거부하며 감세를 더 확장하고 있다. 그뿐 아니라 법인세와 법인의 자산보유세와 주식거래세를 낮추고, 공시지가도 하향시키고 있다. 종합부동산세도 실질적으로 폐지하고 있다. 자산가들의 '부'와 그것의 세습을 위해서 상속세도 취득세 형식으로 바꾸고 있다.

보유세를 낮추면 부유층의 자산은 더 빠르게 증가한다. 보유세와 상속세 감세정책으로 늘어난 나머지 자산은 다시 자산의 쏠림을 낳고, 임대소득 자본주의를 더 확대할 뿐이다. 특히 상속세 감세는 부의 세습에 폭넓게 작용하며 미래세대의 불평등을 확대한다. 자녀세대의 인구가 줄어들고 있어, 자녀에게 상속되는 자산은 상대적으로 그만큼 늘어난다. 감세의 정치가 미래세대가 태어나기도 전부터 '금수저' '흙수저'로 가르는 기업가 나라의 제도적 장치인 것이다.

감세의 정치를 벗어나지 않고 정당한 과세로 전환하지 않으면, 국가 수입은 줄어들고 재정비용은 늘어날 뿐이다. 감세의 정치로 기업이 성장하고 일자리가 늘어난다는 논리는 자본주의가 만들어낸 허무맹랑한 '신화'이며, 이런 사실은 우리 사회에 확대된 소득불평등의 역사가 충분히 입증해 주고 있다. 감세의 정치는 '가진 자의 힘'에 의해 정의 justice가 왜곡되고 굴절되는 '비민주적' 자본주의의 대표적인 제도·정책인 것이다. 그러므로 자본과 부자를 위해 보유세와 상속세를 낮추는 감세의 정치는 이유나 논리를 불문하고 예산자원의 배분과 긴축 등, 경제적 결정을 왜곡하는 모든 정책을 불러오는 신자유주의적 기제에 지나지 않는다. 보유세나 상속세를 정당한 과세로 전환해야 할 필수적인 이유이다.

하위계층은 자산이 거의 없다는 특성상 소득증발에 끼치는 영향에 대해서는 민감하지만, 비가시적인 경제적 이해와 감세의 정치에는 눈 돌릴 겨를조차 없다. 우리 사회는 너무나 많은 불평등이 추상적으로 뭉뚱그려져 개인의 능력부족 문제로 귀결되는 경향에 지배되기 때문이다. 또 소득불평등을 선별적 복지의 범위 내에서 협소하게 규정하는 이론적 관점도 감세의 정치와 이것이 낳은 불로소득을 그다지 하위계층과 직접 관련된 의제로 간주하지 않는 경향이 강하다. 이것도 비판적 시각을 무디게 만드는 데 한몫 톡톡히 한다.

그러나 정당한 보유세나 상속세·기업조세 등의 조세 제도·정책은 하위계층의 경제적 이해에 폭넓게 개입하며, 민주주의의 중요한 척도를 구성한다. 감세의 정치로 발생하는 부족한 재정은 하위계층에게 다른 명목의 세금 또는 공공요금의 인상, 긴축으로 전가하는 배제의 정치로 연결된다. 그러므로 감세의 정치는 부당하게 재분배를 축소시키는 요인이자 소득불평등의 역사를 강제하는 요인인 것이다. 동시에 이것은 국가정부의 비민주성을 나타내는 좌표위치를 결정하는 중요한 변수이다.

그러므로 감세의 정치는 기업가의 나라를 지향하는 비민주적 정치가 우리 사회에 확대되고 있고 민주주의가 침식되고 있다는 사실을 웅변한다. 권위주의적 경제제도로 표상되는 감세의 정치가 자산불평등과 함께 하위계층의 소득증발을 더 확대할 것이라는 비관적인 전망을 벗어날 수는 없다. 우리 사회가 불평등한 세습자본주의를 미래세대에 강제한다는 사실이다.

3. 소득불평등 사회, 빈곤영속화 시대

왜곡된 분배구조를 강제하는 사회
최저임금, 노예계약을 강요하는 사회

왜곡된 분배구조를 강제하는 사회

분배왜곡을 정당화하는 성장의 경제학

우리 사회에서 하위계층은 확대되고 있다. 특히 기술혁신 시대에 자본은 이윤을 독식하려고 노동을 배제하고 있다. 비정규직 시대와 자영업자의 시장탈취가 확대되고 있다. 하위계층의 소득은 점점 줄어들고 분배 없는 시대가 강제되고 있다. 금융자본주의와 임대자본주의에서 소득증발은 늘어나고 있다. 부채도 늘어나고 있다. 하위계층과 대다수의 청년 미래세대는 부채인간이 되고, 부채통치의 그물망 안에서 불합리한 노동을 강요당하고 있다. 이런 정황은 소득불평등 사회와 하위계층의 빈곤영속화 시대를 향한다는 이 글의 주장이 비약된 우울에서 시작되지 않았다는 증거이다. 앞으로 우리 사회에 소득불평등의 굴곡이 더 깊어지고, 하위계층은 자본주의의 천민이자 노예의 삶을 영구적으로 강요당할 것이 충분히 예견되는 것이다.

그러나 승자독식의 논리로 과대 포장된 시장자유주의가 불러온 장기불황의 늪에서 자본주의 경제를 살려야 한다는 구호로 기획된 국가정부의 제도와 정책은 왜곡된 분배구조를 최소한으로나마 개선하기는커녕 오히려 더한 궁핍을 하위계층에게 강요하고 있다. 반면에 지속적 경제성장이라는 이름으로 기업과 자본에 공급하는 신자유주의식 경제 제도와 정책은 그들에게 승자독식 구조와 이익 사유화를 보장하고 있다. 이 모든 경제 제도와 정책의 집합은 기업가의 나라를 위한 이른바 감세의 정치와 배제의 정치로 표상된다. 경제성장 제도와 정책이 소득불평등 확대의 내생적 함수인 것이다.

소득불평등은 왜곡된 소득분배 구조의 근본적인 원인을 형성하는 자본주의 생산양식에서 출발한다. 자본의 이윤동기와 분배왜곡의 본원적인 모순이 존재하는 한, 우리 역사는 소득불평등의 역사로 전개된다. 그러므로 오랜 시간에 걸쳐 민주주의와 노동기본권에 대한 권리를 투쟁으로 획득한 대항의 역사도 함께 형성되어 왔다. 자본주의 체제가 민주주의 체제와 양립하기 어렵고, 국가정부가 자본주의 체제의 이런 딜레마를 근본적으로 떠안고 있다는 사실은 누구나 알고 있다. 그러나 소득불평등이 더 확대되고 왜곡된 분배구조가 고착된 오늘날에 경제적 이해의 대립은 점점 더 첨예해지고 있다. 자본주의와 민주주의의 불안한 동거가 이제 한계에 도달했느냐 아니면 양립하지만 불안정한 동거를 유지하면서 '민주적 자본주의'가 존립할 수 있느냐에 대해서 진보와 보수의 시각차이가 더 커지고 있는 것도 이 때문이다. 기업가의 나라를 건설하려는 세력을 반대하고 그들의 계획에 대항하지 않으면, 소수를 제외한 대다수가 하위계층이 되고 하위계층의 빈곤이 영속화될 것이므로, 사회경제제도를 변혁하자는 이념 지향적 인식도 더 확대되고 있다.

이러한 적대적 흐름에서 이윤율성장에 집착한 기업과 자본은 모든 수단을 동원하여, 소득불평등의 역사를 유지하려고 안간힘을 쓰고 있다. 그들의 목소리를 과다대표하고 불평등한 성장이론을 생산하여 소득불평등과 빈곤을 강제하는 논리의 공급자는 자본주의 성채 안에서 경제학의 독재자로 군림하는 불평등한 주류경제학이다. 주류경제학은 생산성에 따른 효율적 분배와 개인 자유의지에 입각한 합리적 교환으로 이뤄진다는 추상적 논리로 불평등한 사회구조적 모순을 덮어버린다. 최저임금제도도 차등화해야 공평하다는 논리로 바뀌게 된다.

분배격차가 당연하다는 경제논리

모든 자본주의 국가정부는 '민주적' 자본주의를 표방한다. 민주적 자본주의는 경제성장과 소득불평등의 완화, 왜곡된 분배구조의 해소를 가장 큰 정책목표로 내걸고 있다. 그러나 오늘날 소득불평등이 나날이 더 확대되고 있다. 이것은 국가정부가 정책목표로 내건 민주적 자본주의가 실제로는 '감세의 정치'와 '배제의 정치'를 더 강화하고 있다는 불편한 진실을 의미한다. 왜곡된 분배구조를 강제하는 모든 논리와 장치를 동원하여 권력을 유지하는 것이 자본주의 체제에서 기득권층이 된 정당의 존립방식이기도 하지만, 승자독식의 자유를 옹호하는 경제학의 성장론이 정책목표의 통로를 '점령'했기 때문이기도 하다. 보수화된 대의제 민주주의 정치집단과 자본과 이런 경제성장론의 공생이 국가정부의 정책을 결정하고 배제의 성장 담론을 재생산한다.

특히 자본주의 체제의 울타리 안에 있는 주류경제학은 '성장'과 '분배'를 이질적 관계로 분리한다. 분배의 문제는 애당초 학문의 울타리 밖으로 추방하고, 그들은 성장만 학문의 범주로 다룬다. 그들에게 경제학의 가치는 생산성과 산출을 높이는 성장에 있으며, 그들은 성장의 방법론을 경제학의 유일한 주제로 꼽는다. 사회의 모든 문제가 왜곡된 분배구조에서 기인하고 성장이 불평등한 경제를 배태하는데도, 소득 불평등과 양극화된 현실사회의 문제에는 학문적 관심을 두지 않는 까닭이다. 경제학이 분배방식까지 포괄할 이유는 없다고 주장하며[81] 축소된 이론사회를 벗어나지 않는 것이다. 이런 경제학이 학문을 지배하며, 기업가의 나라에 소득불평등을 강제하는 이론을 공급하고 있다.

주류경제학을 대표하는 신고전학파는 생산성에 따라 자본-노동 간에 필연적으로 발생하는 분배격차와 노동 내부의 임금격차는 정당하다고 옹호한다. 자본과 노동자의 목적이 서로 다르므로 자본-노동 간 소득분배의 문제를 동등하게 다룰 이유가 없다는 관점에서[82] 소득분배는 생산성에 따라 결정되어야 한다고 주장한다. 생산에 투입되는 요소에서 자본의 수요가 차지하는 비중이 크고 자본의 생산성이 노동의 생산성보다 높으므로, 자본이 이익을 더 많이 가져가는 게 정당하다는 논리이다. 그러므로 지금 우리 세상에서는 자본과 노동이 생산성에 따라 공정하게 분배되며 서로 합리적으로 생산수단이 교환되고 있다고 주장하고 있다.

임금격차가 성장의 동력이 된다는 경제논리

생산수단의 보유 차이, 노동력과 교환에 내재한 불합리한 조건이 강제하는 분배왜곡의 문제는 전통적 주류경제학의 영역에서는 완전히 배제된다. 숙련·비숙련 노동자의 소득격차 문제에도 똑같이 배타적인 논리를 적용한다. 노동자 개인이 숙련되어 노동생산성이 높아지면 임금도 오르므로, 격차가 나는 게 공정하다는 논리이다. 신고전학파는 임금차이와 소득불평등은 생산성을 높이려는 개인적 동기를 자극하며, 이것이 성장의 동력이 된다고 주장한다.

또 그들은 교환이 자유롭게 이뤄지는 '시장'과 '개인'만 존재하면 '최적'의 균형이 자연스럽게 유지된다고 전제한다. 국가정부가 규제수단으로 시장에 개입하면 자유주의 시장경제 질서가 왜곡된다는 자유방임적 주장을 승계한 학문적 전통을 따른다. 누구든지 시장에서 이루어지는 교환법칙이나 분배조건에 대해서는 '이의를 제기하지 말라'[83]는 그들의 학문적 전통은 신자유주의적 경제논리의 핵심이기도 하다. 주류경제학의 이런 교의dogma는 자본의 '일방적인' 결정에 대해 노동자가 개입할 수 없는 시장 내부의 '기울어진' 권력관계를 옹호하는 것으로 압축된다. 왜곡된 분배구조와 불평등한 교환방식 위에 쌓아올린 자본의 성장방식에 대한 철저한 옹호가 주류경제학의 학문적 사고체계와 존립목적이다. 성장의 주류경제학은 이렇게 굴절된 그들의 경제학적 렌즈와 분배구조를 왜곡하는 논리적 질료substance를 자본과 기업, 보수진영과 경제관료에게 공급한다.

기업가의 나라를 건설하려는 이런 경제학 성장이론이 국가 정책목표의 통로에 깊숙이 개입하여, 소득불평등 의제를 정책체계에서 배제함으로써 불평등한 역사는 재생산된다. 경제학 내부에서는 이런 교의를 신봉하는 신고전학파를 저임금과 불평등에 기반을 둔 경제학이라고 비판한다. 경제학을 독점한 이런 주류경제학이 누구를 위해 또 무엇을 위해 존재해야 하는지 스스로 재고해야 한다는, 경제학의 '민주화'를 촉구하는 운동도 다양하게 일어나고 있다. 그만큼 불평등의 문제가 전지구적인 문제이며 역사의 흐름을 결정한다는 인식이 확대되면서 경제학 내적 갈등도 커지는 양상이다.[•]

경제학적 지표에 가려진 저임금과 빈곤

우리나라 평균 종합소득(임금이나 사업소득+자산소득)은 높아졌다. 그러나 상위계층의 소득은 빠르게 증가하고 하위계층의 소득은 계속 낮아지고 있다. 소득불평등(처분가능 소득 기준)과 자산불평등 수준이 OECD 회원국들의 평균 불평등도보다 높다.[84] '소득불평등도'는 커지고[••] 하위계층의 빈곤위험도가 높아지고 있다.

작은 충격에도 휘청이는 하위계층의 위험

우리나라에서 소득의 절반(46.4%)은 상위 20% 가구의 소득이다. 하위 80% 가구의 소득은 53.6%이다. 20대 80의 소득분포이다. 하위 40% 가구의 소득은 가구 전체 소득의 13.8%이다.[85]

우리의 일상적 삶은 가구·가정 단위로 묶여 있다. 가구의 소득에서 양

- 이코노크라시econocracy는 경제와 민주주의를 합성한 용어이다. 오늘날 '경제학분야의 독재자'가 되어 우리 사회를 통치하는 주류경제학이 자신들의 학문범주를 바꿔야 한다고 주장한다(Joe Earle, Cahal Moran, Zach WardPerkins, *The Econocracy: The Perils of Living Economics to the Experts*, Manchester University Press, 2017). 이런 비판의식을 가진 교수들과 학생들은 소득불평등에 관련된 내용도 경제학교과서에 포함해야 한다고 주장하며 새로운 경제학교재도 개발하고 있다.
- •1990년대 이후에 우리나라 전체 소득(종합소득) 중 상위 10%의 소득점유율은 10%p 늘고 하위 50%의 소득점유율은 5%p 줄어들었다. 소득 상위 10%와 하위 50% 간 소득격차가 더 벌어지고 있다. World Inequality Lab, "Country Sheet: Income Inequality in Korea Today," *World Inequality Report*, 2022, p. 228 참조. 소득 기준 격차는 14배, '부'를 기준으로 한 격차는 52배이다.

육과 교육, 부양 등을 위한 지출이 이뤄진다. 따라서 개인별 소득보다 가구별 소득으로 비교할 때 불평등한 소득실태와 그 상관관계가 더 확연하게 나타난다.[86] 가구 소득구조가 빈곤의 위험을 더 잘 설명해 주는 것이다. 소득구조가 비정규직으로만 구성된 가구의 빈곤위험이 일반적으로 정규직과 비정규직이 혼합된 가구보다 5~10배 높다.[87] 소득이 지속해서 낮아지거나 비자발적인 이유로 가족 중에 장기적인 실업자가 생기면, 가구소득의 불안정성은 가족에게 빈곤의 위험으로 확대된다. 작은 충격에도 빈곤의 위험에 민감하게 반응할 수밖에 없다. 일시적인 경기하락이나 코로나 감염증 장기화 같은 외적 충격도 빈곤의 위험을 높인다. 코로나 감염증이 확대되기 전에도 노동형태가 분화되었고 비정규직과 자영업자는 계속 늘어났다.

코로나 감염증 장기화 이력현상hysteresis으로 고용 불안정성과 소득 분위 배율 격차는 단기간에 더 벌어졌다. 영세한 자영업자는 대부분 소득 하위 40% 가구에 포함된다. 우리나라 전체 소상공인·자영업자의 56%가 소매업종과 음식·숙박 업종에 밀집해 있지만, 이중에 약 85%가 영세한 자영업자이다. 통계청의 기업생멸生滅 행정통계에 따르면, 연간 사업매출액 규모가 8천만 원 미만인 영세자영업자의 규모는 이들 업종의 절반을 넘는다. 이들의 처분가능 소득 기준 지니계수는 2014년부터 꾸준하게 올라갔다. 코로나가 퍼지기 전에도, 매출이 줄고 영업적자가 누적되었고 빈곤지수가 오르고 있었다. 대형마트와 온라인 유통기업들에 의해 시장이 잠식되었기 때문이다. 소득 하위 1/5 분위 자영업자의 금융부채비율은 사업소득보다 7배(714%)나 많은 것으로 추정되었다.[88] 이들이 사업소득으로는 상환할 수 없는 수준의 높은 부채비율이다. 이들의 영업이익은 상용·임시·일용직 노동자와 같은, 저임금구조에 놓여 있는 임금노동자의 평균소득보다 낮았다. 통계청의 가계금융복지조사를 참조하면, 이들의 약 70%는 이들 업종에서 일하는 노동자의 임금보다 소득(영업이익)이 낮다.

코로나 감염증이 퍼지기 시작한 2020년에는 일부 영업활동이 제한되었고, 이들의 매출과 소득이 단기간에 급격히 낮아졌다. 이 기간에 자영업자 중에 67.3%의 가구소득은 줄었다. 소득이 낮아져서 국가정부로부터 기초생활비를 보조받는 영세자영업자의 규모도 늘어났다. 이전 3년을 기준으로 할 때, 2019~21년에 29.1% 늘어났다.[89] 자영업을 영위하면서도 기초생활 수급자가 되었다는 것을 웬만한 상식으로는 이해하기 어렵다. 이런 영세자영업자가 늘어났다는 것은 이들의 소득이 오랜 시간 계속 줄어들었고, 노동임금에 해당하는 자기노동의 대가가 낮아졌고 부채가 늘었다는 사실을 설명한다.

이런 충격은 시간제 비정규직이나 비전형 노동자에게도 마찬가지 위험요인으로 작용하였다. 기술혁신 시대가 고용을 배제하면서 저임금의 저수지가 확대되어 소득구조가 허약해졌기 때문이다.

평균의 함정이자 눈속임

우리 사회가 'K'자 형상으로 양극화되고 소득구조가 허약해진 데는, 평균임금과 노동소득 분배율이 낮아졌다는 사실이 내포되어 있다. 그러나 이런 사실적 정황은 소득분배율 지표에 제대로 반영되지 않는다. 이런 탓에 자본이나 보수정치집단 일각에서는 노동소득 분배율이 과거보다 높아졌다고 주장하고 있다. 이런 해석으로 소득불평등이 낮아졌다거나 임금이 올랐다는 왜곡된 해석을 유포하고 있다.

성별이나 학력별·직종별·기업규모별로 집단을 세분화해서 집단끼리 비교하면, 실제 임금소득 불평등도는 크다. 그러나 균질화homogenizing된 평균임금은 저임금을 받는 비정규직이 늘어나면서 평균임금이 낮아져, 임금격차가 크지 않은 것처럼 착시현상을 일으킨다. 이런 측면에서 '임금소득 불평등도'가 크지 않다는 말은 '부분적'으로 성립할 수도 있다. 그러나 균질화된 임금소득 불평등도가 유발하는 착시현상이, 임금이 올랐거나 소득불평등이 낮아졌다는 착각까지 불러일으키지는 않는다. '임금불평등'을 균질화된 평균이 아니라 정규직과 비정규직으로 비교하면 전혀 다르다. 소득불평등 지표로 뒤섞여 사용되는, 경제학적 렌즈로 바라본 임금소득 불평등도는, 낮아진 노동소득 분배율과 더 벌어진 임금격차나 심화된 소득불평등의 그늘을 보여주지 않는다. 노동자와 노동사회의 반발을 억누르고 눈속임하는 수단으로 잘못 사용되고 있다.

비정규직이 늘어나고 평균임금이 낮아졌는데, 노동소득 분배율이 오를 수는 없다. 상식적으로 노동소득 분배율이 오르려면 평균적으로 임금이 올라야 한다. 평균임금이 오르려면, 임금이 높은 정규직이 늘어나고 비정규직이 줄어야 한다. 그러나 비정규직은 꾸준히 증가했고, 플랫폼노동자는 급격히 늘어났다. 300인 이상 고용한 대기업과 중견기업의 비정규직 비율은 15.6%이다. 반면에 고용인원 300인 미만, 대기업보다 임금이 낮은 중소기업의 비정규직 비율은 41.1%이다.[90] 중소기업의 비정규직은 지난 10년 전보다 203만 명가량 늘어났다. 비정규직이 이렇게 늘어났다면, 비정규직의 임금이 정규직과 차이가 없을 정도로 올라야 평균임금이 오르고 노동소득 분배율이 오를 수 있다.

대기업·중견기업 정규직의 시간당 평균임금을 기준으로 비교하면, 중소기업 정규직의 시간당 임금은 57.0%이고 중소기업의 비정규직은 시간당 42.7%의 임금을 받는다. 5인 미만 소기업의 비정규직은 대기업이나 중견기업 정규직 임금의 37.6% 수준이다. 대기업·중견기업과 중소기업으로, 또 정규직과 비정규직으로 이중화된 노동시장에서 임금 상위와 하위의 격차는 2.6배로 벌어져 있다.[91] 국가 공식통계상 2004년에 좁은 개념으로 산출한 비정규직의 시간당 임금은 정규직의 73.5%였다. 글로벌 금융위기 때인 2009년에 61.5%로 낮아졌다가 조금씩 회복되고 있다. 그러나 2017년의 67.0% 수준에 아직도 머무르고 있다.[92]

어떤 통계수치든지 비정규직은 늘었고 평균임금은 낮아졌으며, 정규직과 비정규직의 시간당 임금격차는 과거보다 더 벌어졌다는 사실을 가리키고 있다. 임금소득이 평등하고 노동소득 분배율이나 임금이 올랐다고 주장할 수 있는 근거는 전혀 없는 것이다.

노동소득 분배율 다시 보기

그들이 임금소득 불평등도와 노동소득 분배율을 내세워 임금이 올랐다고 주장하는 목적은 무엇인가? 허구적 주장을 내세우는 자본·기업, 국가정부·정치집단이 주장하는 방식은 각각 다르지만, 목적은 저임금을 기반으로 한 '기업가의 나라'의 건설에 있다. 그들이 노동소득 분배율이란 용어와 수치에 집착하는 심층적인 이유이다.

노동소득 분배율이 높아졌다는 주장은, 최저임금이 오를 만큼 올랐으므로 내려야 한다고 자본·기업이 주장하는 저임금노동으로 연결된다. 대기업에는 최저임금 미만인 노동자가 거의 없겠지만, 그들은 수직계열화된 하청과 이른바 혁신적 공정관리를 통해서 이윤율을 높이려고 최저임금을 낮추어야 한다고 주장하고 있다. 그동안 조금 인상된 최저임금이 노동소득 분배율에 전혀 영향을 끼치지 않았다고 할 수는 없지만, 전반적으로 보면 자본소득은 오르고 노동소득 분배율은 낮아졌다. 그런데 어떻게 노동소득 분배율이 오를 수 있을까?

근거 없는 이 주장은 국가통계 작성방식의 오류에서 기인한다. 노동소득 분배율은 노동소득을 국민소득으로 나누어 산출한다. 이 산출방식에서 OECD 회원국들의 자영업자 구성비율 평균보다 대략 4배 정도나 높은 우리나라의 자영업종사자 비중이 통계의 정확성에 커다란 오류를 일으키는 요인으로 작용한다. 자영업자의 실제 소득에는 영업잉여와 자영업자 및 그 가족의 노동소득이 혼합되어 있지만, 국가 공식통계는 자영업자의 소득을, 노동소득과 자본소득으로 따로 분리하여 집계하지 않는다.*

우리나라처럼 자영업자가 많으면, 자영업자의 소득을 분자와 분모 중 어디에 어떻게 투입하느냐에 따라 노동소득 분배율은 큰 차이가 난다. 개인사업자(자영업자)의 영업이익 전부를 노동소득으로 간주(자영업

---

* 한국은행 통계시스템(ECOS)은 자영업자 소득을 가계와 비법인기업의 영업잉여값을 대용변수로 사용하고 있다. 대용변수가 부적절하므로, 한국은행은 노동소득과 자본소득 시계열 자료를 구분하여 2022년에 공표하겠다고 답변했다(2020년 10월 16일 국회 기획재정위원회 국정감사에서 유경준 의원의 질문에 대한 한국은행의 답변). 그러나 자영업자의 혼합소득을 잘 반영할 수 있는 새로운 지표체계는 아직 개발하지 못했다. 2022년 6월 16일, 한국은행은 자영업자의 노동소득이 포함된 것처럼 오해가 발생할 여지가 있어 방식은 바꾸지 않고 명칭만 바꾸겠다고 발표했다.

자의 자본을 무시)하면 노동소득 분배율은 높아진다. 반면에 그들의 전체 소득을 자본소득으로 간주(자영업의 비중 감소를 무시)하면 노동소득 분배율은 당연히 낮게 산출된다. 우리나라 노동소득 분배율은 정확성뿐만 아니라 자본-노동 간 소득분배를 나타내는 지표로서의 대표성을 가지지 못한다. 이런 오류에 대한 논란 때문에, 자영업자의 자본소득과 노동소득을 어느 정도라도 분리해서 노동소득 분배율을 산출하자는 주장도 오래전부터 줄곧 제기되어 왔다. 1인 자영업자와 무급 가족종사자의 노동임금을 이들의 소득에서 빼면, 자본소득이라고 추정할 수 있는 이윤을 산출할 수 있다는 계산이다. 보정계수의 편차문제가 있더라도, 좀더 자세하게 자영업자의 소득을 구분해서 노동소득 분배율을 분석하자는 제안을 전문가와 연구자들이 제기해 왔다.

일반적으로 우리가 OECD나 ILO 자료에서 보는 노동소득 분배율 국제비교는 공식적인 보고자료는 아니다. 각 나라가 이것을 보고할 의무는 없다. 그러나 노동소득 분배율은 민주주의 사회에서 중요한 의미를 담고 있다. 국가 간 비교에서 노동소득 분배율이 낮으면 소득이 자본에 집중된 불평등한 국가처럼 보이게 된다. 또 노동자의 임금이 낮거나 실업문제가 심각한 나라인 것처럼 해석된다. 내부적으로는 저임금을 강요받는 노동자의 불만을 자극할 수 있고, 대외적 신뢰 또한 낮아질 수 있다. 이렇게 경제와 정치적 문제로 직접 연결되기 때문에, 그 수치에 민감할 수밖에 없다. 국가정부가 경제정책의 목적에 따라 때때로 '편리할 대로' 산출한다는 지적이 나오는 것도 이런 정치적 이유에서 비롯된다. 그러나 국가정부는 원시데이터source data나 산출근거를 자세하게 밝히지는 않는다. 국가통계의 메커니즘에 일종의 '자물쇠'를 채우는 것이다. 비근한 예로, 국가정부가 자세한 세수추계 근거를 공개하지 않는 이유도 조세반발을 우려하는 정치적 목적으로 이해할 수 있다. 국가 공식통계의 정확도를 뜯어볼 수밖에 없는, 어렵고 힘든 작업이 온전히 비판적 민간 연구자나 전문가의 몫이 되는 이유이다. 그러나 어느 정부를 막론하고 그동안 노동소득 분배율의 정확성을 높이자고 제기했던 통계 작성방식을 바꾸지는 않았다.

어쨌든 지금의 통계체계나 산출방식이 가진 오류 가능성을 참작해서 해석하더라도, 수치상 노동소득 분배율이 상승했다면 몇 가지 가정이 가능하다. 영세한 자영업자의 소득이 감소한 결과가 노동소득 분배율이 오른 것처럼 착시현상을 일으켰을 가능성이 가장 유력하다. 일반적으로 자영업자 평균소득은 임금노동자의 평균소득보다 더 높게 나타난다. 고소득 전문직 개인사업자가 포함되어 있기 때문이다. 임금노동자 간 분위별 소득격차보다 자영업자 간 분위별 소득격차가 더 크게 나타나는 이유도 이런 특성 때문이다. 그러나 실제로는 하위 분위 영세자영업자의 소득이 비정규직의 노동소득보다 더 낮아지고 있다. 국세청 사업소득자료를 참고하면, 전체 자영업자 연평균소득이 계속 낮아지고 있다는 사실을 알 수 있다. 2017년에 2170만 원, 2019년에 2115만 원, 2021년에는 1952만 원으로 낮아졌다. 자영업자의 소득이 이렇게 낮아지면, 상대적으로 노동소득 분배율이 오른 것처럼 나타난다. 2014년부터 노동소득 분배율이 상승한 것처럼 나타난 추세*는, 자영업자의 소득이 심각할 정도로 하향하는 추세와 맞아떨어진다. 비

---

* 한국은행은 노동소득 분배율을 2016년 62.5%, 2019년 66.4%, 2022년에 68.7%라고 발표하였다

정규직이 늘어나고 평균임금이 낮아지고 있는데도 통계상 오른 듯이 보이는 노동소득 분배율은 자영업자의 빈곤화 추세를 역으로 보여주고 있다.

총취업인구가 거의 변동하지 않은 상태에서 노동소득 분배율이 증가했다면, 임금은 오르지 않았으나 노동자 개개인이 법정 노동시간을 훨씬 초과하여 장시간 일했다고 가정할 수도 있다. 알다시피 우리나라 노동시간은 OECD 회원국들의 연평균 노동시간보다 더 길다. 2011년에는 우리나라 연간 노동시간이 OECD 회원국 중에서 최고로 길었다. 2020년 기준 OECD 회원국 연간 평균노동시간은 1716시간이던 것에 비해, 2021년 우리나라 연간 평균노동시간은 1915시간에 달한다. OECD 회원국 평균보다 최소한 199시간 더 많지만, 이것을 무시하더라도 연장노동을 한 시간이 많았다고 추정할 수밖에 없다.

착시현상을 일으키는 또 다른 이유를 찾는다면, 어떤 형태의 노동이든지 저임금·저소득 노동자가 많이 늘어난 결과를 가정할 수 있다. 우리나라에서 법인세를 많이 내는 100대 기업이라면, 겉보기에는 정규직 비율이 높고 고용량도 크다고 상상할 수 있다. 그러나 우리나라에서 매출이 가장 큰 삼성전자를 비롯한 100대 기업에서 2017~21년 지난 5년간 고용은 4만 명 정도 늘었다.[93] 그것도 정규직과 비정규직을

(한국은행 국가지표체제 2023. 6. 9. 참조). 그러나 정책목적에 따라 자영업자의 소득(영업잉여)에서 노동소득을 분류하여 '조정노동소득 분배율'을 계산하기도 한다. 이때 보정계수correction factor를 자의적으로 어디에 어떻게 적용하느냐 등에 따라 차이가 발생한다. 이렇게 가정하여 보정된 조정노동소득 분배율은 2022년 71.8%였다. 임금이 낮아지면 보정된 조정소득 분배율도 낮아져야 하는데, 노동소득 분배율은 계속 높아지는 추세로 산출되고 있다. 자영업자의 소득이 낮아졌기 때문이라고 해석할 수밖에 없는 이유이다.

구분하지 않고 증가한 총고용량이 이 정도밖에 되지 않는다. 대기업집단이 거느린 계열사는 더 늘어났지만, 총고용량은 늘지 않았다. 대기업집단일수록 수직계열화된 하청구조로 관리하거나 자동화·디지털화로 노동을 대체하기 때문이다.

프리랜서나 쿠팡의 고용형태와 같은 플랫폼노동과 청년학생이나 고령층(65~69세)의 초단시간 노동이 늘어나고 있다. 이런 노동은 그동안 고용통계 산출에 포함되지 않았다. 통계산출 방식을 변경하여 이들을 고용통계에 포함하면서, 실제 총고용량이 늘지 않았는데도 노동소득 분배율이 소폭 높아진 것 같은 혼선이 발생했다. 그 결과 통계상 착시현상이 나타났다. 또 변경 이전과 이후의 지표가 일치하지 않아서 추이를 비교하기 어려운 문제가 발생했다. 코로나 이후인 최근에 경기가 더 나빠졌는데도 희한하게 실업률은 2023년 9월 현재 '완전고용' 상태에 가까운 역대 최저치(2.40%)를 기록하고 있다. 노동수요가 많아지고 일자리가 늘어서 나타난 현상이 아니라, 빈곤위험에 놓인 하위계층의 초단시간 노동이 늘어난 추세가 실업률에 착시효과를 일으킨 결과일 뿐이다.

오류 가능성을 따지지 않더라도, 앞에서 미국의 거대 플랫폼기업이 보여준 왜곡된 소득분배와 그 격차의 실태를 언급한 것처럼, 평균임금과 노동소득은 낮아지고 자본소득이 높아지는 추세는 분명하다.[94] 또 자영업자의 사업소득도 뚜렷하게 낮아졌다. 하위계층의 소득은 노동부문에서든지 자영업부문에서든지 모두 낮아졌다. 앞장에서 살펴본 기술혁신 시대의 특징적 요인들과 낮아진 소득실태를 교차 비교해 보면, 우리 사회가 불평등이 확대되고 하위계층의 빈곤영속화 시대가 도래한다는 주장은 객관적 설득력이 충분하다. 그런데도 자본과 기업, 국가정부는 노동소득 분배율이 올랐다고 주장하며 최저임금을 올려서는 안 된다고 주장하고 있다.

지표왜곡과 노동파괴의 선제적 프로파간다

통계오류의 토대 위에서 모든 정부는 자기네 임기 동안에 노동소득 분배율이 올랐다고 주장한다. 반면에 야당은 노동소득 분배율이 낮아지거나 일자리가 줄어들었다고 상대 정치집단을 공격한다. 공격과 수비의 위치가 바뀔 때마다 정치집단끼리 벌이는 우문우답a silly dialogue의 촌극은 반복된다. 노동소득 분배율은 이 촌극의 주요 주제로 등장한다.

윤석열정부의 감사원은 문재인정부 당시의 소득주도성장 정책담당자들을 검찰에 고발(수사의뢰)했다. 몇 년의 시간이 지난 지금, 문재인정부가 노동소득이 오른 것처럼 관련통계를 조작하라고 통계청에 지시한 외압혐의를 포착했다는 사건이다. 그러나 이 사건도 사실은 2020년에 일자리 정책과 노동소득 분배율을 소재로 한 정치공방의 촌극에서 시작되었다고 할 수 있다.* 조작지시로 둔갑한 이 사건은 구체적으로는 통계청의 '가계동향조사' 방식에서 기인한다. 분기별로 작성하는 이 조사는 응답자의 답변에 의존하기 때문에 임의성이 크고 소득통계 자료의 기능을 제대로 하지 못한다. 가계동향조사의 조사방식과 표본

• 사실 이 사건은 문재인정부가 일자리와 관련된 국가사업 예산을 '비효율적'으로 집행한 것 아니냐는 도구적 합리성instrumental rationality 관점의 논쟁에서 시작되었다고 할 수 있다. 문재인정부가 2018년에 일자리 5만 9천 개를 만들었고 열심히 일자리를 창출하고 있다는 정책홍보를 반박하는 데서 시작되었기 때문이다. 고령화사회가 된 우리나라에서 고령층은 빈곤의 어려

설계에 문제가 있다는 지적은 전문가 사이에서 오래전부터 제기되어왔다. 그래서 2017년 말에 가계동향조사를 폐지하고 국가기관의 행정자료와 비교하여 '가계금융복지조사'로 대체하기로 했다. 그러나 이 조사결과는 가계동향조사처럼 분기별로 산출하여 발표하는 게 아니라 다음해 말에 발표하게 된다. 공식적으로 발표하기 전까지는 산출된 지표를 사용해서는 안 된다. 그러므로 발표된 지표에 의존하여 정책성과 평가를 하려면 거의 1년 반이 지난 뒤에나 가능하다. 문재인정부는 이 통계조사를 계속 진행했고 산출된 데이터를 활용하였다. 소득주도성장 정책과 최저임금 인상의 효과로, 노동소득 분배율이 오른 것처럼 통계를 조작하기 위해 가계동향조사를 없애지 않았고, 그 과정에서 통계청에 외압을 행사했다는 의혹으로 당시의 정책담당자를 고발한 사건이다.

사건의 실체가 어떻게 가려질지는 알 수 없다. 그러나 감사원은 이 과정에서도 노동소득 분배율이 가진 부정확한 오류 문제는 전혀 지적하지는 않았다. 앞에서 비정규직의 규모를 산출하는 국가 통계방식의 문제를 민간연구소가 지적한 것처럼, 감사원이 현행 노동소득 분배율

움을 겪고 있다. 고령층의 불평등(지니계수)은 경제활동 연령대가 겪는 불평등보다 높다. 그동안 국가정부들은 월 30만 원을 밑도는 '단시간' 일자리를 노인복지 차원에서 고령층에게 제공해왔다. 그러나 문재인정부가 공공지출을 늘려 고령층을 대상으로 3~6개월짜리 공공근로인 '단기' 일자리를 만드는 데 많은 재정을 투입했다는 사실을 보수야당은 부각하려고 했고, 고령층의 빈곤을 줄이는 노인복지사업을 문재인정부는 '일자리 만들기' 정책과 서로 억지로 연결한 '정쟁적' 해프닝에서 논쟁이 시작되어 다른 부분으로 비화한 것이다. 우리나라 정부가 R&D에 지원하는 예산은 거의 세계적으로 높은 수준이지만, 고령자 공공근로사업을 제외하면 일자리 만들기에 관련된 예산은 OECD 회원국들에 비해서 낮다. 이 논쟁에서는 일자리정책을 어떻게 재구성하고 전일제 일자리 소멸에 대응할 것인가 등의 정책과제에 집중하지 않았고 전혀 거론되지도 않았다.

산출방식이 안고 있는 문제점들을 해소할 방안을 찾아 더 정교한 통계를 산출하라고 정책적 측면을 감사한 흔적은 전혀 없다.

배제의 정치를 숨기는 각색된 촌극

통계시스템의 한계와 오류는 고치지 않으면서 전임정부와 현정부가 다투는 이런 촌극은 소득불평등 해소라는 정책목표와 실제로는 아무런 관계가 없다. 노동소득 분배율을 끌어올리는 실질적인 방법을 놓고 벌이는 싸움이 아니다. 기성 정치집단들이 '노동자·하위계층의 나라'를 지향하지 않는다는 사실과 자기들이 자행하고 있는 '배제의 정치'를 숨기려는 목적을 벗어나지 않는 싸움일 뿐이다. 정쟁을 정치적 기교로 사건화함으로써, 우리 사회에서 가장 큰 문제인 소득불평등과 사라지는 일자리, 저임금에 대한 본질적 문제를 정책에서 배제하는, '비민주적' 자본주의의 실체를 숨기고 있다.

자본소득이 커져야 존립할 수 있는 국가정부와 정치집단 내부에서 벌이는 이런 싸움판에는 진실도, 승자와 패자도 없다. 보수와 중도로 크게 구분되는 정치집단 간에 서로 교대로 권력을 나누는 이해관계의 일치가 이렇게 결합하고 있다. 이것이 대의제 민주주의의 한계, 우경화로 표상되고, 이런 정치가 오늘날 소득불평등을 확대하는 시스템인 것이다. 만약 이러한 비판에 동의하지 않는다면, 여당이든 야당이든, 보수든 중도정치집단이든, 착시현상을 일으키는 통계시스템을 바로잡고, 실질임금이 하락하고 노동소득불평등이 높아지는 현실을 바꾸려는 적극적인 전환적 정책을 제시해야 한다.

그러나 정치집단의 공간에서 이런 '진일보한' 조짐은 전혀 감지되지 않는다. 이 사건도 노동자나 자영업자들에게는 실질적으로 아무런 효과도 없는 결말로 끝나고 말 것이다. 소득주도성장 정책기조에 대한 비판을 전제한 일자리정책의 합리성 논쟁에서 비롯된 노동소득 분배율 문제가 통계조작이라는 사법사건으로 비화되자, 2022년 6월 한국은행은 산출방식은 바꾸지 않은 채 노동소득 분배율로 사용하던 지표 명칭을 '피용자보수비율'ratio of compensation employee로 바꿨다. 그것으로 끝이다.

이런 흐름으로 본다면, 윤석열정부는 노동소득 분배율이 올랐다는 주장을 임기 동안에는 못할 것이다. 좀더 정교한 산출방안을 지향하거나 제시하지도 않으면서 전임정부를 이렇게 고발한 것은, 윤석열정부 임기에 노동소득 분배율이 상승할 가능성이 없다고 예상했기 때문이며, 노동소득 분배율을 올리려는 정책의지가 '전혀' 없다는 표명이라고 해석된다. 윤석열정부는 최저임금을 포함하여 임금이 너무 많이 올랐고 세계경기가 어렵고 물가가 오르고 있다는 이유를 들어, 임금동결이 필요하다는 신자유주의적 레퍼토리만 반복하여 주장할 것이라고 예단해도 무리는 없을 것이다.

궤변적 프로파간다의 시간

낮아진 평균임금과 심각하게 왜곡된 소득분배 문제가 우리 사회의 위험을 키우고 있는데도, 윤석열정부는 임기를 시작하자마자 임금인상을 자제해 달라고 민간기업에 요청했다. 국가정부가 공기업의 임금을 동결하거나 민간기업에 경영진의 보수나 과도한 성과보상체계를 지양하라고 요청했던 사례는 권위주의적 군사정권 시절에 더러 있었다.

그러나 국가정부가 민간기업에 임금동결을 직접 요청한 사례는 아마 '처음'인 것 같다.

경기가 장기적인 침체(스태그플레이션)에 접어들었더라도, 물가인상률보다 낮은 최저임금 인상률이 물가인상을 자극하지는 않는다.[95] 또 최저임금이 낮고 코로나 기간에 하위계층의 부채가 늘어났기 때문에, 다른 나라들이 최저임금을 인상했다는 사실을 심각하게 인식해야 한다. 우리나라의 자본과 보수 경제엘리트 집단은 인플레이션이 임금동결의 근거로 타당하지 않다는 사실을 누구보다 잘 안다. 그러나 하르츠 식 반노동정책과 감세의 정치를 확대한 윤석열정부의 극단적 신보수 경제정책의 서막은 임금인상 요구와 쟁의 등 노동자의 대항을 저지하고 권위주의적 폭력으로 저지하겠다는 프로파간다propaganda를 유포하며 2024년 적용될 최저임금을 동결하는 것으로 이렇게 시작되었다.•

기업과 경영자단체, 보수정치진영은 노동소득 분배율이 올랐다고 해석할 합리적인 근거가 전혀 없는데도 윤석열정부의 반노동정책에 기대어 '물 들어올 때 배 띄우자'는 식으로 생산성에 비해 그동안 임금을 너무 많이 올려주었다고 비약하며, 최저임금제도를 엉뚱한 방향으로 이동시키고 있다.

그러나 왜곡된 분배구조로 누적된 불평등에 더하여, 코로나 이후에 소득불평등은 더 커졌고, 우리나라뿐 아니라 자본주의 체제에 다시 경

• 2022년 11월 17일, 윤석열정부의 미래노동시장연구회는 주당 최대 69시간까지 노동이 가능한 월단위 노동시간 유연화 방안을 발표했다. 이렇게 바뀌면 실제 노동시간은 더 늘어나지만 실질 임금소득은 낮아진다. 포괄임금과 연동되기 때문이다. 문재인정부는 포괄임금제에 대한 명시적인 지침을 미뤘다. 제도적으로 매듭짓지 않았다. 2024년부터는 연장노동 수당체계도 노동자에게 더 불리하게 적용될 것이다.

제위기와 민주주의 위기에 대한 대항의 징후를 드러내고 있다. 포스트코로나의 시간은 '정상적인' 임금과 소득복원을 요구하고 있다. 코로나를 겪으며, 노동자의 결집과 노조가 불평등한 분배왜곡과 노동제도를 저지하는 힘이 된다는 인식은 높아졌고, 왜곡된 분배구조에 대해 투쟁을 예고하고 있다.

그러므로 국가정부와 기업자본은 이제 임금인상 등의 요구를 전면적으로 거부하고, '귀족노조'라는 프레임 씌우기를 넘어 강성 노조가 임금인상 투쟁을 주도하여 임금을 전반적으로 높게 올렸다고 주장할 수밖에 없는 시간을 맞았다. 노동자들의 예고된 임금인상과 권리복원 투쟁을 저지해야 하는 위기의 시간을 기업가의 나라가 마주한 것이다.

그러므로 최저임금을 동결하려는 기업자본의 주장이나 윤석열정부의 서막을 장식한 반노동정책은 기업자본과 국가정부가 강제해 온 불평등을 감출 수 없는 '막다른 시간'에 들어섰다는 위기의식을 반영하고 있다. 어느 때보다 윤석열정부는 황색 저널리즘에 더 의존하여 비민주적인 이데올로기적 속임수를 녹여 만든 프로파간다로 '폭력'노조라는 프레임을 씌워야 하는 절박한 시간을 맞이했다. 이런 맥락에서 윤석열정부는 법질서를 수호한다는 명분과 이것이 자유민주주의의 전통적 가치라는 궤변적 프로파간다를 동원하고 있다. 소득불평등과 빈곤영속화를 강제하는 요인을 제거하자는 사회경제적 개혁요구를, 경제성장을 위협하는 위험한 명제라고 호도하여[96] '탈'진실의 흐름을 이어갈 수밖에 없는 시간이기 때문이다.

강요와 압박을 넘어 정당하지 못한 폭력적 수단밖에 남은 방법이 없지만, 국가정부가 왜곡된 분배구조가 불러온 정당한 대립·대항에 부당한 폭력수단을 동원하는 것으로 연장하려고 한다면 그에 대한 대항적 행동을 불러일으키는 결과를 자초할 것이다.

최저임금, 노예계약을 강요하는 사회

최저임금제도의 무력화

코로나 감염증 기간과 그 이후에 급격한 소득감소와 인플레이션 때문에, 최저임금을 올리고 감세의 정치를 벗어나 재정을 확보해야 하는 문제가 세계적으로 '최대의 정책의제'가 되었다.

저임금을 기반으로 하여 자본주의 체제를 연장하기 위해서라도, 노동자의 안전을 최소한으로나마 보장할 필요도 높아졌다. OECD 등 국제기구는 중위임금median wage의 2/3 미만을 받는 임금노동자와 1인 자영업자를 '저임금노동자'로 정의한다. 유럽연합 의회는 2022년 10월, 최저임금제라는 제도적 취지에 맞게 저임금노동자가 중위소득의 60% 이상의 임금 또는 평균임금의 50% 이상의 임금을 받을 수 있도록 최저임금을 결정하라는 지침을 각 국가에 권고하는 '적정 최저임금' 지침을 의결했다. 독일과 영국은 최저임금을 각각 25%, 10%를 올렸다. 미국과 오스트레일리아 등도 최저임금을 올리는 추세이다. 2022년에 우리나라 물가상승률은 1990년대 말 외환위기 때(당시 물가상승률은 7%였다) 최고였던 수준까지 올랐다. 그러나 2023년에 적용된 최저임금은 2022년 물가상승률 전망치보다도 낮은 5.0% 인상에 그쳤다. 또 2024년에 적용되는 최저임금은 2.5%만 인상하였다.

최저임금은 2017년에 문재인정부가 약속했던 시급 1만 원에 아직도 이르지 못했다. 최저임금을 올리는 세계적 추세나 높아진 물가인상률에도 불구하고, 우리나라 기업자본은 '비혼 단신'single 노동자의 평균 생계비를 기준으로 최저임금을 산정해야 한다●고 주장하고 있다.[97] 비혼 단신 노동자 가구는 전체 노동자가구의 11.9%밖에 되지 않는다. '가족임금'과 같은 기준생계비를 비혼 단신 노동자의 생계비가 대표할 수 없으며, 이들의 생계비가 최저임금 산정의 기준이 될 수는 없다. 이 주장은, 노동자에게 결혼을 포기하고 가족과도 단절하고 사는 삶을 강요하는 주장과 같다. 가족관계마저도 경제적 관계로 묶어버리겠다는 극단적인 '신'보수주의적 주장인 것이다. 물가와 적정 생계비가 올랐지만, 왜곡된 그들의 인식은 심각하다 못해 위험사회를 강요하고 있다.

그들이 최저임금 산정의 기준으로 삼으려고 하는 '비혼 단신' 노동자의 생계비도 2022년보다 2023년에 무려 9.3%가 올랐다. 생계비는 2인가구가 5.5% 늘었고, 3인가구가 3.5%, 4인가구는 7.4% 늘어났다. 특히 주거비 중에 월세(평가액)는 평균 8.3%가 늘었다.[98] 그런데도 2024년에 적용될 최저임금 시급은 전년 대비 겨우 2.5% 오른 9860

● 최저임금 산출방식은 특별히 규정되어 있지는 않다. 2018년 최저임금을 인상할 당시의 산식과 2022년과 2023년에 적용한 산출방식은 다르다. 최저임금에 정기상여금과 복리후생비가 포함되면 실질임금은 내려가기 때문에, 2018년 당시에는 유사한 임금노동자의 임금에다가 확대된 산입범위를 줄이는 방식으로 '소득분배'를 개선하는 분량을 더하는 방식을 사용했다. 그렇게 함으로써 실질임금이 인상되도록 보완하였다. 그러나 지금 최저임금을 산출하는 방식은 경제성장률 전망치에 물가상승률과 임금노동자의 생계비를 덧붙여 보완하는 방식을 사용한다. 그런데도 최저임금 인상률은 물가상승률보다도 낮게 결정하였다.

원으로 결정되었다. 실질임금으로 환산해 보면 오히려 줄어든 셈이다. 그들이 꿈꾸는 '기업가 나라'의 미래를 향한 야욕을 거침없이 드러내며, 취업의 첫 문을 들어서는 청년세대에게 매우 중요한 최저임금을 이렇게 깎아내리고 있다. 청년노동자와 미래의 노동까지 불공정한 저임금 '노예계약'을 강요하고 있다.

기업자본은 우리나라 노동자의 최저임금이 OECD 회원국 최저임금 평균보다 훨씬 높다고 주장한다. 주요 선진국(G7)의 최저임금은 중위임금의 45~60% 수준인데, 이에 비해 우리나라의 최저임금은 중위임금의 61.3%나 된다는 주장이다. 비정규직이 늘어남으로써 평균임금과 중위임금이 낮아진 인과관계는 완전히 무시한다. 또 '포괄적 임금방식'의 문제점도 무시한다. 포괄적 임금방식은 우리나라 노동자라면 누구도 이해할 수 없다고 말하는 급여방식이다. 기업이 각종 보장제도 부담금과 퇴직금을 낮추려고 노동자를 '눈속임'하는 '고무줄' 같은 임금방식이기 때문이다. 최저임금과 명목임금이 오르더라도, 급여에 포함된 산입범위(식대와 교통비 등 복리후생비와 금품, 상여급여까지 급여에 포함한 방식)와 경제성장률과 물가상승률을 반영하면, 실질적으로는 1/3밖에 인상되지 않는 셈이다.[99] 2024년부터는 정기상여금과 복리후생비가 100% 임금에 포함된다. 노조가 없는 사업장의 노동자, '미조직' 노동자는 그 효과마저도 기대할 수 없다. 물가인상률과 포괄적 산입범위를 고려하면, 최저임금 인상률이 최소한 6%를 넘어야 현재의 실질임금보다 그나마 낮아지지 않는다. 그러나 2024년 최저임금 인상률은 물가인상률보다 낮게 결정되었다.

'영원한 빈민'을 강제하는 업종별 차등 최저임금제

기업자본은 불공정한 고용계약과 저임금구조를 강제하는 교환법칙을 '자유'와 자발적인 '교환'으로 치환하여, 이것이 자유시장의 경제원칙이라고 주장한다. 민주주의의 역사를 '자본의 이윤율 성장의 역사'로 대체한 그들의 왜곡된 사고와 논리는, 노동자를 기업가 나라의 노예로 전락시켜 지배하려는 것이다. 그들의 이런 의도는 최저임금과 무관한 노동생산성을 호출하여 최저임금 인상을 저지하려는 전략적 태도에서 뚜렷하게 드러난다. 노동생산성보다 최저임금 인상률이 높으면 '절대' 안 된다는 극단적인 효용성의 원칙이 그것이다. 이런 맥락에서 그들은 최저임금이 노동생산성보다 더 높게 올랐으며, 노동자들에게 기업이 더 많은 임금을 지급했다는 해괴한 주장을 서슴지 않는다.•

최저임금이 2016~20년에 53.9% 인상되었지만, 이 기간에 1인당 노동생산성은 1.7%, 시간당 노동생산성은 9.8%만 올랐고, 2018~20년에 임금인상은 32.8%, 1인당 노동생산성은 0.8%, 시간당 5.0%만 증가했다는 게 그들의 굴절된 논거이다. 이런 주장으로, 노동자를 자기들의 이익을 축내는 '기생충'으로 폄훼하고 '태움'을 강요한다. 또한 전체 임금노동자의 약 17%에 이르는 최저임금 적용대상자의 대부분

• 최저임금위원회 노동자위원들은 2024년에 적용할 최저임금을 24.7%를 올려야 하며, 또 플랫폼 노동자를 비롯한 비임금노동자에게 최저임금을 적용할 방안을 논의하자고 주장하였다. 그러나 최저임금은 물가인상률보다 낮게 인상되고, 비임금노동자에게도 적용하자는 방안에 대한 논의는 거부되었다. 이런 결정을 한 뒤, 윤석열정부의 최저임금위원회 위원장은 2024년에 적용될 2.5% 오른 최저임금 인상을 두고, 우리나라 최저임금이 상당히 높은 수준이라는 사실에 '자부심'을 가질 만하다고 발언했다.

인 83.8%가 노동생산성이 낮은 서비스업종에서 일하기 때문에, 업종별 '차등화'된 최저임금제도가 필요하다고 주장한다. 서비스업종의 노동생산성 증가율은 2016~20년에 1인당 0.8%, 시간당 8.7%에 불과한데, 일률적으로 최저임금을 인상하는 것은 부당하다고 주장한다. 영업이익으로 이자비용도 내지 못하는 서비스업종의 기업이 52.8%나 되며, 중소기업체 40.2%는 정상적으로는 임금을 주기 어렵다는 논리를 들이댄다.

이런 해괴한 논리로 임금격차를 강제하려는 그들에 맞서려면, 또 업종별 차등임금제로 개악하지 못하게 하려면, 노조체계가 기업노조 중심에서 산별노조 중심으로 바뀌어야 대항할 수 있을 것이다. 기업자본을 상대로 임금인상 투쟁을 하고, 또 시대적 요구에 역행하는 국가정부와 보수화된 대의제 정치를 상대로 노동자의 권리를 보장하는 새로운 노동 관련법의 체계화와 제도를 강화하라는 '제도투쟁'의 시간에 도달한 것이다.

2021년에 전체 임금노동자의 15.6%였던 최저임금 적용대상 노동자는 2022년 6월 기준 16.9%로 늘어났다.[100] 그러나 그들은 그 대상자가 늘어난 것도 문재인정부가 최저임금을 '너무 높게 인상'했기 때문이라고 주장한다. 시대를 역행하여 최저임금 '법'과 '제도'를 무용지물로 만들고, 승자독식의 경제법칙과 논리에 따라 잉여와 이윤이 모두 자신들에게 귀속되는 구조[101]와 그런 모순된 규칙으로 이루어진 그들만의 천국, 기업가의 나라를 관철하겠다는 목적이 아니라면 그들이 이런 주장을 하는 배경을 도저히 이해할 수는 없을 것이다. 지급해야 할 당연한 의무를 '빼앗기지 않을 권리'로 변환한 선택적 인식과 그들의 노골적인 착취본능이 우리 사회를 위험사회로 내몰고 있다.

윤석열정부는 기업자본의 주장대로, 앵무새인 '미래노동연구회'의 입을 빌려 최저임금제를 비롯한 여러 노동관련 제도를 바꾸고 있다. 그들은 '반드시 하라'라는 강행규정imperative provision을 파괴하고, '할 수 있다'라는 임의규정voluntary law으로 바꾸려 하고 있다. '하거나 하지 않거나'를 고용자인 기업자본이 알아서 결정하라는 '재량'을 부여하는 임의규정은, 제도의 기능을 상실한 한낱 권고지침에 불과하다. 우리나라의 노동자 보호정책이 이렇게 역행하며, 저임금 일회용 노동이 확대되고 있다. 이렇게 기업가 나라의 자본과 국가정부가 '분배 없는 사회'를 우리에게 강요하고, 하위계층에 소득감소와 빈곤영속화를 강제하고 있다.

주

1. 분배 없는 사회

1 고소득층은 레버리지를 통해 많은 소득을 올리고 있다. 자산경제 사회라는 의미와 상통한다. "저소득층과 중산층의 소득은 하락하며 부채가 늘어나고 있는데, 1920~29년과 1983~2008년 대침체기에 나타난 공통점은 고소득층의 레버리지와 소득 증가, 하위계층의 부채증가였다. 하위계층의 채무불이행은 소득불평등의 내생적 결과이며, 소득불평등이 확대된 사회에서는 금융위기가 일어날 가능성이 항상 존재하지만, 지금 그 가능성이 크다." Michael Kumhof, Romain Rancière, "Inequality, Leverage and Crises," IMF Working Paper 10/268, 2010; Michael Kumhof, Romain Rancière, Pablo Winant, "Inequality, Leverage and Crises," *American Economic Review* vol. 105/no. 3, 2015.
2 통계청, 경제활동인구조사 근로형태별 부가조사, 2020.
3 한국노동사회연구소는 비정규직의 규모를 2018년에 821만 명, 2019년에는 856만 명이라고 분석하였다. 같은 기간 통계청과 민간연구소의 추산은 각각 108만 명이 차이가 난다. 통계청의 통계에는 장기 임시노동자가 정규직으로 집계되었기 때문이라고 해석한다. 김유선, 「비정규직 규모와 실태」, 한국노동사회연구소 이슈페이퍼 2019-17호 참조. 이런 조사방식이기 때문에 국가통계가 비정규직의 규모를 제대로 집계하지 못하는 한계가 있다고 지적하고 있다.
4 김준영 외, 『플랫폼경제종사자 규모추정과 특성분석』, 한국고용정보원, 2019.
5 정흥준, 「특수형태근로종사자 규모추정에 대한 새로운 접근」, 한국노동연구원 고용노동 브리핑 2019-3호.
6 김준영 외, 『플랫폼종사자의 규모와 근무실태』, 한국고용정보원, 2022.
7 2022년 8월 기준, 특수 형태의 노동자를 57만 명으로 추산하였다(통계청, 경제활동인구조사 근로형태별 부가조사, 2023).
8 김준영 외, 『플랫폼경제종사자 규모추정과 특성분석』 참조.
9 통계청, 경제활동인구조사 근로형태별 부가조사 결과, 2023. 10. 24.
10 통계청, 경제활동인구조사 취업시간별 취업자 참조.
11 통계청, 경제활동인구조사 부가조사, 2022.
12 통계청, 경제활동인구조사 부가조사(2018년 기준, 마이크로데이터 이용한 분석자료).
13 통계청, 국민이전계정(2020년 기준) 참조.

14 자영업자가 된 사람들의 직업이력을 토대로 하방이동과 소득하향의 관계를 분석한 사례를 참고할 수 있다(홍민기·오상봉·노승욱, 『자영업자 경영상황의 동태적 변화분석』, 한국노동연구원, 2019; 성재민·오상봉·강동우, 『자영업분석인프라 구축 및 자영업의 동태적 변화분석』, 한국노동연구원, 2018 참조).

15 David Harvey, *Seventeen Contradictions and the End of Capitalism*, Oxford Univ. Press, 2014.

16 국세청, 2020년분 인적 용역 업종별 사업소득 원천징수현황, 2021.

17 노동수요가 많지 않아야 기업이 해고·감원할 때 부담해야 할 비용이 더 적게 발생한다. 기업이 이윤을 축적하려면 환경변화에 영구적으로 적응하기 쉽게 기업 내부의 비용과 활동을 줄이는 최적의 상태로 조정하는 것이 필요하다(Samuel Bentolila, Gilles Saint-Paul, "A Model of Labor Demand with Linear Adjustment Costs," *Labour Economics* 1, 1994). 하청의 수직계열화와 혁신적 공정관리는 이런 이론에 의해 채택된다.

18 Giovanni Arrighi, *The Long Twentieth Century: Money, Power and the Origins of Our Times*, Verso, 2010.

19 Joseph Stiglitz, *People, Power and Profits*, W. W. Norton & Company, 2019.

20 한국은행, 「기업경영분석」; 공정거래위원회, '20대 기업 회사개요' 참조.

21 『경향신문』 2021. 9. 25.

22 John M. Keynes, "Economic Possibilities for Our Grandchildren, Essays in Persuasion"(1930), *Essays in Persuasion*, Harcourt Brace, 1932. 필자가 이 글의 내용전개에 필요한 구절만 뽑아 재구성하였다.

23 Eric Brynjolfsson, Andrew McAfee, *The Second Machine Age*, W. W. Norton & Company, 2014.

24 원시적 축적방식primitive accumulation이란 용어로 설명된다(David Harvey, *The Enigma of Capital: And the Crises of Capitalism*, Oxford University Press, 2010; Chris Harman, "The Rate of Profit and the World Today," *International Socialism*, 2007).

25 스테파노 자마니, 루이지노 브루니, 『21세기 시민경제학의 탄생』, 제현주 옮김, 북돋움, 2015.

26 Robert A. Solow, "A Contribution to the Theory of Economic Growth," *The Quarterly Journal of Economics* vol. 70/no. 1, 1956; "Technical Change and the Aggregate Production Function," *The Review of Economics and Statistics* vol. 39/no. 3, 1957.

27 Paul M. Romer, "Endogenous Technological Change," *Journal of Political Economy* vol. 98/no. 5, 1990; Luise A. Rivera-Batiz, Paul M. Romer, "Economic Integration and Endogenous Growth," *The Quarterly Journal of Economics* vol. 106/no. 2, 1991.

28 이론가들은 이런 관점에서 내생적 성장이론을 비판하고 있다(Roberto M. Unger, *The Left Alternatives*, Verso, 2009 참조).

29 Philippe Aghion, Peter Howitt, "A Model of Growth through Creative Des-

truction," *Econometrica* vol. 60/no. 2, 1992.

30 웅거의 저서(Roberto M. Unger, *The Knowledge Economy*, Verso, 2019)에서 'quasi' 라고 사용한 개념을 '사이비'라는 개념으로 필자가 바꿔 표현하였다.

31 Manuel Castells, *The Rising of the Network Society* vol. 1, Wiley-Blackwell, 2010.

32 Nick Srnicek, *Platform Capitalism*, Polity Press, 2017.

33 "Airbnb Listings Mostly Illegal, New York State Contends"(*NYT* 2014. 10. 15); "Airbnb in the City"(뉴욕주 법무부의 에어비앤비 불법실태보고서, 2014) 참조. 뉴욕주의 다주택법은 호스트가 거주하는 기간만 한정하여 임대할 수 있도록 규정하고 있다. 우버의 사업방식에 대한 규제는 뉴욕시의회 교통위원회 자료 참조.

34 Guy Standing, *The Corruption of Capitalism*, Bitback Publishing, 2016.

35 플랫폼 방식으로 긱노동이나 주택, 자동차를 임대하는 아마존, 우버 등이 플랫폼 방식의 사업을 공유경제라고 표현하는 문제를 지적하며, 규제를 피하려고 공유경제로 위장한다고 비판하고 있다(Jeremias Prassl, *Human as a Service*, Oxford University Press, 2018).

36 Lucie Greene, *Silicon States*, Counterpoint, 2018.

37 이 분야의 산업은 지대를 많이 산출한다. 미국에서 상장기업 주식가치의 80% 는 주로 IT산업 분야에서 산출된다고 분석하고 있다(Modecai Kurz, "On the Formation of Capital and Wealth: IT, Monopoly Power and Rising Inequality," Stanford Institute for Economic Policy Research, 2017; Joseph Stiglitz, 앞의 책 참조).

38 Mariana Mazzucato, *The Value of Everything: Making and Taking in the Global Economy*, Penguin, 2018.

39 Sebastien Rioux, Genevieve LeBaron, Peter J. Verovsek, "Capitalism and Unfree Labor: A Review of Marxist Perspectives on Modern Slavery," *International Political Economy* vol. 27/no. 3, 2019; Genevieve LeBaron, *Combatting Modern Slavery: Why Labour Governance Is Failing and What We Can do about It*, Polity Press, 2020. 이 글의 '노예'라는 표현을 빌렸다.

40 「특집: 쿠팡의 노조탄압」, 『한겨레 21』 2022. 6. 3.

41 Jonathan Morduch, Rachel Schneider, *The Financial Diaries: How American Families Cope in World of Uncertainty*, Princeton University Press, 2017.

42 Molly Kinder, Katie Bach, Laura Stateler, "Profits and the Pandemic: As Shareholder Wealth Soared, Workers Were Left behind," Brookings Metro, 2022. 4. 21; https://www.brookings.edu/articles/profits-and-the-pandemic-as-share holder-wealth-soared-workers-were-left-behind/.

43 Martin Kenney, Richard Florida, *Beyond Mass Production, The Japanese System and Its Transfer in the U. S.*, Oxford University Press, 1993.

44 전국택배노동조합, "'쿠팡로지스틱스서비스 대량해고' 항의 기자회견" 2023. 5. 30.

45 직무구조와 계급구조 변동에 대해서는 다음을 참조. Daniel Oesch, *Redrawing the Class Map: Stratification and Institutions in Britain, Germany, Sweden and Switzerland*,

Palgrave Macmillan, 2006; *Occupational Change in Europe: How Technology and Education Transform the Job Structure*, Oxford University Press, 2016; Daniel Oesch, Giorgio Piccitto, "The Polarization Myth: Occupational Upgrading in Germany, Spain, Sweden, and the UK, 1992~2015," *Work and Occupations* vol. 46/issue 4, 2019).

46　Alexandrea Ravenelle, *Hustle and Gig: Struggling and Surviving in the Sharing Economy*, University of California Press, 2019.

47　André Gorz, *Farewell to the Working Class*, Pluto Press, 1982.

48　Manuel Castells, 앞의 책.

49　"If you believe in justice you fight for it wherever you are. The battle ground is beneath your feet!" 뉴욕시 택시노조(위원장 배어라비 데자이Bhairavi Desai) 표어의 표현을 빌렸다.

2. 소득증발과 부채증가의 시간

50　한국은행, 「국민계정에 의한 소비불평등 추정」, 『조사통계월보』 2021. 10. 29.

51　통계청, 2021년 가계금융복지조사결과(2021. 12. 16) 참조.

52　국가통계포털, 2022년 1분기 소득지표 참조.

53　임차료 상승은 자영업자 가구 비소비지출 항목을 6개 도시 지역별로 조사한 다음 연구보고서 참조. 오상봉 외, 『자영업 경영상황의 동태적 변화 연구 Ⅱ』, 한국노동연구원, 2019; 홍민기 외, 『자영업 경영상황의 동태적 변화 연구 Ⅲ』, 한국노동연구원, 2020; 『자영업자 현황 및 소득통계 비교연구』, 한국노동연구원, 2022.

54　통계청, 2021년 가계금융복지조사 결과(2021. 12. 16) 참조.

55　통계청, 2021년 1분기 가계동향조사 잠정결과 참조.

56　통계청, 2021년 가계금융복지조사 결과(2021. 12. 16) 참조.

57　Lisa B. Kahn, "The Long-Term Labor Market Consequences of Graduating College in a Bad Economy," *Labour Economics* vol. 17/issue 2, 2010.

58　취업 후에 연간 임금소득(급여)을 기준으로, 기준을 넘으면 상환해야 하는 제도이다. 그러나 이들의 연체가 늘어나고 있다(국세통계포털, 취업 후 학자금상환 현황자료; 서동용 의원실, "2019~2022 취업 후 상환학자금 대출 의무상환 미개시자 현황" 2023. 9. 5 참조).

59　통계청, 경제활동인구조사 청년층 부가조사 결과(2022. 7. 19) 참조. 김기헌 외, 『청년 사회 첫출발 실태 및 정책방안 연구: 일자리』, 한국청소년정책연구원, 2021.

60　'부채통치'라는 주장은 다음을 참조. Maurizio Lazzarato, *The Making of the Indebted Man: An Essay on the Neoliberal Condition*, trans. Joshua D. Jordan, Semiotext(e), 2012; *Governing by Debt*, trans. Joshua D. Jordan, Semiotext(e), 2015; Christian Marazzi, *The Violence of Financial Capitalism*, trans. Kristina Lebedeva, Jason Francis Mc Gimsey, Semiotext(e), 2009. .

61 양경숙 의원실, 한국은행 국정감사 제출자료에 대한 보도자료(2021. 10. 15) 참조.

62 장혜영 의원실, 보도자료(2022. 9. 7).

63 민병덕 의원실, 보도자료(2022. 10. 18).

64 David Harvey, "The 'New' Imperialism: Accumulation by Dispossession. The New Imperial Challenge," *Socialist Register* 40, 2004.

65 윤창현 의원실, 보도자료(2021. 9. 13).

66 금융투자협회, 보도자료(2021. 8. 29).

67 한국대부금융업협회, 보도자료(2021. 1. 20).

68 한국은행, 국민계정 2021. 1분기 잠정통계.

69 Christian Marazzi, 앞의 책.

70 Lisa Adkins, Melinda Cooper, Martijn Konings, *The Asset Economy*, Polity Press, 2020.

71 통계청, 2021년 가계금융복지조사(2021. 12. 16); 2020년 주택소유 통계결과 (2021. 11).

72 김회재 의원실, 국토교통부 답변에 대한 보도자료(2022. 8. 23) 참조.

73 통계청, 2019년 기준 가계금융복지조사; 한국은행, 국민대차대조표.

74 Brett Christophers, *Rentier Capitalism: Who Owns the Economy, and Who Pays for It?*, Verso, 2020.

75 Lisa Adkins, Melinda Cooper, Martijn Konings, 앞의 책.

76 Carmen Reinhart, Kenneth Rogoff, "Is the 2007 US Sub-Prime Financial Crisis so Different? An International Historical Comparison," NBER Working Paper 13761, 2008.

77 한국은행, 국민대차대조표와 금융안정 상황 발표자료(2023. 9. 26).

78 한국은행, 2021년 하반기 금융안정보고서(2021. 12); 2022년 하반기 금융안정보고서(2022. 12) 참조.

79 정영식 외, 『국제사회의 부동산보유세 논의방향과 거시경제적 영향분석』, 대외정책연구원, 2022.

80 CBS 노컷뉴스, 국정과제 점검회의 대통령 발언(2022. 12. 15 보도 참조).

3. 소득불평등 사회, 빈곤영속화 시대

81 "분배문제에 초점을 맞춰 경제학을 비판하는 위험한 경향이 있는데, …현재와 같은 성장으로 분배하는 다양한 방법을 찾을 잠재력은 무한하다. 그러므로 성장의 잠재력에 비하면 분배 문제는 중요하지 않다."(Robert E. Lucas, "The Industrial Revolution: Past and Future," *Federal Reserve Bank of Minneapolis, Annual Repor*t vol. 18, 2004.)

82 "자본과 노동의 주체 간에 충돌하지만, 양자 간의 목표가 서로 다르다고 주장한다. 고용주인 자본가와 노동자가 가진 정보가 다르고 처리하는 능력이나 기대도 다르므로, 똑같은 논리로 분배할 수 없으며 다르게 분배하는 것이 당연하다."(Robert Solow, "Dumb and Dumber in Macroeconomics"(Joseph Stiglitz 생일축하 연설), http://textlab.io/doc/927882, 2003.)

83 자본주의 시장경제체제가 자유주의 시장경제인 것처럼 말하지만, 사실은 자유가 없는 신봉건주의neo-feudalism와 다르지 않다(Sahra Wagenknecht, *Prosperity without Greed: How to Save Ourselves from Capitalism*, trans. Andreas Pickel, Campus Verlag, 2016.

84 OECD, Income Distribution Database 참조.

85 통계청, 『2021년 가계금융복지조사 보고서』, 2022. 3.

86 Thomas Piketty, *The Economics of Inequality*, trans. Arthur Goldhammer, Harvard University Press, 2015.

87 OECD, "In it Together: why less Inequality benefits All?" 2015.

88 나수미, 「자영업 불평등도의 분석과 지원 방향」, 『중소기업포커스』 19/09, 중소기업연구원, 2019. 4.

89 『한국경제』 2021. 9. 8.

90 통계청, 2022년 8월 기준 경제활동인구조사, 근로형태별 부가조사.

91 통계청, 임금근로자 일자리별 소득조사결과 각 연도.

92 통계청, 경제활동인구조사.

93 한국CXO연구소, 「법인세 상위 100대 기업의 최근 5년간 고용과 법인세 변동흐름」, 2022. 7. 28.

94 Matthew Fisher-Post, "Factor Shares in the Long-Run," World Inequality Lab Working Paper, 2020. 3.

95 국가정부의 재정지출이 현재 나타나는 인플레이션의 주요 원인이 아니며, 임금인상도 그 원인이 아니다. 그러므로 긴축이나 임금억제와 같은 방법이 현재 일어나는 인플레이션을 막는 방법이 될 수 없다. Thomas Ferguson, Servaas Storm, "Myth and Reality in the Great Inflation Debate," Institute for New Economic Thinking Working Paper no 196, 2023. 1. 1. 또 금리인상과 통화긴축이 인플레이션을 일으키고 있다(Jayati Ghosh, "The Monetary Tightening Trap," *Project Syndicate*, 2022. 11. 15). 유럽연합 국가들의 노동자 실질임금이 인플레이션으로 지난 2022년에 4% 하락했다. 이것은 에너지 수입가격 문제가 인플레이션의 주범이 아니다. 국내요인인 기업자본의 가격인상, 즉 기업의 이익마진이 증가했다는 데 원인이 있다. 인플레이션의 패자는 명목 또는 실질소득이 하락한 노동자인데도, 기업자본은 인플레이션이 일어난다고 임금인상을 반대하고 있다. Thilo Janssen, Malte Lubker, "European Collective Bargaining Report 2022/2023: Real Wages Collapse across Europe due to Inflation Shock," WSI Report no. 86e, 2023. 7.

96 Albert O. Hirschman, *The Rhetoric of Reaction*, Belknap Press, 1991 참조. 그뿐 아

니라 그들은 '위험'명제, '역효과'명제, '무용'명제를 조합하여, 개혁요구가 위험하다는 논리를 사회에 유포하고 있다.

97 한국경영자총협회, 최저임금 '재심의'요구 자료(2021. 5) 및 중소기업중앙회 자료 참조.

98 모두를 위한 최저임금 1만2천원운동본부, 국회 토론회 발표자료(2023. 6. 7).

99 이창근, 「최저임금 산입범위 확대의 임금인상 삭감효과」, 민주노총 민주노동연구원, 2021. 6.

100 통계청, 고용형태별 근로실태조사(2023. 5. 23) 참조.

101 David C. Korten, *When Corporations Rule the World*, Berrett-Koehler Publishers, 2015(3rd edition).

제2부 '탈'배제의 성장과 '탈'감세의 정치, 우리의 시대적 과제

탈소득불평등과 신자유주의 청산이라는
시대적 과제를 부여받은 문재인정부는
전환의 토대를 구축했는가?

1. 신자유주의 배제의 성장 시대, 이후 경제질서 재편

신자유주의가 강요한 소득불평등
경제질서 재편의 두 축과 소득불평등의 관계

신자유주의가 강요한 소득불평등

'기업가의 나라' 건설

신자유주의는 보편적 이론이나 이데올로기처럼 사회와 경제, 정치와 정책, 행정, 국가–시민 및 중앙–지방의 관계나 개인의 자유와 사상과 학문에 이르기까지 모든 영역에 영향을 끼쳤다. 신자유주의의 이런 특수성이 신자유주의의 실체를 규명하기 어렵게 만들지만, 신자유주의가 내건 추상적인 '자유사회' '자유시장주의'와 '효율적 시장'의 개념들이 현실에서 실현되기는 매우 어렵다. 뭉뚱그린 호칭으로 불리던 신자유주의적 이데올로기는 시간이 지나면서 파편화되거나 부식corrosion 되고 있다.

그러나 소득이 감소하고 소득불평등과 자산불평등이 확대되고 또 양극화된 사회의 현실과 이것이 초래하는 위기를 거론할 때, 기만적인 선택적 자유로 포장된 신자유주의 '자유시장주의'와 부채통치와 국가 정부를 경제체제에 종속시킨 '금융세계화'를 비켜서 말할 수는 없다.˙

˙ 이 글에서는 '신자유주의'를, 금융세계화를 강요하며 자본가를 위한 '감세의 정치', 금융세계화와

노동을 파괴하고 저임금을 강요한 왜곡된 분배구조나 탐욕적 금융자본주의와 자산경제 사회 그리고 감세의 정치와 복지축소와 긴축으로 관철된 배제의 정치는 신자유주의의 '기업가 나라' 건설 프로젝트와 관계가 깊다는 것이다.

게다가 소득불평등을 총체적으로 고착시키던 신자유주의와 금융세계화가 어느 날 갑자기 글로벌 금융위기라는 전세계적인 경제적 지진 earthquake을 불러왔다. 기업자본의 이윤동기와 금융자본의 수익확대와 기업가의 나라를 위한 신자유주의 시스템이 불러온 인위적 재앙이다. 이 인위적 재앙이 신자유주의가 확대한 소득불평등을 더 확대했다는 사실은 누구도 부인할 수 없다. 이것이 소득불평등 문제를 설명할 때마다 신자유주의를 늘 소환하는 이유이다.

자유시장주의와 신자유주의

일찍이 신자유주의적 논리의 골간을 설계한 경제사상가들은, 자본주의가 발전할수록 자본주의 체제가 뒤집힐 위험성이 높아질 것이라고 우려했다. 그들은 자본주의 사회에서 민주주의가 확대되면 민주주의가 역사적 투쟁의 결과인 노동조합 결성권을 보장함으로써, 자본(가)의 영역을 침범하고 '슬금슬금' 사회주의화 creeping socialism될 것이라는 선지자적 두려움을 갖게 되었다. 노동자·프롤레타리아 계급에 의해

금융자본주의의 확대, 긴축정책과 복지축소, 규제를 해제하는 등의 신자유주의적 자유시장주의 경제질서라는 범위로 한정해서 사용하겠다. 또한 반反노동조합 법률을 제정하며 노동조직을 탄압하며 저임금을 강제하는 등, 또 금융위기를 불러온 부채주도 성장 등, 소득불평등을 심화시킨 영역에 국한하여 사용하겠다.

자본가가 '노예의 길'(하이에크)을 걷게 되지 않을까 우려했다. 또 자본가의 대리인인 전문경영자도 노동자와 임금인상과 복지확대에 협력하며, 결국엔 노동자의 편이 될 것이라고 내다보았다.

'프롤레타리아의 국가'를 막고, 자본가·기업주가 이윤을 더 축적할 수 있는 '기업가의 제국'을 건설하는 전략이 그들의 대안이었다. 빈곤을 무기로 삼아 마음 놓고 통치할 수 있는 자본주의 경제 시스템의 논리구축이 그들의 사상적 과제였다. 주요 과제는 '기업가정신'(슘페터)을 강조하는 것 그리고 사회보장을 축소하여 일상의 모든 것을 상품화시켜 노동자·시민을 저임금노동에 결박하는 것, 일부 사회서비스는 국가가 제공하여 하위계층을 불평등에 순응하게 만드는 사회경제체제를 건설하는 것이었다. 이런 통제·통치 수단과 함께, 한편으로는 노동자·하위계층이 누구나 자기 사업체를 가질 수 있다는 야심 찬 '자영업자(개인사업자) 프로젝트'와 자산보유자가 될 수 있다는 기대를 불어넣어 '프롤레타리아화'를 막아야 한다는 사상적 전략을 '자유주의 시장경제'로 구체화했다.

케인스주의적 총수요관리aggregate demand management 시장경제 체제는 1970년대에 두 차례에 걸쳐 석유파동oil shock을 겪고, 영국은 구제금융 위기를 맞았다. 경기를 조절하거나 가격을 조절하여 자본가의 수익 극대화를 일부분 제약했던 케인스주의의 온건한 가부장적 경제 자유주의 경로를 벗어나야 한다는 신자유주의의 사상과 정치의 공간이 열렸다. 신자유주의는 '자유시장'이라는 깃발을 들고 전면에 출현하였다. 또 한편으로 1989년 베를린장벽 붕괴에 이어 1991년 소비에트연방 해체는 '역사의 종말'과 자본주의 체제 승리의 선언을 의미했다. 이런 역사적 충격은 거칠 것 없는 무소불위의 힘을 신자유주의에 안겨줬다. 바야흐로 신자유주의 자유시장 이데올로기가 무한 확장되는 시대가 열렸다.

신자유주의와 주주자본이 강요한 저임금체제

신자유주의는 자유시장경제를 표방하며 노동자와 농민 등 모든 하위계층을 자영업자로 만들어, 이들을 자본의 위계질서에 철저히 종속시켰다. 이런 전략으로 전통적인 노동시장을 해체하고 노동조합의 힘을 와해시켜 계급의식의 결집을 가로막기 시작했다. 하위계층과 노동자들에게 자본과 국가제도에 대항하여 '분배정의'를 요구하며 쟁취해 온 역사적 성과물과, 노동자·하위계층의 권리를 가차 없이 침탈했다. 각 국가정부에는 온정적인 노동정책을 폐지하라고 강요하였다. 반면에 사유재산권과 자본가의 자유만 최대한 보장하라고 압박하였다. 재정적자와 인플레이션을 제외하고는, 국가정부는 시장에 개입하지 말라는 자유시장주의를 강요하였다. 사실상 승자독식의 신자유주의 시장경제질서에 모두 '항복'하라는 강요였다.[1] 마침내 각 나라는 신자유주의 이데올로기가 강요한 대로, '작은' 정부로 축소되었다.

신자유주의 체제에서 경제강국의 기업자본은 국제노동분업이라는 미명으로, 저개발국가의 저임금노동과 잉여가치와 수익을 강제로 이전하면서 이윤상승률을 높였다.[2] 설비자동화에 조금만 투자해도 불변자본의 효과를 극대화할 수 있었고 많은 이윤을 축적할 수 있었던 시대였다. 이 시기에 자본의 이윤상승률은 매년 기록을 새로 갈아엎을 정도로 크게 올랐다. 한마디로 자본과 기업이 '신화를 창조하던' 시대였다. 반면에 전세계의 노동소득 분배율은 바닥으로 하락하였다. 신자유주의가 모든 노동자를 '빈곤의 나락으로 떨어뜨리는' 저임금체제를 강요했기 때문이다. 저임금국가로 생산시설을 옮긴 나라에서는 일자리가 사라지고 임금은 낮아졌다. 또 불리한 국제노동분업과 불공정한 교역은 생산시설이 옮겨진 저개발국가의 빈곤을 심화시켰다. '궁핍화' 된 성장이었다.[3]

신자유주의 체제의 비호 속에서 강력한 권리를 확보한 주주자본은 단기수익을 지향하였다. 기업의 주인인 주주에게 대리인인 기업이 수익을 우선하여 배당 income from stock dividends preferentially 하라고 강요했다. 이 강요는 자본의 대리인 기업이 노동자들에게 저임금을 강요하라는 실행명령이나 다름없었다.[4] 주주자본은 기업의 생산성이나 경제적 산출에는 관심이 없었다. 기업은 오로지 그들이 지대를 추구하는 수익창출의 통로였다. 기업과 노동자는 언제든지 주주자본이 자기 마음대로 처분할 수 있는 '일회용품'과 같은 존재에 지나지 않았다.[5] 기업은 그들의 충실한 대리인이 되어, 저임금노동을 강제하며 비정규직을 확대했고, 기술로 노동을 대체하며 정리해고를 감행했다. 또 하청의 이윤을 후려 깎았다. 노동자의 임금과 해고나 하청의 이윤은, 주주자본이 수익을 극대화하는 데 있어 조정변수에 지나지 않았다. 그리고 이윤율이 하락하면 서슴없이 자금을 회수해 버렸다.

다른 한편으로 기업들은 주주로부터 경영권을 방어한다는 명목으로 자기회사주 treasury stock를 발행했다. 고용된 노동자들에게 이것을 팔았다가 가격이 낮아지면 회사가 되사들이는 방식으로 자기들의 이익을 보충했다. 또 적대적 인수합병 등으로, 남의 몫을 빼앗아 주주에게 배당하는 일도 서슴지 않았다. 기업은 온갖 방법으로 기업가치를 올리는 데만 열을 올렸다. 신자유주의 체제가 이렇게 전일제 일자리를 더 줄였고 노동자의 임금을 강제로 깎는 맷돌과 같은, 모순된 축적구조와 소득불평등을 확대했다.

금융세계화, 시장에 국가를 종속시킨 신자유주의

한편 장벽이 없이 세계 어디로든 이동이 자유로워진 금융자본은 기업, 개인은 물론 국가정부까지 '신용'등급이라는 잣대를 들이밀며 경제와 산업을 지배해 나갔다. 기업에 대한 금융자본의 투자는 곧 국가정부의 신용도라는 개념으로 호환되었다. 오늘날에도 여전히 국가정부는 피치레이팅스, 무디스, 스탠다드앤푸어스 등의 '국가신용도' 평가에 묶여 있다.

세계화된 금융자본에 종속되어 힘이 약해진 국가정부는, 신자유주의 금융자본주의가 강요하는 대로 자본이득세와 법인세를 낮추고 기업에 대한 노동 및 고용 규제를 해제하였다.[6] 민영화 확대와 퇴행적 노동정책, 복지축소의 강요에 굴복하고 신자유주의 경제체제가 부과한 모든 조건을 허용해야만 했다. 이러한 경제체제와 시장자유주의 지형에서, 초국적자본 transnational capital의 생산성은 높아졌고, 막대한 초과이윤을 축적할 수 있었다. 그리고 자동화된 신기술과 ICT 기술로 높은 부가가치를 창출하는 서비스산업 부문의 슈퍼기업과 소수 기업이 초과이윤을 독점하게 되었다.[7]

그러나 각 국가정부의 공공부채는 증가했고, 줄어든 조세수입을 메우기 위해 국가중앙은행에서 돈을 빌리는 '조세대출'로 재정을 임시로 충당하거나, IMF에서 돈을 빌렸다. 각 국가정부는 이렇게 신자유주의 체제의 시장경제 질서에 종속되었다.

소득불평등과 글로벌 금융위기의 함수

IMF를 앞세운 '금융세계화'는 자본시장을 개방하라고 모든 나라에 강요했다. 저성장과 저금리 시대를 벗어나서 신자유주의 경제체제에서 세계화된 금융자본은 단순한 자금중개자의 역할을 뛰어넘었다. 생산자본(실물경제)을 중심으로 작동되던 금융경제는 '소비자금융 중심'의 사회로 바뀌고 자산투기 사회를 주도하였다. 지속적으로 초과수익과 지대를 추구할 수 있는 소비자금융과 투기자본의 수익기반을 무한정 확대했다.

세계화된 금융자본은 '공장 없이도' 금융상품과 수익을 창출할 수 있는 독자적인 상품, 즉 선물 선도거래와 옵션, 스왑 등 다양한 파생상품을 만들어내면서 '독자적인 금융자본 시장'을 구축했다. 신자유주의의 소비자금융경제는 일자리가 없어지고 임금격차와 소득불평등을 겪으며 소득이 낮아진 하위계층을 자산경제와 투기사회로 끌어들였다. 임금소득 말고도 지금 당장 가난을 벗어나 '부자가 될 수 있는' 주택·주식 투자와 같은 재테크 수단이 있다는 터무니없는 환상을 확산시켜 나갔다.

신자유주의는 이런 방식으로 하위계층을 상대로 주식과 주택 담보대출을 늘리며[8] 부채가 경제를 주도하는 시대를 만들었다. 이로써 그들의 수익은 실물경제 부문보다 투기로 조장된 소비자금융경제 부문에서 더 많이 발생했다. 가계신용은 금융자본이 지속해서 이자수익과 초과이윤을 얻는 물적 토대이다. 금융자본은 이런 초과수익을 내려고 앞다투어 신용을 팽창시켰다. 그들이 경쟁적으로 확대한 신용팽창은 결국에 글로벌 금융위기를 일으키고야 말았다. 신자유주의가 확대한 소득불평등과 증가한 부채와 금융자본의 탐욕이 글로벌 금융위기를 일으킨 함수인 것이다.

주류경제학 진영에서도 신용팽창과 글로벌 금융위기는 심화된 소득불평등과 '관계'가 있다고 인정하고 있다. 부채주도 성장이라는 신자유주의식 성장정책이 '생산 없는 지대경제'와 모순된 축적구조를 확대하며 성장과 분배의 탈동조화decoupling와 양극화를 불러왔기 때문에, 줄어든 소득과 늘어난 부채와 소득불평등은 신용팽창 및 글로벌 금융위기와 '상관'관계에 있다는 것이다.[9] 신자유주의 시기에 금융세계화 현장에서 불도저 역할을 한 IMF도 대체로 이렇게 평가한다. 소득불평등이 글로벌 금융위기의 '인과'요인이라고 단정하지는 않았지만, 소득불평등과 신용 팽창과 경색credit crunch, 양적 긴축이 서로 상관관계가 있으며 글로벌 금융위기를 일으킨 요인으로 작용했다는 사실만큼은 인정한다. 소득불평등이나 분배를 학문의 범주에 포함하지 않는 주류경제학의 이론적 전통이 소득불평등과 글로벌 금융위기가 관계 있다는 분석을 인정하지 않기 때문에 소득불평등과 글로벌 금융위기의 관계를 보다 확고하게 인정하지는 못했다고 해석된다.

포스트케인스학파의 관점도 IMF 경제학자들의 관점과 비슷하다. 신고전학파를 제외한 나머지 주류경제학 진영의 분석은, 신자유주의 성장정책과 자유시장경제 시스템이 저소득과 저임금노동을 강제했고, 왜곡된 분배구조가 소득불평등을 키웠다는 평가로 요약된다. 이런 모순구조에서 하위계층의 부채가 늘어났으며, 이 틈을 탄 신자유주의식 금융자본주의가 자산투기 사회를 조장하면서 신용을 팽창시켰고 이것이 폭발했다는 것이다. 소득불평등과 글로벌 금융위기의 관계를 이렇게 해석하고 있으며 이런 평가에 그다지 큰 이견이 없다.

대마불사와 투기자본의 잔치

글로벌 금융위기는 탐욕적 금융자본주의와 신자유주의식 부채주도 성장이 쏘아올린 자멸의 핵폭탄이었다. 금융자본주의의 시스템적 오류는 탐욕을 통제할 수 없는 금융자본이 '치명적인' 태생적 결함에 있다. 이렇게 치명적 결함이 글로벌 금융위기로 온 세상에 분명하게 드러났는데도, 금융자본주의는 '몰락'하지 않았다. 자본주의 국가정부는 국민의 세금으로 가해자인 그들을 피해자들보다 우선하여 구제하였다. 그러나 아이러니하게도 글로벌 금융위기는 금융자본들의 수익을 극대화하는 '잔치판'이 되어버렸다.

부채주도 성장의 손실, 책임은 개인에게

신자유주의 시기에 소득불평등이 커지자, 미국정부는 이런 불만을 잠재우려고 '초'저금리 정책과 부채주도 성장정책인 '내 집 갖기' 정책을 추진했다. 미국정부의 이런 부채주도 성장정책에 편승한 탐욕적인 금융자본은 주택을 담보로 대출하였고, 이것이 주택담보부증권(CDO, collateralized debt obligation)으로 상품화되어 증권시장에 재판매되었다.

이것을 설계한 금융자본과 이렇게 설계된 증권상품이 투기와 자산경제의 허구적 성장을 이끌어갔다. 금융자본주의의 본거지인 미국에서 탐욕적 금융자본을 무리하게 팽창시킨 신용은 결국 폭발했다.[10]

경제학자와 정책전문가들은 금융자본의 탐욕을 제대로 '통제'하지 못한 미국정부의 통화·재정 정책을 중점적으로 비판한다.[11] 그러나 미국정부의 통화정책 실패보다도, 많은 사람이 집을 빼앗기고 많은 일자리를 사라지게 한 탐욕적 금융자본주의를 더 집중적으로 비판해야 한다. 투기자본들은 증권화되는 대출상품 시스템과 짜고 중산층과 하위계층에게 실제 가격보다 더 비싸게 집을 팔았다. 이들은 금융위기로 담보 잡힌 집을 빼앗긴 뒤에야 비로소 투기자본과 금융자본의 농간이었다는 사실을 깨닫게 되었다.[12]

금융자본의 탐욕적 동기가 거대한 폭풍을 일으킬 것이라는 불안한 예측은 어느 정도 미리 감지되었다. 글로벌 금융위기가 일어나기 전인 1995~2001년에도 '닷컴버블'과 주식폭락 사태가 일어났고, 그 여진이 이어지고 있었다. 우리나라에서도 주식투자로 피해를 본 사람들의 파산문제가 심각했다. 불평등 문제와 금융자본주의를 비판하는 좌파 학자들 이외에도 루비니Nouriel Roubini 같은 국제금융학자들도 금융위기의 가능성을 '사전에' 경고하였다. 그러나 주류경제학은 위기가 거듭되는데도, 초과이익을 얻으려는 금융자본의 탐욕이 자본주의 위기를 반복적으로 유발하는 경향성을 비판하지 않았다. 지금도 마찬가지로 금융자본주의 시스템이 가진 근본적인 통제 불가능성에 대해서는 언급하지 않는다.

신고전학파는 자산가격 정보가 금융시장에 빠르게 흐르고, 그 정보에 의존하여 시장에서 합리적으로 선택하는 시스템(효율적 시장가설 efficient market hypothesis)의 특성상 개인들과 금융기관도 합리적으로 행동하리라고 기대했는데[13] 예상하지 못한 '비이성적' 행동[14]이 일어났다고 변명하고 있다. 금융시스템의 특성상 금융자본의 조작적 의도가 개입할 수 없으며, 금융자본이 초과수익을 창출하기 위해서 부채주도 성장정책의 틈새를 파고들어 신용대출을 늘린 것이 아니라고 강변하였다. 자본주의와 금융시장 시스템 자체에는 오류가 없는데, 신용팽창의 '우연성'이 작용하여 글로벌 금융위기를 일으켰다는 것이다. 이런 논리로 소득불평등과 신자유주의 부채주도 성장정책은 아무런 관계가 없다고 선을 긋고 있다. 또 하위계층의 부채가 소득불평등 때문에 확대됐고 글로벌 금융위기를 일으켰다고 볼 수도 없다는 것이다. 한마디로 소득불평등의 확대와 글로벌 금융위기는 관계가 없다고 부인하고 있다.

불평등한 경제학의 변명, 그들의 '무오류' 교의

신고전학파가 이론사회에서 말하는 '합리적 선택'은 현실사회에서 단한번도 존재하지 않았고 도저히 존재할 수 없는 '완전하고 결함이 전혀 없는 상태'에서 이루어지는 선택을 말한다. 이런 무오류 infallibility 의 상태를 전제하는 것은, 선택을 결정한 행위자의 개인적 판단에 모든 책임이 있다는 논리이다. 이런 추상적 무오류 전제는 종교의 교의체계에서나 가능하다. 이런 가정을 전제한 주류경제학의 전통적 특성상 그들의 이론사회는, 자본주의와 자본주의를 지탱하는 금융자본주의의 탐욕적 이윤동기나 투기를 강요하는 사회적 모순이 소득불평등을 확대하거나 금융위기를 초래했다는 주장을 모두 '이유 없다'고 기각한다. 이 교의는 구조적 모순의 원인과 결과의 모든 과정을 인정하지 않는다.

무오류의 교의를 기반으로 한 합리적 선택은 효율적 시장가설에만 적용되지 않는다. 노동시장에서의 교환도 합리적 선택에 따라 이뤄지고 수요-공급이 균형을 이루게 된다는 것이다. 그들의 이론사회에서는 이처럼 모든 경제학적 관계에 무오류 교의가 전제된다. 그러나 신용팽창이 금융위기로 폭발할지 몰랐다는 신고전학파 진영의 주장이 사실이 아니라는 증거들은 많다.[•]

반면에 케인스학파는 신용팽창과 금융위기를 자본주의의 '시스템 고장'이라고 설명한다. 이윤과 자산가격이 상승하고 안정성이 있는 듯

• 서브프라임 모기지 문제에 관심을 기울인 마르크스주의자 로빈 블랙번(Robin Blackburn, *Age Shock: How Finance Is Failing US*, Verso, 2007. 그는 이 책에서 금융자본주의의 위험을 포괄적으로 설명하고 있다)은 패닉이 본격적으로 시작되기 몇 달 전인 2007년 3월에 이렇게 말했다. "…최근 몇 달 동안 '서브프라임' 대출의 디폴트(채무불이행) 사례가 많아졌다. '리먼 브라더스'의 한 애널리스트는 서브프라임 상품으로 대출된 채무 중에 2250억~3천억 달러가 2007년 말에 디폴트 상태가 될 것이라고 경고했다. 파생상품 부채 중에서 가장 신용등급이 낮은 부분을 업계에서는 '독성폐기물'이라고 부른다. 애널리스트들은 어디가 먼저 터질지 지켜보고 있다. 집을 잃을 많은 희생자에게도 불행이지만, 주택시장을 타격하여 경제위기가 일어날 가능성도 매우 크다."(Robin Blackburn, "Toxic Waste in the Subprime Market," Counterpunch, 2007. 3. 22. https://www.counterpunch.org/2007/03/22/toxic-waste-in-the-sub-prime-market 에 수록.) 그러나 당시에 '독성폐기물'이라고까지 불렸던 '서브프라임' 문제는 대다수 언론에서 거의 언급되지 않았다. 『파이낸셜 타임스』조차도 "서브프라임 질병"이라는 제목의 기사에서 다음과 같이 말했다. "(서브프라임의) 타격이 주로 그 부분에만 한정될 거라는 예상을 뒷받침하는 증거가 많다. …수많은 월스트리트의 은행들이 서브프라임 사업에 뛰어들었더라도… 경각심을 품을 필요는 없다. 작은 위험에 노출돼 있을 뿐이다. 보통 그들은 서브프라임 모기지 대출채권을 손에 쥐고 있지 않고 증권으로 '재설계'해서 시장에 팔고 있다. …증권화는 원래 의도한 대로 위험을 잘 분산시키고 있다."("Subprime Sickness," *The Financial Times* 2007. 2: Joseph Choonara, "Marxist Accounts of the Current Crisis," *International Socialism* issue 123. 「마르크스주의자들은 현위기를 어떻게 설명하는가?」, 『마르크스21』 겨울호, 2009에서 재인용.)

하면, 위험하지만 더 많이 투자하는 불안정한 심리가 작동하여 널뛰기를 반복한다(금융불안정성 가설 financial instability hypothesis)는 견해이다.[15] 이런 주장이 투자자의 전략적 행동에 영향을 끼치는지는 모르겠지만, 그것은 이 글의 관심 밖의 주제이다.

주류경제학 진영은 글로벌 금융위기를 효율적 시장 가설에 의존한 합리적 선택의 실패로 설명하거나, 금융불안정성 가설에 의존해 시스템적 고장으로 설명하고 있다. 그러나 주류경제학 진영의 이런 옹호나 제한적인 비판은, 자본주의와 자본주의 체제를 지탱하는 금융시스템이 크고 작은 위기를 반복하며 하위계층의 소득을 증발시키고 그 이윤과 소득을 소수에게 집중시키는 '수탈'의 기제라는 사실을 근본적으로 은폐한다.

저임금과 확대된 소득불평등과 하위계층의 빈곤화, 신용 팽창과 붕괴, 글로벌 금융위기로 이어진 원인과 잘못된 결과를, 합리적 선택의 실패와 금융자본의 '시스템적 고장'이나 '고삐 풀린 자본주의'라는 추상적인 표현 정도로 그 탐욕과 잘못을 대충 얼버무리고 있다. 주류경제학 이론이 자본주의 체제의 '한 울타리' 안에서 금융자본주의와 동류항affinity으로 존재하기 때문이다.

금융위기를 이용한 투기자본의 수익잔치

금융자본주의 시스템에 의해 하위계층이 입은 손실은 소수 자본이 초과수익을 거두어들이는 먹잇감이 되었다. 이런 결과는 앞의 가설로 전혀 설명되지 않는다. 만약 가설에 의존하여 억지로 설명하려면, '우연히'와 '결과적'이라는 설명적 수식어구가 계속 따라붙어야 한다. 확대된 소득불평등과 모든 사회경제적 문제는 어떤 원인이 있어서가 아니라, 예기치 않게 발생한 '우연적 결과'로 설명되어야 한다.

미국 '내 집 갖기' 정책에 따라 중하위계층이 대출받아서 산 주택의 가격이 2006~2009년에 평균 30%나 하락했다. 그러나 그들의 주택을 담보로 채권시장에서 재설계된 주택채권가격은 2007~12년에 약 30%가 뛰어올랐다. 그 수익은 주택채권을 사들인 투기자본과 고소득 자본가의 금고를 채웠다.[16] 우연이 아니라는 증거이다. 또 2008~13년 글로벌 금융위기 기간에 위기를 맞은 유럽의 여러 나라는 국가채무를 갚기 위해서 공공자산을 민간자본에 팔 수밖에 없었다. 그 막대한 수익 역시 거대 투기자본의 손아귀에 들어갔다. 금융과 석유산업 자본 등, 불과 147개 기업이 유럽 각국의 공공자산 민영화과정에서 막대한 이익을 거두었다. 그 수법도 남의 돈을 빌려 자산을 사들이고 거기에서 차익을 남기는 레버리징leveraging 수법을 이용한 것이다. 147개 기업에 대한 2011년 자본 네트워크를 분석한 결과 그들은 세계 4만 3060개 다국적기업의 지분 40%를 보유한 슈퍼자본이며, 그 가운데 상위 49개 기업은 금융자본이라는 사실이 밝혀졌다.[17]

금융자본주의 시스템 안에 거대 투기자본이 초과수익을 창출할 수 있는 구조가 확실히 존재하지 않으면 이런 '신화'적 수익창출은 불가능하다. 그들이 순식간에 창출한 이 신화는 정교한 축적전략의 결과이지, 우연히 그들이 기회를 포착한 '행운'이 아니다. 이런 정황적 증거에도 불구하고, 시스템에는 전혀 오류가 없다거나 또는 '시스템적 고장'이라고 주장은 타당하지 않다.

주류경제학은 '보이지 않는 손'이 시장에 작용하여 안정적 균형을 찾는다고 말하지만, 그런 보이지 않는 '손'은 시장에 존재하지 않는다. 신자유주의가 확대한 금융자본 시장에는 자산경제 사회와 투기를 조종하고 이것을 수확하는, 보이지 않는 손이 존재한다는 게 실체적 진실이다. 이것이 소득불평등과 양극화를 확대하는 보이지 않는 손이며, 모순덩어리인 지대경제 사회를 건설한 '금융세계화'의 정체이다.

신자유주의를 재소환하는 이유

소득불평등이 확대된 원인과 결과를 신자유주의를 재소환하여 짚어 보는 데는 또 다른 중요한 목적이 담겨 있다. 일반적으로 학자나 평론가들은 신자유주의가 강제한 시장자유주의, 금융세계화, 경제제도, 반노동·반동적 노동정책 등을 통틀어 신자유주의식 성장을 '바닥으로의 경주'race to the bottom였다고 평가한다. 또는 '기업가의 나라 건설 프로젝트의 실패'라고 평가하고 있다. 자본주의적 관점에서 신자유주의가 내세운 자유시장주의가 제대로 작동했느냐를 이렇게 평가하거나, 관행적으로 내면화된 이론적 비판분석의 협소한 틀 안에서는 이런 평가로 충분히 설명될 수 있다. 그러나 이 평가로는, 확대되고 있고 미래에 더 확대될 것이 확실시되는 소득불평등에 신자유주의가 끼친 부정적 영향을 담아낼 수 없다.

 신자유주의가 글로벌 금융위기 이후에 역사의 무대에서 퇴장한 것인지, 아니면 신자유주의 사조가 오늘날에도 진행형으로 작동하고 있는지, 질문은 아직도 계속되고 있다. 신자유주의 경제제도가 '연장'되는 문제는 소득불평등의 관점에서는 매우 중요하다. 신자유주의가 퇴장하지 않고 소멸하지도 않았다면, 이것은 신자유주의 경제제도를 우리 세대가 대항적 행동으로 퇴장시켜야 하는 시대적 과제로 규정된다. 그러므로 소득불평등의 관점에서는 신자유주의 경제체제의 사상적 설계자들이 그린 기업가 나라의 도면 위에 승자독식 자본주의 체제라는 견고한 건축물이 세워졌다는 사실적 맥락에 중점을 두고, 신자유주의가 연장되는지 퇴장했는지를 더 민감하게 판단해야 한다.

오늘날 기술혁신 시대에 노동을 배제하는 자본의 폐쇄적 전략은 극단적인 저임금사회의 고착을 획책하고 있다. 또 승자독식의 경쟁적 자유시장 체제에서 감세의 정치와 배제의 정치 경향과 비민주적인 긴축경제를 강화하는 국가정부의 권위주의적 우경화의 경향도 뚜렷하다. 이런 경향은 신자유주의자들이 설계한 사상적 구조물들이 국가정부의 제도·정책과 우리 개인의 삶을 규정하고 있다는 비판적 진단과 상통한다. 우리 사회에서 유통되는 모든 경제적 설명개념과 판단의 기준이 기업가 나라의 논리에 기반하여 덧씌워졌고 이런 승자독식의 경제논리가 지배 이데올로기로 고착되었으며, 개인의 삶과 가족의 관계도 경제적 이해관계가 관통한다는 것이다.

최근 미국에서는 청년 좌파세력이 부상하면서, 트럼프 시대를 끝으로 신자유주의적 경제질서가 '퇴장'하고 있다는 주장이 제기되었다.[18] 이런 주장은 미국에서든 유럽에서든 또는 OECD 회원국이 되고 높은 경제수준에 이르렀다는 우리나라에서든, 글로벌 금융위기 이후에도 신자유주의적 경제 제도·정책이 청산되지 않았다는 사실을 의미한다. 이런 맥락에서 이 분석은 자유주의가 왜곡된 분배구조 위에 세우려 했던 기업가 나라의 경제 제도·정책인 감세의 정치와 배제의 정치를 청산하는 것이 침탈당한 권리를 회복하는 우리의 '시대적 과제'라는 사실을 강조하는 의미로 와닿는다.

그러므로 신자유주의가 퇴장했느냐를 묻는 이 질문은 글로벌 금융위기 뒤에 출현한 포용성장론과 이해관계자 자본주의를 어떻게 이해해야 하느냐는 문제로 연결된다. 자본주의 경제질서의 재편이 소득불평등을 완화할 수 있는지, 확대·심화될 것인지 그 여부를 전망할 수 있는 중요한 단서를 제공하기 때문이다.

경제질서 재편의 두 축과 소득불평등의 관계

선제적 경제질서 재편에 대한 질문

신자유주의 세계화와 금융화가 불러온 불평등과 빈곤의 확대와 글로벌 금융위기가 주류경제학의 성장론에 이론적으로 어떠한 반향을 불러일으켰는지는 좀더 지켜볼 수밖에 없다. 아직도 철옹성 같은 '이론사회'를 벗어나지 못한 것 같다. 그러나 불평등이 더 확대되면서 그들의 이론 내적 균열은 일어날 것이다. 자산의 세습이 노동소득을 앞지르면서 소득불평등이 확대되었으므로 감세의 정치를 벗어나야 한다고 주장하는 피케티Thomas Piketty와 같은 주류경제학계 '이단아'의 주장도 그들의 견고한 이론사회의 틈새를 더 벌릴 것이다. 그러나 이론사회에 숨어 있는 그들과 달리, 현실자본주의에 뿌리를 둔 국제경제기구와 금융자본은 전세계적 대항운동이 '타도'의 대상으로 규정했을 정도로 거센 비판의 뭇매를 맞았다. 국제경제기구는 '포용성장론' inclusive growth을 내세웠다. 자본시장은 '이해관계자 자본주의'stakeholder capitalism라는 이름으로 재편되었다.

이 둘의 출현시기가 약간 차이는 있다. 그러나 이 글에서는 포용성장론과 이해관계자 자본주의의 출현을 자본주의의 '선제적' 재구조화·재편이라는 공통된 묶음으로 간주하여, 재구조화·재편이 소득불평등을 완화하자는 것인가 또는 완화할 수 있는가라는 질문을 제기하겠다. 이 글이 제기하는 두번째 질문이다. 이 재구조화·재편의 배경과 성격이 무엇인지, 또 그것이 가진 한계가 무엇인지 탐색하는 데서, 이것이 자본-노동 간 왜곡된 분배구조와 소득불평등을 확대하는 구조적 모순을 해결하려는 대안인지, 아니면 고조된 갈등과 저항을 임시로 '봉합'하자는 성격의 대안인지 판별하자는 것이다. 하위계층의 빈곤영속화 시대가 예정돼 있다고 주장하는 이 글의 입장에서는, 갈등을 봉합하는 차원에서 끝나는 게 아니라 해소되어야 한다는 근본적인 관점에서 성격을 짚어보아야 할 것이다.

그러므로 소득불평등을 완화할 수 있는 실행력을 담보했는지가 이 판별의 기준이 될 것이다. 봉합하는 차원이거나 실행력이 없다면, 소득불평등은 더 확대될 것이다. 그리고 이렇게 결론이 도출된다면, 신자유주의 경제제도를 청산하는 것이 우리의 시대적 과제가 되어야 할 필연적인 이유이며, 대항의 필요성과 대항의 경로로 우리의 관심을 이끌 것이다.

자본주의 체제는 '낙수효과'trickle down 이론을 성장론의 금과옥조로 여겨왔다. 특히 신자유주의는 이 논리로 노동자와 하위계층 그리고 저개발국가에서 저임금을 강요했다. 낙수효과 이론은 자본주의 체제가 분배를 배제한 성장과 지구촌 빈곤을 심화시키는 데 동원한 이론적 무기였다. 국제경제기구의 포용성장론은, 낙수효과 이론과 시장에 도덕적인 '보이지 않는 손'이 존재한다는 자유시장주의식 언명에 오류가 있다고 인정하고, 이것들의 철회를 선언하며 '포용'과 '동반'성장이라는 목표를 포괄한 성장을 표방했다.

사전분배pre-distribution의 필요성을 제기한 IMF의 권고는 주류경제학 진영의 이론적 전통으로 보면 매우 이례적인 주장이다. 물론 이렇게 주장한 학자들의 견해가 국제경제기구의 공식 입장도 아니고 자본주의 체제가 이런 주장을 기꺼이 수용할 리는 없었다. 그러나 그들이 주장한 권고안의 행간에는 글로벌 금융위기가 발생했던 당시에 소득불평등이 자본주의의 한 축인 금융시스템이 스스로 붕괴하게끔 하는 데 영향을 끼쳤고, 자본주의 경제체제의 결정적인 결함을 드러냈다는 당혹감이 내포되어 있다고 풀이된다. 거시경제학파와 일부 포스트케인스학파의 이론적 전통이 서로 다름에도 불구하고, 소득불평등이 금융위기에 끼친 영향을 인식하는 지점에서는 그들 간에 견해차이가 크지 않았던 것 같다. 이것은 소득불평등이 자본주의 체제의 큰 위협요인이라고 분석했다는 의미로 이해된다.

그 당시에 주류경제학의 이론적 전통에 이러한 일종의 '균열'이 일어났다고 읽힐 정도로 위기감이 상승했고 포용성장이 전지구적 의제가 되었지만, 그때보다 지금 소득불평등이 더 커지고 있다. 이런 맥락에서 포용성장론의 실효성에 대한 의문을 제기할 수밖에 없다. 과거보다 국가 간 소득불평등이 줄어든 것은 사실이다. 그러나 그렇다고 해서, 포용성장이 국가 간 소득불평등 완화에 영향을 끼쳤다고 추론할수는 없다. 인구대국인 중국과 인도의 경제규모가 커졌고, 이런 영향으로 1인당GDP 평균으로 비교할 때 국가 간 소득불평등이 줄어들었을 뿐이다. 그러나 이들 나라나 모든 자본주의 국가 '내부'에서도 소득불평등은 확대되었다.

이런 우울한 추세는 포용성장론에 대해 정제되지 않은 몇 개의 의문을 낳는다. 포용성장이 분배를 포용하지 못하거나 동반 성장하는 실행력이 없지 않은가? 그렇다면 포용성장론은 변형된 낙수효과 이론에 불과하고, 연속되는 자본주의의 위기를 연장하려는 수단이 아니었는지 의문이 제기된다. 또 각 국가정부, 좁혀서는 우리 국가정부가 포용성장을 실천하지 않은 것 아니냐는 의문이 제기되며, 문재인정부가 자기동일시한 '한국판' 포용성장론의 실체가 무엇인가라는 의문도 파생되는 것이다.

자본주의의 선제적 경제질서 재편은 자본주의를 지탱하는 또 다른 한 축인 금융자본 시장에서 일어났다. 신자유주의 시대에 주주자본주의는 저임금노동을 강제한 실질적인 '공범'이라는 비난을 받았다. 금융자본주의는 지대경제 사회를 건설하였으며 탐욕을 통제하지 못했다. 글로벌 금융위기 이후에 국가재정에 막대한 손실을 입히고도 국가재정에서 긴급수혈을 받았다. 이러했던 금융자본과 자본시장의 구질서를 재편한 이해관계자 자본주의의 성격이 무엇이냐를 질문하는 것은 소득불평등의 완화나 확대의 향방을 전망하는 중요한 변수가 된다.

이해관계자 자본주의가 출현하기 전부터 자본시장 내부에서 복잡한 이해관계 문제들이 제기됐다. 주주자본은 '주인-대리인'의 관계를 강조하는 것만으로는 극대화된 배당을 받을 수 없다고 주장하였다. 기업이 주주에게 배당을 결정하기 전에 순이익을 미리 세탁washing하기 때문이다. 그러므로 이보다 더 강력한 규칙이 필요하다는 기류가 있었다. 또 한편으로는 소액주주들이 대주주의 일방적인 의사결정 전횡에 맞선 '주주 민주화' 또는 '소액주주 운동'을 전개했다. 대주주에게 무시되는 소액주주의 반발이 일종의 행동주의로 나타났다. 이해관계자 자본주의는 자본시장 내부에서 제기된 이런 여러 의제를 수렴하였다. 주주자본주의가 '인간의 얼굴을 한 자본'처럼 변신한 데는 이런 복합적인 요인이 작용했다고 볼 수 있다.

이런 맥락에서, 자본시장의 규칙을 재편한 이해관계자 자본주의가 주주자본주의에 대한 비판을 수렴하여 '탈'탐욕을 선언한 것인가, 아니면 강화된 '힘'으로 재편된 것인가라는 질문이 교차한다. 자본의 힘이 강화된 재편이라면, 앞에서 말한 바처럼 소득불평등의 관점에서는 자본은 느린 성장을 선호하고 경기를 조정하면서 감세의 정치와 배제의 정치를 강제하는 실질적인 권력, 즉 권위주의 경제제도를 설계하는 기업가 나라의 '주인'으로 확고하게 자리매김했다는 결론으로 귀착될 것이다. 자본의 힘에 지배되고 소득불평등은 더 확대될 수 있다는 것이다.

포용성장론의 권고와 한계

포용성장론은 기술혁신 시대에 고용배제가 소비부진으로 이어지는 제 살 깎아먹기 식 성장이 '악순환'을 반복한다는 체제의 위기를 반영하고 있다. 소득불평등을 완화하고 '선순환'하는 성장을 지향해야 한다고 권고하는 이유이다.•

• 세계은행도 포용성장론을 제시하였다. 세계은행의 권고는 소득재분배가 중요하다고 주장하는

OECD, 동반적 성장, 재분배 범위 확대

OECD의 포용성장론은 소득과 자산의 불평등이 확대되면서 사회적 공정성이 심각하게 훼손되었고, 소득불평등을 넘어 일상적 삶까지 양극화되고 있다는 문제의식에서 출발한다. 성장의 기회가 '모두'에게 공정하게 부여되고 경제적·사회적 자산분배가 이뤄지는, '성장'과 '분배'를 동반한 전략을 권고하고 있다.[19] 혁신성장과 '사회적 경제'를 통해서 동반 성장하는 전략은, 산업생태계의 선순환을 이루고 정치·사회적 분배를 이룸으로써 1인당GDP를 높여 소득불평등을 완화하는 전략이며, '두 배의 효과'를 낳는 전략이라고 OECD는 자평하였다.

그러면서 OECD는 국가가 분배·재분배 정책을 시행하는 데 있어 그 대상을 절대빈곤선absolute poverty line에 국한하지 말고, '하위소득 40%까지' 확장하여 설정하라고 권고하였다.[20] 혁신된 기술과 그 기술을 이용한 자본의 유기적 구성이 장기적 실업과 비정규직을 확대하는 현실에 대한 대응적 정책전략을 권고하였다. 기술혁신 시대에 고용이 더 줄어들고 임금이 낮아지며 소득불평등이 확대될 가능성이 크다는 예측을 전제한 권고인 것이다. 노동자가 저임금구조와 불안정 고용구조를 벗어날 수 있는, '회복적'resilient이며 '포용적'인 노동시장을 구축하자고 결의한 노동고용관계 장관회의 공동선언에 이 전략적 권고가 반영되어 있다.[21]

이 공동선언은 최저임금을 올리고 노동과 연계된 '근로장려금'EITC

것이라기보다, 빠르게 성장하기 위해 고용을 늘리고 생산성을 높이는 데 초점을 맞추고 있는 것으로 이해된다. 장기적인 관점에서 시장과 기회의 평등이 필요하고, 기업과 개인에 대한 '공평한' 규제가 필요하다고 주장한다. 소득불평등을 주제로 한, 이 글에서는 세계은행의 권고에 대한 소개와 언급을 생략하겠다.

을 확대해야 하며 실업급여를 지급하는 기간을 연장할 필요성을 강조하고 있다. 특히 청년세대에게는 처음 취업한 뒤 10년이 개인의 노동경력을 결정하게 되므로 국가정부가 이것을 중요하게 인식하여, 소득이 높아지고 경제적 안정을 기대할 만한 '질' 좋은 일자리를 창출하는 노동환경과 고용정책을 확대하자고 결의하였다.

포용성장론은 한편으로 '사회적 경제'를 권고하고 있다. 포용성장론은 이 부분에서 공공조달과 자금조달, 지원과 연대를 강조하는 측면과 사회적 가치를 강조하고 있지만, 그보다는 사회적 경제 기업의 활동을 '사회적 경제'로 치환하여 권고한다는 인상을 강하게 풍긴다. 유럽지역에서는 사회적 경제 기업의 고용률이 전체 고용의 6%를 넘는다. 사회적 경제 기업이 사회적 분배나 사회적 가치를 추구하며 고용을 확대하고 있다.

이런 효과를 확산시켜야 한다는 주장은 한편으로는 이해가 된다. 그러나 오늘날 '사회적 경제'와 그 조직이 분배를 배척하고 탐욕적 이윤동기와 생산방식과 축적방식으로 불평등을 확대한 자본과 골 깊은 대척점에 서 있다는 사실은 간과하고 있다. 이 분야의 활동가들은 그러므로 사회적 경제가 자본주의 시장경제에 종속되어서는 안 되며, '일'과 '노동'을 분리하는 새로운 생산방식과 분배방식을 진지하게 고민하고 있다.[22] 독자적으로 사회연대경제social and solidarity economy를 강화하자는 급진적 의견도 제기한다. 이런 측면에서 포용성장론은 사회적 경제조직과 활동가의 깊은 고민과 현장의 반자본주의적 정서를 적잖게 간과하고, 사회적 경제를 자본의 하위종속적인 관계에서 보조적 수단이나 보완적 시장경제 수단으로 권고했다는 인상을 받는다. 포용성장론의 이런 피상적인 전략적 권고는 다른 국제경제기구의 권고안에서도 마찬가지로 보인다. 정권 초기에 사회적 경제를 강조했던 문재인 정부도 이렇게 종속적 또는 보완적 관계로 인식했다고 할 수 있다.*

IMF, 지속성장과 사전재분배

신자유주의 시기에 기업자본이 저개발국가를 오가면서 저임금노동을 강제했기 때문에, IMF는 소득이 하향하고 소득불평등이 커지고 빈곤이 진행되는 속도가 빨라졌다고 분석했다. 그들은 소득불평등(지니계수)과 성장의 관계에 주목하여, 소득불평등이 클수록 경제성장 지속기간이 짧아진다는 소득불평등과 성장의 상관관계를 밝혔다.[23] 따라서 성장의 지속성persistence을 담보하려면 자본주의나 국가정부가 재분배를 확대해서 소득불평등의 확대를 막아야 한다고 주장했다.

　IMF의 거시경제학적 인식은 분배와 성장의 관계를 대립관계가 아니라 '상호 보완적 관계'로 규정한다. '부'를 재분배하는 것이 반드시 성장을 방해하지는 않는다는 관점이다. 성장에 부정적인 영향을 끼칠 정도로 극단적으로 사전 분배하는 게 아니라면 사전분배정책은 소득

• 문재인정부도 초기에는 '사회적 경제 활성화'를 내세우고 민간 차원의 '사회임팩트자본'SIB, social impact bond 설립을 지원하였다(한국사회가치기금연대 출범 2019. 1. 23). 국가정부가 사회적 경제의 '마중물'priming water 역할을 하겠다고 강조했지만, 사회적 경제 단체들이 오랜 시간 요구해 온 '사회적 경제 기본법'마저 국회에서 다수 의석을 차지했던 임기 내에도 제정하지 못했다. 이 법안이 다른 법을 배제하거나 다른 경제부문의 이해를 침범하지는 않는다. 그러나 박근혜정부 때인 2014년부터 발의되었던 이 법안은 제19대와 20대 국회가 종료되면서 자동 폐기되고 말았다. 21대 국회에서 기본법과 관련법안 3건이 다시 발의되었다. 이렇게 발의와 자동폐기를 반복하고 있다. 민주당이 다수 의석을 차지한 21대 국회에서도 이 법안은 또 폐기될 확률이 높다.

불평등을 완화하는 예방적 수단이 된다는 주장이다. IMF의 포용성장론은 다른 국제경제기구들의 권고보다도 '부'의 재분배 확대와 사전분배의 필요성을 이렇게 더 강조하였다. 그리고 IMF는 이 전략을 정책매뉴얼에 포함하라고 권고하였다. IMF가 소득불평등의 심각함을 매우 중요하게 인식했다고 보이는 대목이다.

세계경제포럼, 대중자본주의적 경제체제

다보스 포럼, '부자들의 밀실회의'라고 비판받은 세계경제포럼WEF도 사회적 경제 형태의 '대중자본주의'crowed-base capitalism를 권고했다. 대중자본주의는 협동조합 경제모델을 변형한 것이다. 협동조합주의 경제가 가진 사회주의적 요소를 삭제하고 플랫폼 자체를 분산시켜서 소유함으로써 노동의 자유와 권리가 보장되는 형태의 '플랫폼 협동조합주의'platform corporativism 경제모델이다. 일자리가 소멸하는 추세에서, 새로운 사업영역을 플랫폼 형태로 묶은 '협동조합'cooperation으로 사회 경제 구조를 이행시키자는 의도를 표방한다고 할 수 있다.

이런 포용방식으로 포식자dark predator 형태인 승자독식 경제체제에서 대중자본주의 형태의 사회적 경제체제로 전환하면, 고용이 일어나고 소비가 늘어날 수 있다는 것이다. 이런 조합주의 방식의 사회적 기업이 네트워크 효과를 일으켜서 사회적 기업이 겪는 어려움인, 자금부족 문제나 낮은 매출, 높은 고정비용의 한계를 효과적으로 뛰어넘어 '규모의 경제'economy of scale를 이룰 수 있다는 주장을 담고 있다.[24] 그 선순환효과가 사회적 경제 기업에 실질적인 이익을 보장할 것이며 성장으로 이어질 수 있다고 기대한 모델이라고 이해된다. 조합주의 방식의 사회적 경제로 패러다임을 전환하자는 급진적인 제안은 참여경제주의 운동PAECON, participatory economy의 지향점과 맥락이 비슷하다.

그러나 부자의 밀실회의라고 비난을 받았던 WEF가 자본주의와 근본적으로 이데올로기적 결이 다르고 정치적으로 대항적 성격을 가진 협동조합주의적 권고안을 제시한 의도와 배경을 이해하기는 어렵다. 대중자본주의적 포용성장론의 핵심인 '코포라티비즘'은 자유주의나 사회주의와 같은, 하나의 '주의'ism라는 정치적 이데올로기이다. 이 이데올로기는 자유주의 시장경제와 첨예한 대척·대항 관계를 형성하고 있다.[25] 또 코포라티비즘 체제는 일관되지 않은 다양한 유형이라는 특징이 있다. 협동조합주의적 사고와 운영 방식은 사유재산을 보호하는 자유주의 시장경제적 요소도 가지지만, 사회주의적 색채가 가미된 계획경제planned economy의 요소를 내포하고 있다. 이런 맥락에서 WEF의 포용성장론인 조합주의적 생산방식이 개인주의적 자유주의 체제를 지양하고, 집단주의적 사회주의 경제체제를 지향하자는 목적인지를 이해하기 쉽지는 않다.

이런 체제적 성격의 차이를 제외하더라도, 코포라티비즘이 실현될 가능성에 대한 의문이 제기된다. 무엇보다도 이윤과 수익에 직결된 '분산된 소유방식'이 현실적으로 실현될 수 있을지 의문이다. 대기업 자본의 막강한 시장지배력이 독점한 승자독식의 경쟁적인 시장체제에서 네트워크 효과를 기대할 수 있을지, 협동조합주의적 경제조직의 '규모의 경제'가 가능한지도 의문스럽다.

자본의 내적 재편으로 강화된 이해관계자 자본주의

이해관계자 자본주의는 기업의 사회적 책임CSR을 강조하며 환경영역과 사회영역, 기업지배구조ESG 등에 대한 기업경영지표의 공시disclosure의무를 부과하고 있다. 법제도나 다름없는 강제적 실행력을 담보하며 기업의 'ESG 경영시대'를 견인한다고 표방하고 있다. 특히 기업이 해외에 수출하려면 이 평가 공개·공시가 필수적인 요건이 되었다.* 또 기업이 자본시장에서 자금을 원활하게 조달하면서 시가총액과 자산가치를 높이려면, 이 규칙과 요건을 따라야 한다.

이해관계자 자본주의에 대한 질문

ESG는 기업의 중대성materiality 평가, 즉 환경·노동 등의 분야에서 기업의 '리스크'를 위주로 평가하는 단계에 있다. 미래지향적인 사회적 가치를 끌어올리는 수준까지 확대되지는 않았다. 그러나 이 평가규칙이 지속해서 사회적 가치를 끌어올리는 방향으로 개선된다면, 하청에 배분되는 이윤이나 노동인권과 소비자 보호 등의 순기능이 사회에 확대될 것이라고 낙관하는 기류도 있다. 이해관계자 자본주의를 주도하는 기업자본들이 노동자에게 공정한 임금을 보장하고 하청기업에 이윤을 공정하게 분배하겠다고 선언했기 때문이다.[26] 불평등한 우리의

---

* 유럽연합은 2014년부터 기후협약 이행에 따른 탄소배출권 이외에도, 구매기업이 납품하는 기업의 계약자 자격조건으로, 기업규모에 관계없이 기업의 비재무적 정보(CSR 공시자료) 제출을 요구하도록 의무조항으로 규정했다(Directive 2014/95/EU of The European Parliament and of The Council 참조). CSR 성과보고는 ESG 공시의무로 대체되어 더 강화되었다.

역사에서 지금까지 경험하지 못한 양심적이고 인간적인 형태로 환골탈태하는 듯한 변신을 그들이 선언했다는 데 많은 관심과 기대심리가 작동하고 있다. 그러나 신자유주의 세계화에 가장 앞장섰던 미국의 BRT(Business Round Table)가 월스트리트 광장에서 금융자본주의의 폭력성을 규탄하는 항의시위가 일어났을 때도 눈 한번 깜박이지 않았던 집단이라는 사실이나 그들이 이해관계자 자본주의를 주도하고 있다는 사실은 간과되고 있다.

 ESG 경영공시가 정보 비대칭의 리스크를 벗어나 좀더 안정적으로 투자를 결정할 수 있는 편익을 소액주주에게 제공하지만, 자본시장이 ESG 경영공시를 통해 '기업시민'corporate citizenship 경영문화를 견인하여 사회에 편익을 확장할 것이라고 낙관하기는 어렵다. 주주자본은 사유재산과 소유권이 철저하게 보장된 공간에 존재하며, '비노동의 방식'으로 수익을 생산한다. 그러므로 이러한 낙관은 그들의 본성을 너무 순진하게 평가한, 높은 기대이다. 이해관계자 자본주의가 소득분배와 소득불평등 완화에 긍정적으로 작용할 것이라고 기대할 수 있느냐는 질문은 여기서 시작된다.

 이해관계자 자본주의가 선언한 것과 실제로는 다르게 과거 신자유주의 시기에 하청에 낮은 이윤과 노동자에게 저임금을 강제했던 자본의 탐욕적 이윤동기를 스스로 제어하지 않고 노동소득 분배의 정의에 긍정적인 영향을 끼치지 않는다면, 이해관계자 자본주의는 자본의 이윤확대를 위한 재편이라고 볼 수밖에 없다. 하청에 낮은 이윤을 배분하며 환경오염과 사건사고가 발생해도 언론의 입을 막아버리는 대기업자본이 ESG 평가에서 오히려 높은 등급을 받는 아이러니는 많이 목격되고 있다. 그들이 평가에 투입하는 데이터를 세탁한다고 의심하기에 충분하다. 이런 아이러니와 자본의 궁극적인 목적이 더 많은 수익에 있다는 지극히 상식적인 사실에 비추어볼 때, ESG 공시의무가 하청에 이윤을 합당하게 분배하고 노동자에게 정당한 임금을 보장하는 구조를 견인할 것이라고 낙관할 근거는 부족하다는 것이다.

이해관계자 자본주의가 '분배의 정의'에 관계하는가

이해관계자 자본주의의 ESG가 전면적으로 시행되기 이전에도 CSR 공시제도가 시행되었다. 그러나 CSR 공시제도가 기업의 사회적 책임을 견인하는 도구로 기능하지 못했고, 마케팅 수단이나 감세의 명분 축적 등의 정치적 도구로 쓰였다는 사실은 익히 알려져 있다. 이런 과거의 허구적 경험에서 정의로운 노동소득 분배구조로의 전환을 이해관계자 자본주의가 견인할 수 있을지, 의구심은 충분히 도출된다.[27]

우리나라에서는 이해관계자 자본주의와 ESG 평가가 현재의 하청 수직계열구조를 더욱 강화하는 수단으로 쓰일 개연성이 짙다. 대기업 자본이 이윤을 더 얻으려고 하청을 관리하는 구조에서, ESG 평가라는 수단은 언제든지 하청을 공급망에서 퇴출할 수 있는 수단이 된다. 그동안 대기업에 낮은 이윤으로 공급사슬의 역할을 해온 하청 중소기업의 ESG등급은 낮을 수밖에 없고, 규제적 기준은 대개 대기업의 기술 환경 수준에서 결정되기 때문이다. 이런 기준과 규칙은 중소기업과 하청기업에 표준화된 '장벽'이 된다. 그러므로 이런 명분을 들어 적정한 이윤을 보장해 달라는 하청의 요구를 거부할 수 있는 수단이 될 수 있으며, 오히려 하청에 낮은 단가로 공급하라고 압박하는 수단이 될 개연성도 배제할 수 없다. 이런 맥락에서 이해관계자 자본주의가 요구하는 ESG 공시가 우리나라에서는 대기업이 하청기업을 통제하며 하청 수직계열화 구조를 강화할 수 있는 '칼 한 자루를 더 갖는' 무기가 될 수도 있다. 적정한 이윤은 보장하지도 않으면서, 환경규격과 탄소배출 등의 모든 부담은 중소기업과 하청에 떠넘기는 조짐이 물밑 산업현장에서 나타나고 있다.

ESG는 하청의 수직계열화와 혁신적 공정관리라는 착취적 방식으로 온갖 불합리한 노동행위를 하청과 노동자에게 방류하며 이윤과 시장을 지배한 '대'기업자본을 그 대상으로 한다. 대기업자본이 생산하여 판매하는 완제품의 실질적인 생산자인 하청과 노동자의 이윤과 임금과 권리를 보장하는 것이, ESG에서 '공급망 관리'의 기본 취지이다. 하청기업에 노조가 만들어지지 못하게 하청과 노동자를 협박하고 회유하는 대기업의 횡포를 막는 것이 공급망 관리의 기본적인 취지와 부합한다. 그러나 우리 사회에서 공급망 관리는 이런 취지와 전혀 다른 반대방향으로 가고 있다.

자본시장이 이런 비판과 대기업자본이 '분배 없는 부'를 생산한다는 사회적 비판까지 ESG 평가기준에 적극적으로 포함하지는 않을 것이다. 이런 정황적 의심의 시각으로 볼 때, 기업자본이 저임금구조를 강제하든지 책임을 전가하든지 시장을 탈취하든지, 이해관계자 자본주의가 기업의 사회적 책임을 실질적으로 견인하지는 않을 것이라고 추론할 수 있다. ESG 경영시대라고 하지만, 기업의 관심은 사회적 책임을 얼마나 다하려고 노력하느냐에 있지 않다. 투자자의 반응이 중요할 뿐이다. 또 투자자에게는 얼마나 안정적으로 수익이 보장되고, 얼마나 더 많은 수익이 보장되느냐 하는 것이 중요하다. 그러므로 하청의 이윤과 노동자의 소득분배를 왜곡하지 않겠다는 선언대로 전개될 것이라고 기대한다면 그것은 너무나 순진한 낙관인 것이다.

기업이 수단과 방법을 가리지 않고 부정·부당 행위가 사회에 노출되지 않게 입막음해서라도 ESG 평가등급을 높인다면, 그 기업의 주식가격도 오르고 시가총액으로 대표되는 기업가치가 오르며, 투자자도 충분한 수익이나 시세차익을 기대할 수 있다. 그러므로 주주자본이나 자본시장이 기업자본의 일탈행위를 일부러 문제 삼지는 않을 것이라는 의심도 충분히 가능하다. 유럽에서는 이런 경우에 노동조합과 환경단체나 시민사회의 감시가 작동하지만, 소수 대기업재벌이 장악한 우리 사회에서 그런 사회적 감시와 대항력은 아직 형성되지 않았다.

이런 함수관계로 본다면, ESG 평가의 객관성이나 진위는 자본이나 투자자에게 그다지 투자결정의 중요한 기준이 되지 않을 것이다. 자본과 대기업 간 이해관계는 더욱 공고해지고, 대기업자본의 시장지배력을 높이는 필연적 결과로 귀착될 것이다. 과거에 CSR이 마케팅의 도구에 지나지 않았다는 평가에 비춰보면 자본과 대기업 간의 이해가 더 강고하게 결착될 것이라는 추론이 도출된다. 이것은 자본이 목적함수를 위해 언제든지 규칙을 변경할 수 있다는 것을 의미한다. ESG 공시와 관련된 규칙은 사실상 자본이 더 많은 이윤과 더 큰 시장지배력으로 자산가치를 확보하는 수단이 될 개연성이 크다. 그러므로 이해관계자 자본주의가 '탈'탐욕의 변곡점이 될 것이라는 낙관적 기대가 불가능하다는 것이다.

소득불평등의 관점에서는 '완전 독립을 선언'한 이해관계자 자본주의의 정치력이 기후대응이라는 전환담론의 뒤에 숨어 노동을 더 배제할 것이며, 이해관계자 자본주의로의 자본시장 재편이 국가정부의 개입과 통제를 완전히 차단할 정도로 커다란 힘을 확보하는 재편을 의미한다고 부정적으로 해석할 수밖에 없다.

또 다른 세계화, 선제적 재편

소득불평등의 관점에서 자본주의의 재편을 어떻게 이해할 것인가? 재구조화·재편이 소득불평등을 완화하자는 전환선언인가? 소득불평등의 관점에서는, 재구조화·재편이 친빈곤 pro-poor 을 지향하는 자본주의의 '전향'이라고 보이지는 않는다. 글로벌 금융위기라는 자멸의 위기를 벗어나려는 자유주의-자본주의 체제의 강화전략, 이윤율 하락과 성장둔화를 벗어나려는 재구조화·재편으로 보인다. 포용성장은 포용이 '없는' 성장이라는 평가를, 이해관계자 자본주의는 사회·경제적 이해관계자를 '배제'한 자본의 또 다른 세계화라고 평가할 수밖에 없다.

소득불평등 관점에서 본 포용성장론, 체감되지 않는 '포용'

포용성장을 권고할 당시보다도 오늘날 노동배제와 왜곡된 소득분배구조의 고착, 사회경제적 불평등은 더 커졌다. 그러나 포용성장론을 권고한 국제경제기구들은 불평등이 더 확대된 현실을 그다지 심각하게 거론하지 않는다. 포용성장론을 권고했던 초기에는 각 국제경제기구가 나름의 측정기준을 만들고 서열화된 '순위'를 매김으로써, 권고의 효과가 확장되도록 기획했다. 초기의 이런 관심에 비해 서열측정에서 포용성장을 견인하는 실행력을 발견할 수 없다는 평가에서 이런 부정적인 결론이 도출된다.

우리 정부의 반응에서도 포용성장론으로 평가한 지수가 성장과 분배를 동반한 포용의 실행력을 가지지 못했다는 정황을 엿볼 수 있다. 1990년대 후반인, 구제금융 위기 이후부터 우리나라 소득불평등은 계속 확대되었다. 포용성장지수나 평가지수로 보면, 비정규직이 본격적으로 확대되는 규모에 비해 이들의 임금은 인상되거나 재분배가 확대되지 않았다. 포용적 성장을 하지 않았다는 것이다.[*] 역대 우리 정부는 '친'기업자본 위주의 정책으로 일관하며 ILO의 권고를 애써 무시하면서도, 국제경제기구 특히 OECD나 IMF, 세계경제포럼이 평가한 순위에 대해서는 민감하게 반응했다. 국제경제기구의 평가에서 순위가 오르면, 우리 정부는 국가경제가 성장했고 국가의 위상이 올라갔다고 대대적으로 홍보했다. 국제경제기구의 이런 지표만큼 노동탄압과 소득불평등에 대한 불만을 덮어버리는 도구도 그다지 많지 않다. 그런데도 우리 정부가 포용성장 평가순위를 특별히 언급하지 않는다. 이런 정황을 보면, 국제경제기구가 각 국가의 포용성장 진도를 평가하고 순위를 측정하는 것이 사실상 그다지 큰 효력이 없고, 포용성장론이 승자독식의 경쟁질서에 묻힌 것처럼 여겨지는 것이다.

국제경제기구가 권고한 포용성장론이 우리 정책체계에 반드시 그

---

[*] WEF는 포용발전지수로, IMF는 포용성장지수로 포용성장 부문별 순위를 매긴다. WEF 발전지수로 보면 우리나라의 성장발전과 포용 부문의 순위는 각각 22위와 24위로 낮았다. IMF 포용성장지수로 분석하면 포용성장은 1990년 이후에 낮아지고 있다. 김원규 외, 『우리나라의 포용성장 현황과 시사점』, 산업연구원, 2017; 『포용성장의 측정과 결정요인분석』, 산업연구원, 2018 참조.

대로 투사될 이유는 없다. 그러나 포용성장을 성장정책 기조로 내세운 문재인정부가 포용성장을 우리 사회에 적합한 통합모델이라고 평가했다면, 노동환경의 질을 높이는 정책을 더 확대해야 했다. 또 청년세대의 노동과 고용의 질을 '진정성' 있게, 또 '포용적'으로 확대하는 전략적 정책을 집중적으로 추진했어야 한다. 그러나 우리나라 소득불평등도가 OECD 회원국 평균에 비해서 높고 비정규직의 비율도 높아졌는데도, 문재인정부가 최소한 소득과 자산 하위 40% 이상의 가구까지 분배와 재분배를 확대해야 한다는 권고를 실천했다는 흔적은 찾을 수 없다. 윤석열정부는 노동의 질을 심각하게 악화시키며 공동선언의 취지를 역행하고 있다.* 그러므로 이런 여러 정황으로 볼 때, 포용성장론이 '포용'을 견인할 실행력을 담보했다고 평가할 수는 없을 것 같다.

한편 OECD의 포용성장론은 혁신된 기술로 수출경쟁력을 높이는 성장전략을 강조한다. 이런 측면에서 이 전략적 권고의 일부분은 낙수효과 이론의 새로운 버전 같은 기시감이 있다. 자본이 주도한 기술혁신에 의존해서 생산비용을 낮추고 그것으로 가격경쟁력 우위를 확보하여 수출을 늘리는 성장전략을 말하고 있다.[28] 포용성장론이 '혁신과 분배를 통해 동반적으로 성장하는 선순환'과 회복적이며 포용적인 노

---

* 이 회의는 코로나 감염증 확산 때문에 2022년 6월에 다시 열렸다. 윤석열정부는 이 회의에 참석하여 '디지털 전환시대'에 대비하기 위해서, 우리나라는 2027년까지 민관이 협력하여 '디지털인재 100만 명을 키워내겠다'라고 발표했다. 그러나 윤석열정부는 청년취업교육 예산을 줄이고, 기업에 임금동결을 요구하고 있다. 주당 노동시간을 월단위 노동시간 제도로 바꾸려고 하며, 최저임금제도도 무력화하려고 계획하고 있다. 경제적으로 안정적인 일자리나 노동환경의 질을 높이는 공동선언과는 너무 정반대되는 정책을 밀어붙이고 있다. 그런데 뜬금없이 100만 명의 디지털 '인재양성론'을 발표하면서, 거꾸로 2024년 예산에서 R&D 예산은 대폭 줄였다. 오히려 청년 연구인력 일자리를 없애는 예산(안)을 제출한 것이다.

동시장을 만들어야 한다고 권고하지만, 노동을 배제하는 기업자본의 폐쇄적인 유기적 구성 전략을 '자제하자'는 구호 수준을 넘어서지 않는 것 같다. 포용성장론은 왜곡된 저임금구조를 벗어나는 분배의 '정의'를 명시적으로 강조하지 않는다.

그러므로 이런 측면에서 포용성장론이 실제로는 저임금구조를 강제하는 승자독식의 시장경제를 암묵적으로 동조implicit conformity하는 게 아닌지 의구심이 더 확대된다. 포용성장론이 '탈'소득불평등과 '탈'빈곤이라는, 포용의 궁극적인 목적과는 거리가 꽤 멀다는 비판론이 제기되는 이유이다.[29] 나아가 자본이 우리 사회와 정치를 경제에 종속시키려고 끊임없이 '힘'을 행사하며 소득불평등을 확대했고, 성장론도 자유주의 시장경제질서의 틀을 벗어난 적이 없었기 때문에 이런 의구심은 증폭될 수밖에 없다.

소득불평등의 관점에서는, 실행력이 담보되지 않는 포용성장론은 글로벌 금융위기 이후에 신자유주의와 낙수효과 이론을 대체한 성장론에 지나지 않고, 미세한 조정을 거치며 새로운 성장경쟁을 추동하는 자본주의 경제질서로 재편되어 진화하고 있다는 의구심을 떨쳐버릴 수 없다는 것이다. 그러므로 이러한 평가에 준거하여 문재인정부의 '한국판' 포용성장론을 바라볼 수밖에 없다. 한국판 포용성장론의 실체도 분명치 않지만, 소득주도 성장정책 기조를 확대하려는 연장선에서 포용성장론을 내세운 게 아니라고 의심할 여지는 충분하다. 소득불평등 완화의 정책목표를 이탈한 정치적 '수사'였다는 관점으로 이해할 수밖에 없다는 것이다.

누가 자본을 감시하는가? 자본의 또 다른 세계화

기업자본과 범국가적으로 결탁한 이해관계자 자본주의, 즉 자본시장은 이미 국가의 법체계를 넘어서 독자적 권력의 반열에 올라섰다. 그들은 자본이 수익을 창출하는 규칙을 스스로 제정할 수 있는 '권능'을 가졌다. 국가나 시민사회가 개입하여 자본시장을 감시하기는 더욱 어렵게 됐다. 그렇다면 목적함수를 위해 언제든지 규칙을 변경할 가능성이 큰 자본을 누가 감시할 수 있는가? 이것은 여전히 감시의 '무풍지대'로 남는다.

이해관계자 자본주의에서 이해관계자란 '그들 내부'에 있는 이해관계자를 가리킬 뿐이다. 피라미드 구조의 정점에는 자본이 위치한다. 공급망인 하청기업과 그 안에서 일하는 노동자나 시민사회는 이해관계자의 범위에 포함되지도 않고 또 이해관계자 자본주의에 아무런 영향력을 행사할 수도 없다. 일반 시민대중이나 노동시민은 동등한 이해관계자가 될 수 없다. 여전히 '자본의 지배 아래' 종속되어 존재할 뿐이다.

자본의 '절대 불가침' 영역을 감시할 수 있는 긴장관계란 시장 내부와 국가-자본시장의 관계에서는 존재하지 않는다. 그러므로 동등한 이해관계자가 되지 못하는 노동자·하청과 하위계층이 자산가치 끌어올리기에 혈안이 된 자본과 기업에 이의를 제기하고 제어할 수 있는 수단과 방법이 필요하다. 그러나 '공동의 적대'관계에 있는 자본시장에 하위계층과 시민사회가 대항할 효과적인 수단과 방법은 아직 없다. 만약 노동자와 시민사회가 이런 감시체계를 확대하려고 한다면, 자본과 자본시장의 엄호를 받는 대기업은 다른 나라로 옮기겠다고 사회와 국가정부를 협박할 것이다.

이해관계자 자본주의가 어떻게 기능하며 진화할 것인지 아직 판단하기는 어렵지만, 소득불평등의 관점에서는 세계화된 자본이 인간의 얼굴로 치장한 하나의 '형식요건의 완성', 자본시장 재편의 '내적 완결'을 추구하는 전략이라고 비판적 관점으로 이해하는 것이 타당할 것이다. 이해관계자 자본주의는 글로벌 자본이 그들의 힘을 바탕으로 개별 국가가 간섭할 수 없는 초법적 기준을 설정한 '선제적' 재편이며 '자본의 또 다른 세계화'라고 이해해야 한다는 것이다.

이해관계자 자본주의가 실제로 우리 사회에 긍정적으로 기능하려면 ESG 공시의무를 기업에 부과하면서 동시에 ESG 평가기준에 맞게 사회노동환경에 대한 규제를 강화하도록 국가정부의 규제제도와 규칙을 이끌어야 그 효능이 높아질 것이다. 그러나 우리 정부는 경쟁적으로 규제를 해제하고 있다. 이런 흐름은 이해관계자 자본주의가 소득불평등의 완화에 긍정적으로 기능할 것이라는 기대를 모두 기각한다는 방증이다.

이러한 상반된 흐름은 이해관계자 자본주의와 ESG가 국가정부로부터 감세의 '특혜'를 더 얻어내는 도구로 쓰일 개연성이 존재한다는 사실을 암시한다. 자본과 기업들이 '녹색산업'이나 '기후위기에 대한 대응'을 외치는 것도, 기업의 사회적 책임보다 새로운 기술로 새로운 시장기회를 선점하려는 목적이며, 감세의 확대를 목적한 것이다. 이해관계자 자본주의도 거기에 편승하여 안정적으로 수익을 확대하겠다는 것이지, 그 이상의 사회적 책임과 가치를 추구하려는 목적이라고 보기는 어렵다.

이것은 이해관계자 자본주의를 이끄는 자본세력의 힘이 신자유주의 시대와 마찬가지로, 승자독식의 경쟁적 시장경제와 기업가 나라의 정치적 기반을 강화하고 있다는 사실을 설명한다. 자본시장 규칙을 재구성한 이해관계자 자본주의는, 자본(주의)이 반복되는 위기를 스스로 갱신하며 더 큰 힘을 가진 공룡으로 진화하는 과정을 설명할 뿐이다. 그러므로 자본주의의 '선제적' 재편이란 어느 때를 막론하고 시대의 요구와는 무관하게 소득불평등의 역사를 강제한다는 사실을 우리에게 다시 확인시키고 있다.

신자유주의를 연장한 '선제적' 재구조화·재편

자본주의가 위기에 봉착할 때마다 자유주의-자본주의 체제를 유지하려는 재구조화·재편이 일어나는 것처럼, 이런 시기에는 불평등한 자본주의에 대한 반대·대항(운동)이 일어난다. 신자유주의가 출현하기 전과 끝에서도 대항운동이 일어났다. 자본주의에서 확대되는 모순이 변혁적 요구와 대항투쟁의 계기를 형성하기 때문이다.

그렇다면 대항운동의 결과로 재구조화·재편이 일어난 것인가 아니면 신자유주의에 반대한 대항운동이 포용성장론의 출현을 호출한 결정적인 요인이었을까? 두 사건이 비슷한 시기에 일어났기 때문에 사건의 연대기적 관점에서 보면, 재구조화·재편을 대항운동에 대한 반응적reactive 대응으로 해석할 수도 있을 것이다. 대항운동이 어느 정도 영향력을 끼쳤다고 볼 수는 있다. 하위계층의 반발과 저항이 일어날 가능성이 크고 더 확대될 가능성도 크기 때문에 이런 대항을 미리 차단하겠다는 인식이 전제되었다고 해석할 수 있다. 그러나 신자유주의를 반대하고 체제변혁의 요구를 담은 대항운동이 자본주의의 새로운 경제질서를 호출한 것은 아니다.

신자유주의는 온정적 케인스주의에 반대한다는 깃발을 내걸고 큰 폭으로 이념적 좌표이동을 했다. 그러나 포용성장론은 신자유주의식 성장담론을 폐기했지만 반대한다는 기치는 내걸지 않았고 뚜렷한 개량적 전환도 하지 않았다. 미세한 좌표 범위 내에서 이동했을 뿐이다. 그러므로 대항운동이 자본주의 경제질서의 재구조화·재편을 호출했다고 해석할 수 없다. 신자유주의의 출현과 끝에서 일어난 대항운동의 '크기'와 이념적 '무게'는 자본주의의 재구조화·재편과 목적 및 목표가 다르다. 이 글이 이것을 자본주의의 '선제적' 재구조화·재편이라고 규정하는 이유이다.

대항운동은 내재적 정의와 소득불평등의 저수지를 가득 채우고 넘쳐난 불평등의 저량stock에서 기인한다. 자본주의의 연장이라는 재편과 체제변혁이라는 그 목표와 목적은 이런 맥락에서 상반된다. 신자유주의의 끝에서 일어난 불평등한 자본주의에 대한 반대·대항(운동)은 자본주의와의 합의를 전제하거나 자본의 양보와 개선을 요구한 '일시적인' 대항이 아니었다. 경제체제를 선제적으로 재구조화·재편하여 승자독식의 시장자유주의와 권위주의적 경제제도를 강화하는 신자유주의의 청산이 여전히 시대적 과제이며, 이 시대적 과제는 적대적 관계를 설정하고 전열을 가다듬는 변혁과제를 재구성한다.

2. 배제의 정치와 긴축의 시대

왜곡된 분배구조의 변혁과 시대적 과제

새로운 사회경제체제로 전환하자는 대안들

소득불평등을 심화시킨 신자유주의 경제체제와 국가정부의 배제의
정치에 반대한 대항운동이 체제변혁의 높은 차원으로 '연속적'으로 이
어지지 못했지만, 자본주의의 생산방식과 성장방식에 대해 근본적인
문제를 제기하였다. 일부 좌파나 진보진영에서 꾸준히 제기해 온 급진
적 주장들, 즉 왜곡된 분배구조를 '지양'sublation, aufheben하고 이렇게
축적된 '부'는 사회적으로 분배해야 한다는 변혁적 대안들을 수면 위
로 부상시키는 계기를 제공했다. 신자유주의적 '감세의 정치'를 탈피
하여 '정당한' 과세, 즉 공정한 '증세'와 '분배' 변혁의 의제를 사회에 던
졌다.

　증세와 분배 변혁의 의제가 왜 소득불평등을 해소하는 시대적 과제
이자 중요한 변혁과제의 하나인지는, 오늘날 권위주의 국가정부의 상
징적 경제제도인 감세의 정치가 누구를 위한 것인지, 모두를 위한 것
인지 아니면 소수 자본가와 부유층을 위한 것인지 질문이 필요하다.
그리고 그에 대한 대답이 이 의제의 중요성을 가늠해 준다. 우리나라

도 소득의 쏠림이나 자산의 쏠림이 심하다. 소득 상위 20%가 전체 소득의 50% 이상을 가지고, 자산 상위 20%가 전체 자산의 62% 이상을 가지고 있다. 그러나 자산보유세율은 자산액의 0.17%에 불과하다.

기업가 나라의 주인들은 '정당'하게 세금을 내고 있다고 늘 주장한다. 그러나 이 주장은 탈법·탈세하지 않았다는 상황적 맥락의 주장이다. 그들을 위한 감세의 정치가 법제도로 정한 '낮은' 세금을 그들이 내고 있다는 것이지, 그러한 과세제도가 정당한 것은 아니다. '합법'과 '정당함'은 다르다. 감세의 정치가 소득불평등을 확대하고 분배를 왜곡한다는 사실을 이런 주장으로 정당화할 수는 없다.

경제적 주권 회복과 변혁의 수단, 보편적 기본소득

그동안 기업자본은 저임금을 강제하며 분배를 왜곡했고, 국가정부는 복지를 늘리겠다는 약속만 매번 반복하면서도 재분배를 확대하지는 않았다. 매년 국가정부가 언명하는 정책발표 회수에 비춰본다면, 우리는 이미 복지국가에 살고 있어야 한다.

사회의 모든 구성원에게 분배하자는 '보편적 기본소득'universal basic income 제도가 소득불평등의 확대를 막자는 대안으로 제안되었다. 보수 또는 중도 진영은 기본소득제도가 기껏해야 몇몇 나라에서 실험하는 단계에 있고° 성공적이라고 평가된 사례가 아직 없으며, 성공할 가능성도 없다고 기본소득제도를 에둘러 평가절하한다. '기본소득'을 마치 '멤버십 마일리지'처럼 매도하거나 이런 대안을 '무조건' 좌파 포퓰

° 그러나 불과 몇 나라만 기본소득제도를 실험하고 있는 게 아니다. 그동안 기본소득제도를 지지하지 않았던 미국에서도 32개 주의 100여 군데가 넘는 지역에서 기본소득제도를 실

리즘이라고 매도하고 있다. 이것이 일종의 포퓰리즘이든 아니든, 확대되는 불평등과 후퇴하고 있는 민주주의의 현실을 애써 무시하려는 권위주의적 사고로 일관하고 있다.

정치집단이 이것을 반대하는 배경에는 '재정'부족과 감세의 정치가 자리 잡고 있다. 기본소득제도가 '부유층에 대한 증세' 정책을 호출하기 때문이다. 중도적 정치세력도 강화되고 있는 감세의 정치와 배제의 정치를 분명하게 반대하지도 않고, 딱히 마땅한 대안도 제시하지 않기는 마찬가지이다. 그들도 기득권 정치의 울타리 안에 안주한 채, 감세의 정치의 수혜자인 보수성향 유권자의 눈치를 보며 '국가재정 부족'과 포퓰리즘이라는 핑계로 에둘러 평가절하하고 있다.

소득불평등이 확대되는 이러한 현실에서, 이 대안은 자본이 사회적 자원인 공공재public goods까지 전유하며 불평등을 심화시키고 있다는 문제의식을 제기한다.

마치 자본의 전유물처럼 되어버린 사회 공공재에 세금을 부과하여, 자본과 국가가 빼앗아간 경제주권을 주권자인 시민대중이 정당하게 되찾아야 한다고 주장한다. 이론가들은 공유재에 정당하게 과세하여 공유재 재원co-owned wealth을 만들고, 이 재원으로 '미리'pre '모두에게' 보편적으로 지급하는 제도[30]가 왜곡된 분배구조를 바꾸는 유용한 개혁수단[31]이며 차별을 강요하는 자본주의와 권위주의적 제도에서 실질적으로 해방되는 중요한 수단이라고 주장한다.[32] 이런 맥락에서 기본

험하고 있다. Guy Standing, "Basic Income: Sufficient Evidence, Now the Politics." 「기본소득: 충분한 증거가 있다. 이제는 정치다」, 안효상 옮김, 『기본소득』 여름호, 기본소득한국네트워크, 2023.

186 소득불평등과 예고된 대항의 시간

소득제도 운동이 자본주의 체제에 대한 일종의 '저항적 전략'이며 '이중적 운동'이라고 규정한다. 보편적 기본소득제도가 소득불평등과 기회불평등이 세습되는 우리 사회에 이런 의미와 가치를 제공한다. 이론가들이 규정한 개념은 기본소득제도를 국가채무를 증가시키는 '좌파적 포퓰리즘'이라는 프레임을 씌워 평가절하하거나• 기본소득을 공적 이전, 재분배의 연장선에 있는 '하나의' 대안이나 잔여적residual 복지정책쯤으로 인식하는 우리 사회의 통념과 다르며, 선별적 '복지'가 더 적절한 수단이라는 주장과도 추구하는 이념적 차원에서 목적이 매우 다르다.

경기도 청년기본소득(2019년 4월 시행), 해남 농민기본소득(2018년 12월 시행), 전라남도 학생기본소득(2023년 3월 시행)이 '기본'소득이라는 이름으로 시행되고 있다. 사실 이런 기본소득 정책은 기본소득제도의 핵심적인 가치와는 거리가 멀다. 왜곡된 재분배구조를 바꾸거나 최소한의 기본을 보장하자는 취지가 제대로 담겨 있지는 않다. 그러나 지방정부의 기본소득 정책이 기본소득제도가 표방하는 본래의 취지와는 다르지만, 지방자치의 확대와 지역경제에 효과를 미친다는 사실은 분명하다. 공동화hollowing out되는 지역경제를 되살리는 수단[33]으로 '사회적 경제'와 대안적 경제 운동을 활성화하려는 관점에서 기본소득을 '종자돈'으로 삼아 협동조합 형태의 공동협업을 창업했다는 '실험적 가능

• 우리 사회에서는 기본소득제도가 국가재정을 파탄시키는 '포퓰리즘'이라고 덧씌워졌고 사회적 논의는 차단되었다. 소득불평등에 대응하는 한 방식으로 제기된 '사전분배'와 '보편적 기본소득'은 우리의 '기계적 사고'를 바꾸는 유효한 전략적 수단이 될 만한 여지는 충분하지만, 지난 대통령선거에서도 확대된 소득불평등에 대한 대응이나 복지확대에 대한 논의도 실종된 채 보편주의적 정책만 난무했다.

성' 사례[•]를 검토하고 분석할 가치도 충분하다.

 그러나 우경화·보수화된 대의제 민주주의 정치는 '보편적' 기본소득을 지급할 수 있는 재원을 어떻게 마련할 것인가 방법적인 고민도 기본소득론자에게 온전히 떠넘긴 채 방관하고 있다. 이러한 정치와 사회경제제도가 급진적 민주주의를 호출하고 있다.

 이론가들은 공유재 재원을 발굴하고 정당하게 과세하는 것 이외에도, 사회보험비를 더 내거나 세금을 올리는 방안, 중앙정부 재원과 연금·기금을 활용하는 방안도 제안하고 있다.[34] 이런 대안은 '정당한' 과세가 선행되어야 한다는 전제 아래 사회적 합의와 연합세력 구축을 필요로 한다.[35]

 여기에는 사회보험비용을 낸 만큼 반드시 돌려받을 수 있다고 확신할 수 있는 국가-사회-개인 간 신뢰가 요구된다. 그러나 오늘날 대다수 국가정부의 정책은 부유층을 제외한 다른 계층으로부터는 신뢰를 받지 못하고 있다. 국가정부가 왜곡된 재정·통화 정책으로 가치를 하락시키거나 연기금제도를 바꾸기 때문에, 부유층을 제외한 다른 계층은 기대했던 장래의 편익이 손실된 경험이 있고 이런 경험이 정책에 대한 불신요인으로 작용한다. 어쨌든 회의적인 여러 제약요인을 탐색하여 기본소득제도에 대한 사회적 합의를 끌어내는 전략은 재분배 변혁운동의 중요한 과제이다.[36]

• 스페인 바르셀로나에서는 2018년 9월부터 1년간 'real economy currency'(지역화폐)로 기본소득을 지급하였다. 수사나 마르틴 벨몬테Susana Martin Belmonte(스페인 REC 수석경제학자)는 이런 사례를 발견했다고 보고했다.

노동을 배제하고 생산된 부를 사회적 '부'로 재분배

'승자독식'의 사회경제구조를 벗어나서 변혁적 재분배를 시행해야 한다고 제기된 여러 주장은, 특히 자본이 노동을 배제하고 실업과 빈곤을 확대하는 기술혁신 시대의 생산방식에 대해 이의를 제기하는 데서 출발한다.

이론가들은 한결같이 실업과 빈곤의 토대 위에서 생산된 '부'는 사회적으로 아무런 가치가 없다고 강조하고 있다. 이런 '가치 없는 부'에 세금을 부과해서 '사회적 임금'이나 '보장소득'demo grant이라는 이름으로 사회에 재분배하자는 급진적인 주장도 제기되었다. 가치 없는 부를 '새로운' 가치로 탈바꿈시키는 제도적 전환을 주장한다.[37]

또 여러 형태로 시행되고 있는 공적 사회보장보험제도를 '공유' 재배당이라는 개념으로 바꿔서 '사전에 재분배'하자는 대안도 제시됐다.[38] 이 대안 역시 증세를 전제로 하며 새로운 '세원'tax source 발굴의 필요성을 주장한다. 공유사회자원을 공동 '유산'heritagization으로 만들어[39] 거기에 공유자원세라는 개념으로 새로운 세금을 부과하자는 것이다.[40] 이와 더불어 소수 부유층에 '부'의 편중과 부동산투기도 막을 수 있는 '부유세'net wealth tax 제도를 도입하자는 방안도 제시됐다.[41] 프랑스가 2013~15년에 이 제도를 시행하였고, 2018년에 이것을 '부동산부유세'로 바꾸었다.

경제공동체운동, 조건부참여소득

'해방적 사회이론'은 사회변혁을 향한 '경제공동체' 실천운동과 '과잉공급'을 벗어나서 필요한 수요만큼만 공급하는 '수요주의적' 경제체제로 전환하자는 '대안적 시장경제'를 제시하고 있다. 이 운동도 보편적 기본소득을 지지하지만, P2P peer to peer를 확대한 '협동과 연대의 대안적 시장경제' 운동으로 사회변혁의 가치를 끌어내고 '경제민주화'의 정체성을 회복하자는 실천운동을 제안하고 있다.[42]

이 운동은 협업이나 연대하는 방식으로 일자리를 만들고,* '조건부 conditional 참여소득'을 지급하는 방법을 제시한다.[43] 자동화된 기술에 의존하여 노동을 배제하며 생산된 '부'를 '조건부 참여소득'으로 지급할 재원으로 만들어 재분배를 실현하는 동시에 혁신의 가치를 창출하는 '기업민주화'를 견인할 수 있다는 주장이다. 이것이 기술혁신 시대에 기술과 사회가 공진화 co-evolution하는 시대적 공존방식이라고 주장한다. 조건부 참여소득론을 반대하는 이론가들은 참여소득을 지급하는 재분배방식이 '무임승차'free riding 효과를 부풀릴 수 있다고 우려한다. 그러나 실천운동가들은 조건부 참여소득으로 부정적인 무임승차 효과가 나타날 가능성이 없다고 주장하고 있다.

주장의 함의, 탈감세의 정치와 주권회복

급진적인 여러 대안이 제시되었다고 해서, 이것을 포퓰리즘의 '유행' 이라고 해석할 수는 없다. 이 대안들은 '디테일'하게 정형화된 제도·정책 제안이 아니다. '보편적 기본소득'이라고 소개되든지 '참여를 전제

• 라이트 Erik Olin Wright나 앳킨슨 Anthony Atkinson이 말하는 '참여'란, 노동시장에서 노동 대가를 받는 '단순한' 노동을 벗어난 개념이다. 교육이나 직업훈련 또는 여러 형태의 돌봄(아동이나 노인·장애인 돌봄 등)이나, 위임된 자발적 과업 undertaking approved forms of voluntary work을 포함한다. 즉 대가를 받는 작업과 사회적 기여를 포괄한 개념이다.

한 소득'으로 소개되든지, 큰 틀에서 재분배의 '기본' 방식을 주장한다. 그러므로 우리는 제시된 대안들이 서로 같은 문제의식과 목적으로, 비슷한 방식의 분배변혁을 주장하고 있다는 점을 주목해야 한다.

'감세의 정치'를 벗어나야 한다

이 대안들의 바탕에는 '감세의 정치'와 '배제의 정치'가 소득불평등의 확대와 '비민주적 자본주의'를 초래했다는 비판이 깔려 있다. 국가재정의 부족은 모두 알다시피 감세의 정치에서 기인한다. 이것이 기업가의 나라를 지향하는 권위주의의 특징적 경제제도이며, 긴축과 세금부담을 하위계층에게 전가하는 배제의 정치를 배태한다. 여러 대안이 공통되게 감세의 정치를 벗어나, '정당한' 과세제도로 전환하여 증세하자고 주장하는 이유이다.

우리나라에서 이명박·박근혜 정부로 이어진 보수세력에 의해 감세의 정치는 더 확대되었다. 감세의 효과가 투자나 고용으로 나타나지 않자 그들 정부가 나중에는 소득세나 소비세를 올린 적도(대표적으로 담배세 인상) 있지만, 윤석열정부에 들어서는 감세의 정치가 그때보다 극대화되는 양상을 보인다. 정당한 과세의 정책과제는 회피하며 국민의 복지를 확충하겠다고 강조하고 있다. 그러나 정당한 과세, 증세 없이 복지를 확충하겠다는 정책은 한낱 말장난에 지나지 않는다. 기업·자본에 정당하게 과세하는 것이 기업가 나라의 정치영역에서는 매우 민감한 사안일지 모르겠지만, 소득불평등이 확대된 사회에서 이보다 더 중요한 의제는 없다. 그러나 국가정부는 소득불평등의 해소라는 시대적 과제를 거부하고 신자유주의 경제제도의 연장선에서 감세의 정치와 배제의 정치를 확대하고 있다.*

　이런 맥락에서 감세의 정치를 벗어나 공유자산에 대한 과세를 확장하고, 사회적 가치를 생산하지 못하는 '부'를 사회에 환원하자는 공통된 주장이 분배변혁 의제설정의 매우 중요한 이유를 구성한다. 이것이 신자유주의적 경제제도를 청산하는 변혁의 시작이기 때문이다.

'분배 없는 부'의 문제와 공유자산에 대한 주권 '회복'

대안들은, 소수 기업과 자본이 공유자산을 사적으로 '전유'하는 행위와 더불어 이런 행위에 대해 세금을 부과하지 않았던 '감세의 정치'를 비판하는 데서 출발한다. 그러나 이 비판이 증세라는 수단으로 부유층을 '징벌'하자고 주장하는 것은 아니다. '정당한' 과세와 민주적 경제제도로 전환하자고 주장하는 것이다. 그것이 빼앗긴 경제 '주권'을 되찾는 정당한 '복원'을 의미하기 때문이다.

　대안들의 공통된 주장은 '기본'과 '보편'이라는 가치를 가진 개념으로 형성되어 있다. 소득불평등의 원인과 결과를 제거하는 수단과 제

문재인정부는 금융소득이나 주식양도소득에 세금을 부과하여 재원을 확충하겠다는 계획을 보류했다. 금융소득 종합과세 기준을 2천만 원에서 5천만 원으로, 금융자산 양도세 종목당 보유액 기준을 3억 원에서 10억 원으로 상향조정해서 과세하기로 한 것이다. 2020년 한 해에 주식양도 차익은 총 7조 3천억 원이며, 상장주식양도세를 신고한 종목당 10억 원 이상의 주식을 보유한, 전체 투자자의 0.07%에 불과한 6천여 명이 낸 양도차익세금은 1조 5500억 원이다(고용진 의원실 자료 2022. 10. 5). 1인당 12억~13억 원 정도의 이익을 남겼고, 평균 2억 5천만 원 정도의 세금을 냈다. 그런데 상향조정을 하여 오히려 불로소득 세금을 내야 하는 주식투자자는 줄어들었다. 윤석열정부는 아예 세금을 내지 않는 범위를 늘려 종목당 '100억 원 이상 보유자에게만' 양도소득세를 부과하겠다는 개편안을 내놓았다. 최근에 시행령을 고쳐 2024년부터는 종목별 '50억 원' 이상 보유자에게만 과세하기로 국무회의에서 결정하였다(기획재정부 보도자료 2023. 12. 21). 또 유예하기로 한 금융투자 소득세도 '아예 폐지'하겠다고 밝혔다(증권파생상품시장 개장식 대통령 축사 2024. 1. 2). 그러나 미국은 보유기간이 1년 미만이어도 종합소득으로 주식양도소득의 약 40%를 세금으로 부과하며, 프랑스도 종합과세로 최고 60%까지 부과하고 있다.

도·정책도 '기본'과 '보편'이라는 가치에서 시작해야 한다는 원칙을 공유한다. 대안들과 각 대안이 제시하는 방법들이 서로 비슷한 이유도 이런 공통된 가치와 원칙에 기반을 두고 있다. 기술의 자본주의적 '쓰임'에 대한 이의제기도 '기본'과 '보편'이라는 내재적 정의의 맥락에서 제기하는 주장이다. 기술이나 자동화 자체를 거부하는 주장이 아니라, 노동을 배제하며 소득을 분배하지 않고 불평등을 재생산하는 승자독식의 사회경제 구조적 모순을 단절시켜야 한다는 민주주의적 관점에서 기본 원칙과 보편적 가치를 제기한 것이다.

그러므로 이렇게 생산된 가치 없는 '부'는 사회에 분배로 환원되어야 하며, '공유자원세'와 '누진적' 증세로 사회적 분배를 변혁하자는 주장으로 이어진다. 이것이 사회경제 구조의 모순을 재생산하는 제도·정책을 벗어나, 민주주의 가치에 부합하고 민주주의를 회복하는 길이라는 공통된 주장이다.

권위주의적 국가통제를 벗어나는 사전분배

대안들의 주장에서 '기본'에 대해 공통된 또 하나의 원칙은, 주권자가 위임한 국가권력에 의해 주권자가 일방적으로 '통제당하는' 사회를 벗어나 민주사회로 전환해야 한다는 주장이다. 권위주의적 '사후'지급이 아니라, 보편적으로 '사전'에 지급하자는 주장이 그것이다. IMF 경제학자들이 주장한 '사전'지급은 성장정책으로 발생하는 소득불평등을 '예방적 차원'에서 고려해야 한다는 주장이지만, 변혁적 대안들이 주장하는 '보편적 사전지급'은 권위주의 통치로부터의 '해방'을 의미한다. '사후'지급과 '선별적' 지급방식은 권위주의 국가가 주권자를 '통치'

하는, 순종하게 길들이는 일반화된 수단이다. 사후지급 방식에는 대부분 노동소득 활동을 '해야 한다'는 단서조항이 붙어 있다. 사후지급 방식은 저임금체계에서 노동자들이 저임금을 감수하면서 노동하도록, 국가정부가 강제하는 제도적 수단이기도 하다.

우리나라에서 보편적이며 사전지급 방식은 전국민에게 코로나 '재난지원금'을 지급하는 데서 시도되었다. 보편적으로 지급할 것인지 또 사전에 지급할 것인지 문제를 두고, 당시 재정부처는 보편적 사전지급을 주장하는 여당과도 심각하게 대립각을 세웠다. 당시 특히 재정부처는 물가가 오르거나 예산안 제출을 전후해서는 늘 '통 큰' 지원과 '두터운' 복지정책을 하겠다고 하면서도 정작 이때는 국가채무와 재정관리 문제를 내세우며 보편적 사전지급을 반대했다. 대신 '사후'에 세금을 감면해 주는 대안을 제시했다. 이런 사후지급 방식은 지급을 일단 미뤘다가, 그때 가서 정책이나 조세제도가 바뀌면서 흔적도 없이 사라지는 가장 흔한 속임수이기도 하다. 국가의 행정명령으로 영업을 제한·금지하고도 이로 인한 손실을 보상하지 않는 사례를 보더라도, 사후지급 약속을 주권자들이 신뢰하지 않는다.

그러나 재정부처의 반대에도 불구하고 전주시를 시작으로 경남, 서울, 경기 등 광역지방의회가 보편적 사전지급 방식으로 재난지원금을 지급한다고 의결했다. 지방정부가 선별적이며 사후적인 지급을 원칙으로 고수하던 관료주의적 재정관리의 틀을 깨면서, 처음으로 보편적 사전지급의 물꼬를 텄다. 비록 코로나 감염증 재난지원금의 성격이었지만, 재정관리론과 '선별적' 또는 '사후' 지급이라는 두꺼운 관행의 벽을 깼다는 의미는 크다.

주장의 또 다른 함의, 신자유주의 청산이 시대적 과제

대안들이 주권자의 권리를 회복하고 감세의 정치와 권위주의적 경제제도를 벗어나 '정당한' 과세와 분배의 변혁을 주장하는 배경에는, 신자유주의적 경제제도가 청산되지 않았다는 사실이 전제되어 있다. 글로벌 금융위기와 전세계적 반대운동을 거치면서, 신자유주의가 역사의 무대에서 퇴장할 것이라고 예상했다. 그러나 '죽은' 신자유주의가 아직도 '살아 있다'고 보는 비판적인 견해가 많다. '왕'은 죽었지만 새로운 '왕'이 오지 않았다는 비유로 이런 견해가 설명된다. 소득불평등의 관점에서는 이런 주장의 근거를 크게 세 가지 측면으로 압축할 수 있다.

기술혁신 시대에 기업자본이 권력을 독식하고 소득하향을 강제하는 전략이 정교해졌다는 것이다. 더 많은 이윤축적이 목적이라는 큰 전제 아래, 혁신된 기술을 매개로 고용을 배제하고 노동시장을 분절시켜서 저임금구조를 고착시키는 시대, 시장을 탈취하고 지대경제를 공고화하는 시대, 저임금구조를 받아들이라고 강요하는 시대, 하위계층과 노동자들에게 부채의 노예가 되라고 노골적으로 강제하는 시대로 이행하고 있기 때문이다. 이것은 자본의 '힘'과 '정치력'이 더 커진 시대라는 의미이다.[*]

두번째로, 국가정부가 고용유연화 정책 등으로 기업가 나라에 규제

---

[*] 자본의 정치력이 '포스트자유주의 질서'postliberal order 체제에서 더 강화되는 추세를 보이는데, 이것이 '신자유주의가 죽지 않는 경향과 속성'이다(Colin Crouch, *The Strange Non-Death of Neoliberalism*, Polity Press, 2011 참조).

해제 정책을 공급하며 법인세와 자본이득세 또는 보유세를 경쟁적으로 낮추고 있다는 데서, 신자유주의가 이어지고 있다는 주장의 근거를 찾는다. 국가 정책체계가 기업가 나라에 이윤독식을 보장해 주는 권위주의적 경제 제도·정책의 집합으로 구성되는 경향이 두드러지기 때문이다.[44]

세번째로, 자산경제 사회가 고착되는 경향을 들고 있다. 부동산과 주식 시장의 과열현상이 그것을 말한다. 이것은 심각한 거품위험과 금융위기를 '주기적'으로 불러일으키며, 사회경제적 모순을 재생산하는 신자유주의적 부채주도 성장의 특징이다. 이런 정황적 증거가 신자유주의가 연장되고 있다는 주장을 뒷받침한다는 것이다.

한편 이 주장은 포용성장론이나 이해관계자 자본주의처럼 자본이 주도하는 '선제적' 재편으로는 결코 불평등한 사회와 양극화된 사회가 바뀌지 않는다는 사실을 말하고 있다. 소득분배의 정의가 회복되고 그것을 담아낼 '새로운 질서'가 사회에 흐르는, 우리가 바라는 세상은 저절로 오지 않는다는 사실을 강조한다. 이런 맥락에서 이 주장은 신자유주의적 경제제도의 청산을 불평등한 오늘날 우리의 '시대적 과제'로 규정해야 한다는 함의를 우리에게 제공한다. 불평등한 세상에서 불평등을 늘 마주하고 살아가는 노동자·하위계층이 사회변혁을 주도해야 우리가 바라는 평등한 세상을 복원할 수 있다고 역설하고 있다.

시대적 과제와 문재인정부의 정책후퇴

문재인정부에 부과된 시대적 과제

시민대중이 직접 시대적 과제를 부과하지 않았던 국가정부가 소득불평등과 왜곡된 분배구조의 문제에 적극적으로 대응하리라고 상상할 수 없다. 그런 국가정부들이 내세우는 정책목표와 민주적 자본주의라면 기본적으로 비민주적인 경제 제도·정책이라고 어느 정도는 단정해도 무방할 것이다. 또 앞으로도 그럴 것이라고 단정해도 큰 이견은 없을 것이다. 그러므로 시민대중이 국가정부에 직접 부과한 '시대적 과제'가 소득불평등과 성장정책의 관계를 따지는 비평의 기준이 되는 것이다.*

촛불민주주의가 문재인정부에 부여한 시대적 과제는 '사람 중심의 성장' '소득주도 성장'이라는 문재인정부 정책기조의 '특수한 배경'을 형성한다. 신자유주의적 경제체제가 강요한 왜곡된 분배구조를 청산

---

* 예를 들어 평론가들이 '신자유주의로 회귀'했다고 단언하고 우리 사회에서 '저항의 시대'가 시작되었다고 말하기도 하는 윤석열정부의 정책을 대상으로 시대적 과제를 진단해 볼 가치는 없다. '지적 낭비'일 뿐이다.

하라는 개혁과제, 소득과 자산 불평등이 확대된 사회를 개혁하라는 과제, 빈곤과 불평등이 세습되지 않는 사회로 전환하라는 과제이다.

문재인정부는 임기 초기에 노동조합을 결속시키고 시장에서 노동자의 권익이 보장되도록 규제를 강화하여, 낙수효과의 반대인 '분수효과'가 나타나게 한다는 소득주도 성장의 기조와 그 경로를 제시했다.[45] 임금주도 성장론wage led growth에 저임금노동의 잔류지로 인식해 온 영세자영업자를 포함하여 한국식으로 변형시킨 버전이다.* 자영업자의 소득을 포함하여 노동소득 분배율이 높아지면 내수경제가 성장(유효수요의 확보)할 수 있다는 것이다. 임금주도 성장론에 대해서는 보수진영의 비판이 그다지 많지 않았지만, 문재인정부 초기에 이것을 변형시킨 소득주도 성장 정책기조에 대해서는 비판의 날을 세웠다.[46]

노동자·자영업자와 이들의 가족인 시민대중이 소득주도 성장의 정책기조에 가지는 기대는 높았다. 그러나 임기 초기의 정책기조에 대한 이러한 기대와는 달리, 문재인정부는 시민대중이 규정한 이 '시대적 과제'를 '제대로' 수행하지 않았다. 촛불민주주의가 국회에서 다수 의석을 확보하도록 문재인정부와 여당에 힘을 실어주었는데도 불구하고, 문재인정부가 정책기조를 바꾸고 시대적 과제를 이탈한 배경과 이유가 무엇인가?

문재인정부와 문재인정부의 민주화운동그룹이 스스로 '진보세력'

---

* '임금주도 성장론'은 포스트케인스학파와 ILO가 제시한 성장론이다. 이 이론은 자본집약도가 높아지면 노동생산성도 그만큼 오른다는 것을 전제한다. 이런 전제 아래서 임금을 올려서 소득 격차를 줄이고, 여기에 병행하여 국가재정 지출을 늘려서 유효수요를 확보하는 성장방식이다. Marc Lavoie, Engelbert Stockhammer, *Wage Led Growth: An Equitable Strategy for Economic Recovery*, Palgrave Macmillan, 2013.

이라는 정체성의 프레임 안에 갇혀서[47] '정치개혁'에 경도되어 시민대중에게 '절대적'으로 지지해 달라고 요구만 했다는 비판이 있다. 이 비판은 신자유주의 시기부터 어정쩡한 태도로 보수화된 '중도' 정치세력의 이념적 좌표이동과 대의제 민주주의의 한계에 대한 비판과 연결되어 있다.

또 다른 비판은 '준비성 부족'을 들고 있다. 소득주도 성장 정책기조에 우호적인 이론진영 내부에서도 정책 로드맵을 치밀하게 보완해야 한다는 의견이 초기에 여러 차례 제기되었다. 개방경제체제에서는 소득주도 성장 정책의 효과가 단기간에 곧바로 나타나지 않을 가능성이 크고, 어느 시점까지는 오히려 효과가 떨어지는 현상도 나타날 수 있다는 점을 충분히 고려해야 한다는 의견들이다. 이런 점을 고려해서 '장기적인' 정책전략을 세워야 한다는 의견들이 나왔지만, 대통령 단임제라는 '시간적' 제약 속에서 '치밀하게 준비하지 않은 채' 소득주도 성장 정책을 '밀어붙였기' 때문에, 저항에 밀려 후퇴했다고 평가하는 관점이다.

관료의존도가 높아진 대통령 단임제 아래서, 문재인정부가 보수적 성향의 엘리트 관료집단에 가로막혀 경제개혁 과제는 뒤로한 채, 불평등을 심화시키는 구조적인 문제를 해결하려고 정면 돌파하지 않았다는 비판과 맞닿아 있다. 물론 사법개혁에 지나치게 치중했거나, 적합한 인물을 활용하지 못했다는 평가도 많다. 그러나 소득불평등과 무관한 평가는 이 글의 주제 '밖'의 영역이므로 여기서 언급할 사안이 아니다. 불평등한 분배구조를 '개혁'하겠다는 소득주도 성장 정책기조에서 후퇴한 '진짜' 이유와 배경은 전문가들의 깊이 있는 분석과 평가에 의

존해야 하고, 그 비판에 대한 답변은 문재인정부 핵심 관계자들의 '자기고백'적 해명을 기대할 수밖에 없다.

국가정부와 소득불평등의 관계를 비판하려는 이 글에서는, 시민대중이 부과한 시대적 과제를 이탈한 문재인정부의 한계와 또 이탈하게 된 이유를 두 가지 관점에서 짚어보고자 한다. 하나는 문재인정부의 '의지부족'이라는 관점이다. 이것은 감세의 정치와 배제의 정치로 표상되는 권위주의 경제 제도·정책을 문재인정부가 연장시켰다는 비판으로 나아간다. 이 비판은 또 문재인정부의 정체성과 대의제 민주주의의 한계와 비민주적 자본주의의 관계와 맞닿는다.

이것과 더불어 소득불평등의 수준이 국가정부가 해결할 수 없을 정도로 심각한 수준에 이르렀다는 것이 두번째 관점이다. 이 두 개의 관점은 시민대중이 문재인정부에 부과한 시대적 과제가 다시 '우리'의 시대적 과제로 환원되었고, 이것이 우리의 주체적 권리회복과 민주주의 회복의 대항적 행동주의를 호출한다는 것을 의미한다.

이 글에서는 첫번째 관점인 문재인정부가 시대적 과제를 이탈했다고 규정할 수 있는 근거로, 정책기조의 순위바꿈과 그것의 의미, 감세의 정치와 배제의 정치가 연장된 정황을 중심으로 짚어볼 것이다. 국가정부가 소득불평등의 문제를 해결하지 못할 정도로 심각하다는 두번째 관점은 제3부에서 살펴보겠다.

시대적 과제 이탈에 대한 비판 대두

문재인정부는 임기 초반에 최저임금을 인상했다. 이것이 서비스업종의 영세한 자영업자들에게 심각한 타격을 준 것은 사실이다. 단기적으로는 고용이 줄어드는 한 가지 요인이 되었고 소득분배의 효과도 낮아졌다. 비난이 거세졌다. 이 시점이 문재인정부가 소득주도 성장과 최저임금 인상의 개혁기조를 이탈한 변곡점이었다고 평론가들은 판단한다.

정책기조 후퇴에 대한 비판

물론 문재인정부의 정책기조가 변경되고 정책목표가 축소된 데는 양적 성장주의와 자유시장주의자인 경제관료의 입김도 당연히 개입되었다고 분석하는 시각도 많다. 임금은 한번 오르면 내려가기 어렵다는 '임금하방 경직성'downward rigidity을 이유로 들어서 임금인상이 실업을 확대한다고 주장하는 경제관료의 성향도 작용했다는 것이다. 이런 여론에 밀려서, 문재인정부가 개혁기조에서 후퇴했다고 비판하는 견해가 많다. 약속한 대로 이행하리라고 기대했던 '주당52시간노동'제도를 문재인정부는 '전면적'으로 확대하지 않았다.* 국제노동기구ILO 핵심협약 비준을 보류한 것도 '의지부족'과 정체성의 부재라는 맥락에서 비판되었다.** 문재인정부가 소득주도 성장의 간판을 내리자, 개혁기

---

* 문재인정부는 2020년 1월부터 시행하기로 했던 법정 노동시간 '주당52시간제'를 300인 이하 사업장에는 1년~1년 6개월의 유예기간을 두었다. 50~299인 사업장은 2021년 1월부터 시행하고, 5~49인 사업장은 2021년 7월부터 시행하기로 유예했다. 유예기간을 둔 것에 대해 노동자들이 반발했다. 또 예외를 허용하는 규정, 특별하게 연장노동이 필요한 경우에 고용노동부의 인가를 받고 노동자의 동의를 받아 연장한다는 규정 등은 노동조합의 힘이 약한 중소기업에서는 실효성이 없다고 비판했다.

** 문재인정부는 ILO의 협약비준을 미뤘다. 산별노조체제인 EU와 달리, 기업 단위로 조직된 우리나라의 노조체계가 차이가 있어서 협약비준을 준비하기 어려웠다는 이유를 들었다. 그러나 그

조에서 '원칙 없이' 후퇴한다는 비판이 본격적으로 대두되었다.

이에 대해 문재인정부는 '소득주도 성장'을 '포용성장'으로 대체했다고 밝혔다. 그러나 시민대중과 비판적 우호세력은 이것을 개혁'후퇴'라고 규정했다. '정의로운 혁신' '공정하고 정의로운 노동으로 전환'하겠다는 '상징적 정체성'만 강조할 뿐이지, 저임금·저소득을 벗어나는 소득주도 성장을 추진하고 재벌체제를 개혁하여 공정한 경제체제를 만들고 금융을 혁신하겠다던 사회경제 개혁을 포기한 것이라고 정체성을 비판하기 시작했다.[48]

문재인정부에서 공직자가 된 어떤 인사는 과거에 한 기고문에서 "시장불평등 확대는 방치하며 세금이나 정부지원으로 그것을 줄이겠다는 것은 소 잃고 외양간 고치는 격… 비정규직 문제나 중소기업 위축에 따른 중간층 일자리를 어떻게 되살릴지 답을 찾지 못하면 소득불평등 문제를 해결하기 어려울 것"이라고 주장한 적이 있다.[49] 또 문재인정부에서 정책 싱크탱크 역할을 한 학자그룹 154명의 연구실적을 살펴보면, 임기 초기에는 '임금'문제라는 키워드가 131회나 나왔는데, 임기 후반인 2020년에 들어서는 그 키워드가 13회만 나타난 것으로

런 이유보다, 실질적인 고용자로서 원청 대기업의 책임이 커진다는 이슈가 있었고, 특수 형태 노동자가 늘어나면서 이들의 단결권과 교섭권을 인정해야 하는 이슈와, 또 이들의 노동 대기시간에 대하여 초과급여를 지급해야 하는 것을 반대하는 기업자본의 이의가 개입하였고, 문재인정부가 이런 눈치를 본 것으로 보인다. 이런 맥락에서 노동운동가들은 문재인정부가 임금주도, 임금 인상보다는 하향시키는 정책으로 선회했다고 평가하고 있다. 가입한 지 30년 만인 2021년 2월에, 이런 우여곡절 끝에 8개 핵심 협약 가운데 7개 협약에 비준한 것이다. 핵심 협약인, 강제 또는 의무 노동에 관한 협약과 단결권 및 교섭권 원칙의 적용, 자유로운 노사단체 설립과 가입 활동을 보장하는 보호협약에 관한 협약이다. 그러나 이 또한 EU와 FTA를 맺는 데 ILO 핵심 협약을 비준하지 않아서 걸림돌이 되었기 때문에, 더 미루지 못하고 협약을 비준했다는 비판적 해석이 있다.

분석되었다.[50]

　노동·최저임금·분배 등과 같은 키워드의 노출빈도가 줄어들었다고 분석한 데이터가, 그들의 학문적 연구와 우연히 일치했는지는 알 수 없다. 또 이것이 문재인정부가 개혁에서 후퇴했다고 판단할 만한 결정적인 증거가 되지는 못한다. 그러나 소득불평등의 문제가 문재인정부의 정치와 정책 공간에서 사라졌다는 결과와 일치하는 것을 단순한 우연이라고 볼 수만도 없다. 기고내용이나 키워드 노출빈도의 변동에 비추어볼 때 문재인정부에서도 이 정도로 별로 중요하지 않게 취급했다면, 왜곡된 분배구조나 불평등 해소의 과제를 우리 역대정부가 어떻게 취급했는지를 대략 유추해 볼 수 있다.

　게다가 문재인정부는 코로나 확산시기에 '불평등 타파'와 비정규직 철폐를 외치며 집회를 주도했다고 2021년 9월 민주노총 위원장은 구속하면서, 이와 반대로 가석방 심사기준까지 바꿔 박근혜 국정농단 사건과 관련하여 뇌물공여죄로 복역중이던 삼성그룹 이재용 부회장을 풀어주며 경영에 복귀하는 길을 터주었다. 당시 삼성물산과 제일모직의 부당한 합병과 회계조작에 대한 재판이 진행되고 있었다. 반노동 친기업자본 위주의 기조로 후퇴했다는 비판이 들끓어올랐고, 이 뒤에 문재인정부에 우호적이었던 주권자들의 지지철회는 가팔라졌다.

개혁후퇴의 비판 기준은 성과가 아니다

산업화시기부터 지금까지, 역대정부가 추진해 온 불평등한 '비민주적' 자본주의는 성장의 제물이 된 노동자와 하위계층에게 '소득불평등'과 '저임금·저소득'이라는 '깡통'훈장과 '산업일꾼'이라는 허울 좋은 작위만 부여했을 뿐이다. 이런 맥락에서 촛불민주주의가 문재인정부에 부과한 시대적 과제에는 두 가지 '명령'이 담겨 있다. 소득주도 성장 정책기조를 통해서 '분배정의'로 전환하는 개혁의 '주춧돌'을 놓으라는 명령이다. 또 하나는, 촛불민주주의가 넓혀놓은 직접민주주의의 지평을 더 확대하라는 명령이다. 이 명령이 문재인정부에 대한 지지철회의 기준이라고 해석할 수 있다.

소득주도 성장이 소득불평등을 완화하는 정책성과를 낼 수 있는 정책인지, 정책의 디테일이 비판과 지지철회의 핵심적인 기준이 되지는 않는다. 핵심적인 기준은 소득주도 성장 정책기조의 '후퇴'에 있다고 이해해야 한다. '주52시간제'를 '전면적'으로 도입하겠다는 약속의 후퇴, 최저임금 인상 약속의 '후퇴', 비정규직 보호와 정규직 전환확대의 '중단'이 핵심적 판단의 기준으로 작용한 것이다.[•] 이것이 개혁의지 부족이며, 신자유주의적 제도·정책을 바꾸라는 시대적 과제를 벗어났다고 비판한 기준이라는 것이다. 촛불민주주의가 '성급하게' 개혁의 '성과'를 내라고 문재인정부에 명령했다고 볼 만한 근거는 없다. 성과를 성급하게 요구하고 그 결과로 문재인정부를 평가했다면, 비판이 대두

• 공공기관과 공기업 비정규직(공공부문의 비정규직)을 정규직으로 전환하는 것이 문재인정부의 첫번째 개혁정책이었다. 공공부문의 비정규직을 정규직으로 전환하였지만, 무기계약직이 정규직으로 분류되기 때문에 공공기관 무기계약직과 공기업의 자회사에 정규직으로 전환된 이들의 처우는 '나아진 게 없다'고 평가된다. 정규직으로 전환될 때 이들의 급여가 시중노임단가의 '낙찰률'(대개 80% 수준)을 적용하는 임금체계로 설계되었기 때문에, 공공부문 비정규직에서 전환된 정규직의 실제 임금은 사실상 최저임금과 차이가 없었다. 기획재정부의 예산과 운용지침에 따라야 하기 때문에, 공공기관이나 공기업이 자체적으로 임금을 올릴 수 없었다. 정규직과 전환된 비정규직 간의 임금격차, 정규직과 무기계약직 간 임금격차는 발생할 수밖에 없었고, 국가인권위원회가 고용노동부와 기획재정부에 임금격차를 개선하라고 권고했지만, 기획재정부가 이를 이행하지 않았다. 공공부문 비정규직의 정규직 전환과 임금격차 해소에 대한 정책기조가 변질되었고, 일관성을 담보하지 못했다는 비판이 제기된다.

된 지 2년이 지난 21대 총선에서 '명분도 없는' 위성정당satellite party 논란에도 불구하고 많은 지지를 보내지는 않았을 것이다. 그러므로 시대적 과제를 끝까지 '수행'하라는 명령이라고 해석되어야 한다.

또 정책을 변경해야 할 불가항력의 사정이 있었다면, 문재인정부가 그런 의제를 '터놓고' 시민대중과 협의하며 개혁을 관철하기를 기대했지만 그렇지 않았다는 사실이 비판의 기준을 형성했다고 볼 수 있다. 소통은 주권자인 시민대중이 기대했던 민주주의를 체감하고 확인하는 접점이다. 문재인정부가 촛불민주주의 시민대중과 소통하지 않는다는 비판은 시민대중이 넓혀놓은 직접민주주의의 지평을 문재인정부가 오히려 축소했다는 비판이며, 실망과 배신감이 주권자가 등을 돌린 두번째 '동인'으로 작용했다고 보인다.

문재인정부의 이러한 '의지부족'과 정책후퇴가 지금 우리 사회의 퇴행적 노동정책과 권위주의적 '감세의 정치' '배제의 정치'를 우리 사회에서 더 연장하는 결정적 원인을 제공했다는 비판을 피할 수 없다.

모호한 포용성장과 혁신성장 전략

문재인정부가 포용성장으로 소득주도 성장을 확대한다고 했지만, 포용성장의 로드맵은 소득주도 성장의 로드맵에 비해서 '일목요연'하게 정의되지 않았던 것은 사실이다. 우호적인 이론가들도 포용성장이 하위계층의 소득을 어떤 경로로 높이고 소득불평등을 어떻게 완화할 수 있는지, 분명하지 않다는 지적을 계속 제기하였다.* 문재인정부가 포

---

* 문재인정부의 싱크탱크 역할을 한 연구자그룹에서도, 포용성장론은 포괄적인 개념에 비해 구체적이지 못하다고 의견이 많았다(포용적 성장과 복지에 대한 토론회자료 2017. 12. 18). 또 각 부

용성장으로 '대체'했다면, 포용성장의 핵심 권고의 핵심 내용처럼 노동의 조직화와 노조의 '힘'이 강화되도록 지원하고, 최저임금 인상과 '정당한' 증세와 복지를 늘리는 의미 있는 포용정책을 추진했어야 한다. 그러나 그렇지 않았다. 소득주도 성장을 포용성장으로 확장·대체했다는 변명을 인정할 수 없는 근거이다.

임기 초기의 소득주도 성장의 삼각체제에서 최저임금 인상과 영세 자영업자 소득확대와 공정경제가 빠진 성장전략에는 결국 '혁신성장'만 남게 되었다. 문재인정부는 OECD의 포용성장론을 준거하여, 혁신성장을 "우리 경제사회의 구조적 체질을 근본적으로 바꾸고 '사람 중심 경제'를 실현하는 성장전략"이라고 밝혔다.• 디지털 데이터와 기술, 탄소저감 기술이 불평등사회를 '포용사회'로 전환하는 새로운 성장동력의 핵심이라는 것이다. 혁신성장이 '성장-고용-분배'의 원동력이라는 성장경로를 제시했다. '30년간의 미래 먹을거리'를 만들어내겠다면서[51] 효율적으로 목표를 이루기 위해서 기술개발을 지원하고 규제를 해제하겠다는, '친'기업자본 위주의 정책공급 전략으로 전환했다. 대기업자본 주도의 신기술에 의존한, 경로 의존적 '장기주의'long termism 성장경로를 표방했다. 이것이 이른바 문재인정부가 말하는 한국판 포용성장과 한국판 뉴딜의 실체가 아닐까 싶다.

처에 포용성장의 구체적인 로드맵을 작성하라고 지시했다고 알려졌으나, 통합된 로드맵은 그 뒤에도 제시되지 않았다. 일자리 창출과 하위계층의 소득을 끌어올리겠다는 의지가 있었다면, 나름대로 통합적인 성장경로를 제시했을 것이다. 모호한 '한국형' 포용성장론은 정치적 수사의 범주를 벗어나지 않았다.

• 문재인정부의 기획재정부는 "혁신이 모든 경제성장과 역동성을 뒷받침하며 지속 가능한 성장을 할 수 있는 원천이라고 평가하고 있다"는 OECD의 주장(Innovation Strategy 2015)을 빌려와서 '혁신성장'의 기조와 개념을 설명하고 있다(문재인정부의 혁신성장 포털에서 인용).

산업경제 전문가들은 사무직종이나 전문직종도 인공지능으로 대체되고, 제조업 위주로 일자리가 형성된 국가의 일자리가 더 빨리 사라질 것으로 전망하고 있다. 우리나라 일자리의 57%는 자동화나 로봇화 또는 디지털화된 기술에 의해 소멸할 가능성이 큰 '위험' 직종으로 구성되어 있다는 분석도 나와 있다. 이런 전망이나 연구분석은 모두 일자리 소멸 문제에 대해 국가정부의 개입을 주장한다.[52] 일자리 소멸이 임금격차와 소득불평등, 저임금 노동시장, 하위계층의 빈곤영속화를 매개하기 때문에, 국가정부가 직업 교육과 훈련을 제공하는 동시에 대항력을 강화할 수 있도록 노동조직을 뒷받침하라고 충고하고 있다.[53]

그러나 '기계적 기대'만 제시하는 장밋빛 장기주의적 성장전략은 하위계층의 소득과 왜곡된 '분배구조를 어떻게 혁신하겠다'는 구체적인 경로나 고용배제와 비정규직 증가에 대한 자세한 대응전략은 대개 생략한다. 문재인정부의 포용성장이 혁신성장 전략으로 대표되었다는 것은 정책목표와 수단의 도치inversion와 우선순위의 바뀜을 의미한다. 그러므로 감세의 정치와 배제의 정치, 국가와 시장을 '동형화'시키는 성장전략으로 정책기조를 전환했다는 사실로 이어진다. 그리고 윤석열정부가 본격적으로 기업감세와 재벌기업의 가업상속세 폐지에 열을 올리는 빌미를 부여한 꼴이 되었다. 이런 정책순위 바뀜과 성장전략과 이것이 저임금을 강요하고 소득불평등을 확대한다는 것은 두말할 나위가 없다.

감세와 배제의 정치 연장과 강요된 빈곤

감세의 정치를 연장하는 혁신성장

성장의 경제학은 국가정부가 감세의 정치를 확대하고 기업을 지원하는 정책공급이 성장을 촉진한다고 주장한다. 그러나 감세의 정치는 국가정부와 기업자본 간의 '거래'로 이뤄지는 것이지, 국가경제를 성장시키는 요인으로 작용하지는 않는다. 국가정부가 예산자원을 왜곡해서 지원한 결과는 사회로 환원되지 않는다. 신자유주의 초기에 미국 레이건정부는 46%인 명목 최고법인세율을 34%로 낮췄다. 당시에 법인 실효세율은 18% 정도로 낮아졌지만, 기대했던 고용은 늘어나지 않았다.[54] '감세'의 정책효과가 상위 고소득층과 기업자본의 이익으로 '사유화'된다는 사실을 설명하는 적절한 사례이다.

공급 중심의 정책, 세금감면의 역진, 자원배분 왜곡

우리나라 명목 법인세율이 다른 OECD 회원국들보다 높다는 것은 사실이다. 또 상위기업의 법인세가 전체 법인세에서 차지하는 비중도 높다. 상위 10%기업(8만 3800개)이 전체 법인세의 96.1%에 해당하는 법인세를 내고, 전체의 60.9%에 해당하는 법인세를 상위 0.1%기업이 내고 있다. 이런 사실은 시장지배력이 큰 그들에게 이익이 집중되었다는 것을 증명한다. 또 하청에 이윤을 낮게 배분하고, 생산에 투입하는 노동(노동투입량)을 줄였다는 사실을 내포하고 있다. 그런데도 보수정치권은 상위 0.1%기업이 매출수익의 2배나 되는 세금을 낸다면서, '맞춤형' 조세제도로 법인세를 더 낮춰야 한다고 주장하고 있다.[55]

그러나 법인세라는 하나의 조세항목을 비교할 때 세율이 높을 뿐이다. 국가정부는 그들에게 유리하게 법인세 과세표준구간 tax bracket 을 조정하는 등, 여러 방법으로 세금을 줄여주고 있다. 국내기업이 해외에서 낸 세금은 국내 법인세에서 공제해 주는데, 이것을 제외하고 비교하면 상위 10대 기업의 법인 실효세율(16.2%)은 상위 1천대 기업의 세율(18.2%)보다 낮다.[56] 신성장 국가전략기술로 지정한 산업부문에 대해서는 감면해 주는 폭이 2022년부터 더 확대되었고 9천억 원이 넘는 세금을 더 감면하고 있다.[57] 인공지능과 빅 데이터 등의 신성장동력이나 원천기술에 대한 연구개발비로 2021년에 기업에 공제해 준 세액은 6010억 원 정도인데, 이 가운데 98%의 세액을 상위 1%기업이 공제받았다. 또 반도체를 생산하는 대기업이 생산시설이나 연구개발에 투자한 세액(투자세액)을 공제하는 범위도 대폭 늘어났다.* 그들이 낸 세금보다 그들이 국가재정에서 가져가는 이익이 더 크다고 말할 수 있을 정도로, 세금 공제비율은 높다.

• 흔히 'K칩스 감세'라고 말한다. 2021년 삼성전자가 반도체시설에 투자한 금액을 기준으로 할 때, 윤석열정부가 반도체사업의 시설투자 세액공제를 15% 늘리면 4조 7천억 원의 세액공제를 받게 된다(이상민, 나라살림브리핑, 나라살림연구소, 2013. 1. 4). 그러나 삼성전자가 투자세액 공제를

최근에 미국·네덜란드 등에서는 부족한 국가재정을 개선하기 위해 감세의 정치를 벗어나 법인세를 올리는 논의를 추진하고 있다. 또 영국과 이탈리아는 '횡재세'인 초과이윤세windfall profit tax 제도를 이미 도입했다.

감세의 최종 승리자와 혁신성장

그러나 우리나라 기업들은 법인세가 상위 10%에 쏠려 있다는 사실만 부각하면서 불평등한 '징벌적' 과세인 것처럼 사실을 왜곡하고 있다. 그들은 정부와 국회와 사회가 기업의 역할을 인정하라고 주장하며, 주식거래세 감세나 대기업집단의 순환출자cross share holding를 제한하는 규제나, 기업총수가 '개인금고'처럼 악용하지 못하게 금융자본과 산업자본을 분리하도록 규정한 규제(금산분리법)를 없애야 한다고 주장하고 있다.* 또 온실가스greenhouse gases 순배출량을 2018년 배출량 기준으로 2050년에는 80%까지 줄여 탄소중립을 이루겠다는 국가정부의 탄소감축 시나리오를 계획대로 이행하려면 기업의 비용부담이 너무 크다면서 국가의 보조를 요구하고 있다.[58] 쌓아둔 사내유보금이 많은데도, 자연과 환경을 파괴하면서 상품을 팔아서 수익을 냈던 대기업자본이 탄소배출 비용마저도 '국민'에게 청구하고 있다. 그러나 이것은 감세를 확대하고 규제를 해제해 달라는 전략적 주장이다. 소비자이자 주권자인 국민을 한낱 '머슴'쯤으로 여기는 오만한 인식이 그들의 전략

받아야 할 만큼 투자여력이 부족하지 않은데도 '감세'를 확대한다는 비판이 제기된다.
• 윤석열정부는 기술과 산업구조가 변했기 때문에, 금융과 산업을 분리해 왔던 규제를 완화하는 방안을 검토하겠다고 한 바 있다(윤석열정부 금융위원장 취임 기자회견 발언 2022. 7. 11 참조).

적 주장에 고스란히 담겨 있다.

모든 특혜를 반복적으로 요구하는 그들의 관행적인 백화점식 주장은 조세와 규제 제도가 경제성장을 방해한다는 신자유주의적 교의에서 출발한다. 그들의 오만은 '신산업 발전지원-경제발전-사회발전 선순환관계'를 복원해야 한다는 그럴듯한 주장과 4차산업 시대에 맞게 '낡은' 법제도를 바꿔야 한다는 결론으로 포장된다.[59] 이렇게 주장을 반복하는 것이 그들이 국가정부에 '거래의 조건'을 제시하는 방식이다. 국가정부가 공공재원을 지출하여 '투자'를 선도하는 정책이 필요하다는 공리주의적 결론을 '도출'하게 만들자는 전략에 바탕을 둔 그들의 거래기법인 것이다.

대기업이 어떤 핑계를 들이대든지, 투자하지 않는 일종의 '자본파업'strike의 결과는, 소수의 대기업자본과 부유층이 시장 동형적인 국가정책체계에서 조세제도의 최종 '승리자'가 되는 것으로 마무리된다. 국가정부가 그들에게 더 많은 '혜택'을 제공하여 기대이윤율을 높이고 그 이익의 사유화를 보장하겠다는 조건을 부여하는 것으로 종결된다. 그러나 그들의 자본파업은 이런 성과만 겨냥하지 않는다. 기업자본이 의미하는 '기대이윤율' 안에는 경제 제도·정책이 기업자본의 이익과 모든 요구를 보장해야 한다는 '특별한' 약정조항도 내포되어 있다.

최근에 다시 불거진 우리 정부와 외국펀드(엘리엇) 간의 분쟁소송 패소도 박근혜정부가 국민연금을 끌어들여 삼성재벌집안의 경영권 승계를 보장한 '거래'에서 비롯된 사건이다. 국가정부와 재벌의 밀실거래로 국민연금은 산업의 조합이 어울리지도 않는 삼성물산과 제일모직의 합병과정(2015년 9월)에서 약 2500억 원의 손실이 났다. 이에 삼성물산의 지분 일부를 가지고 있던 외국펀드는 한국정부가 부당하게 합병과정에 개입해서 손실이 났다고 국가정부를 대상으로 손해배상소송을 제기했고, 우리 정부는 패소했다. 우리 정부는 2023년 6월 현재를 기준으로 외국펀드에 약 1300억 원을 배상해야 한다. 국민연금 손실과 배상 및 패소한 소송비용 부담 등 약 4천억 원 가까운 손실은 온전히 우리에게 전가되었다. 기업자본의 승리로 종결되는 변화된 국가-기업자본 간 내적 권력의 지형에서, 기업자본의 '이익사유화'가 수많은 파장을 일으키며 모든 손실이 하위계층에 전가되는 하나의 단편적인 사례이다.

재벌의 가업상속세 감면, 이것이 혁신성장인가?

소득불평등의 시대, 자본이 기술로 노동을 대체하여 배제하는 시대, 소득이 하향하는 삶을 강제당하며 하위계층이 늘어나는 시대에 이른 지금, 정의로운 분배구조를 위해 '분배 없이 생산된 부'에 대해 세금을 늘리는 조세제도와 새로운 세원을 발굴해 내는 정책이 국가정부의 역할이자 과제라고 평론가들은 말한다. 그러나 기업가 나라의 국가정부는 이런 과제를 역행하고 있다.

가업상속세family business inheritance tax를 개정하려는 우리 정부의 움직임은, 이런 시대적 의무를 역행하는 감세의 정치의 '기념비'로 꼽힐 만하다. 특별한 소수 재벌기업 상속자들을 위한 '세습보장법'이기 때문이다. 대기업 오너가 보유한 주식의 상속은 경영세습을 결정한다. 이런 상식적 취지에서 경영자인 대기업 오너의 주식상속분에 대해서는 상속세율을 명목 상속세율보다 높게 적용한다. 이에 대해 보수정치집단과 기업자본은 OECD 회원국(최고세율 평균 26.5%)보다 우리나라의 가업상속세 최고세율이 높으므로, 상속재산에 대한 세금공제액의 한도를 올리고, 상속세제도를 '취득세'acquisition tax 방식으로 바꾸자고 주장하고 있다.[60] 부모의 자산을 마치 자식이 매입하는 방식으로 바꾸자는 것이다. 대기업 오너의 직계가족이 상속세를 덜 내면서 기업의 '경영권'까지 물려받을 수 있도록, 국가가 가업승계를 제도로 보장해야 한다는 주장과 전혀 다르지 않다.* 주주가 기업의 주인이라는 주장은 일부분 맞다. 그러나 대기업집단의 총수가 가진 주식보유분은 대개 한 자릿수를 넘지 않는다. 대기업이며 상장회사라고 하지만 '주인'이라고 내세우기가 무색할 정도로 보유지분은 작다. 그러므로 가업승계가 아니라 개인적 '자산상속'이라는 표현이 상식적이지, '가업'이라는 개념이나 '승계'라는 개념이 성립하는지는 매우 의문스럽다. 또 '경영권'은 이사회나 주주총회에서 의결하여 행위를 위임하는 대표이사의 권한일 뿐이지, 법적인 소유나 지배구조와 관련된 개념은 아니다. 이 개념도 성립하는 개념인지 의문이 들 수밖에 없다.

이 세습보장법으로 우리 사회의 극소수인 재벌일가는 기업경영권과 자산을 고스란히 상속받는 '부당한' 특혜를 누릴 것이다. '부'의 영

---

* 윤석열정부는 공제대상을 매출액 기준 4천억 원을 1조 원으로 상향 조정하는 세법개정(안)을 제출했다. 또 기존에는 500억 원까지 세금을 공제받던 한도도 1천억 원까지 공제받을 수 있도록 올려서 제출했다(2022년 세법개정(안) 참조). 이 법개정의 적용을 받는 기업은 늘어나고, 다수의 재벌기업 존비속이 이 법으로 특혜를 받게 될 것이다. 그러나 국회는 상속세 공제대상을 1천억 원 올려 5천억 원으로, 최대 공제한도는 100억 원 올려 600억 원으로 조정하여 개정하였다. 우리나라 조세부담 구조를 보면, 노동소득세가 차지하는 비율은 계속 높아지고 있지만, 자본이득세가 차지하는 비율은 계속 줄어들고 있다. 그러나 윤석열정부는 가업상속세 공제한도를 더 높이려고 한다.

속적인 세습이 보장되는 '기업가의 영원한 천국'이 될 뿐이다. 재벌기업이나 대기업집단은 이미 증손자 회사로까지 증식하였고, 각 회사는 대기업 오너의 존비속들이 모두 '점령'해 있다. 이것이 우리나라 재벌집단에 집중된 지배력이자 세습의 가계도이다.* 이렇게 그들에게 경제력이 과도하게 집중되어 있는데도, 국가정부와 정치집단은 그들의 주장대로 부의 세습을 '영속적으로' 보장하는 방향으로 법조항을 뜯어고치고 있다. 그러나 대기업 오너의 경영권 세습과정에서 그들은 노동자에게 저임금과 하청에 낮은 이윤을 배분하며, 국민의 세금으로 이루어진 그들의 세금감면 특혜, 산업재해, 환경을 오염시켜 온 선대의 '사회적 채무'는 물려받지 않는다.

가업을 상속 승계할 때 상속세를 감면해 주는 대신에 법이 정한 기간에는 고용과 업종을 의무적으로 유지하라고 규정한 조항마저도 그들은 없애라고 요구하고 있다. 시대에 맞게 자유롭게 바꾸어야 한다는, 그들 특유의 '배타적 자유'에 기반을 둔 극단적 주장이다. '가업상속세'를 이렇게 뜯어고치는 것은 국가정부가 시대적 과제와 의무를 역행하는 감세정치의 결정판이라고 비판하지 않을 수 없다.**

• 대기업집단으로 지정된 기업의 절반이 지주회사이다. 2022년 9월 기준, 대기업집단의 43.9%가 재벌총수체제로 편성된 기업이다(공정거래위원회, 2022년 지주회사 소유출자 현황 참조). 이런 지주회사 중에 총수일가는, 지주회사체제 '밖에서' 계열사를 지배하기도 한다. 또 해외에 있는 계열사를 통해서 국내 계열사의 지분을 우회적으로 확보하여 지배하는 사례도 늘어나고 있다. 오너일가는 이런 편법적인 지배구조로 사적 이익을 얻을 방법이 많다. 또 계열기업들끼리 내부적으로 부당한 거래가 일어날 개연성도 그만큼 크다.

•• 기업자본이 요구하는 이러한 것들 중에 일부를 문재인정부가 수용했다. 또 윤석열정부는 아예 전면적으로 수용하겠다고 이미 대기업자본에 선언했다. '친'기업자본과 부유층 위주로 세금감면 정책을 공급하는 윤석열정부는 문재인정부의 정책체계가 '징벌적' 정책이었기 때문에, '공정하게 올바로 되돌려놓겠다'고 해명하는 것을 제외하면 사회적으로 기대되는 다른 편익은 전혀 제

최근에 삼성의 '부당한 불법적 경영권승계'에 대한 사회적 파장이 다시 국가정부의 부당한 '거래'라는 재판결과로 비판의 도마 위에 오른 탓도 있겠지만, 당사자뿐만 아니라 자본의 사적 이익에 '복무'하는 일부 조세경제학자도 가업상속세를 바꿔 삼성의 경영권승계의 '대업'을 마무리하려고 다급하게 움직이는 것 같다.[61] 경영권승계는 끝났지만, 상속세납부가 아직 다 끝나지 않았기 때문으로 보인다.

가업상속세를 폐지하자고 주장하는 보수정치집단이나 일부 조세경제학자들은 세금을 낮춰야 자유로운 경제가 실현되고 국가가 잘살 수 있고 성장할 수 있다고 주장한다. 높은 가업상속세율이 기업을 죽이는 제도라는, 사실과 다른 주장을 펴고 있다. 그들은 가업상속세율이 60%라고 주장하지만, 사실은 그렇지 않다. 최고 명목세율은 50%이다. 여기에 경영권승계에 유리한 주식상속분에 적용되는 세율까지 포함하여 최고세율 60%가 모두 적용되는 것처럼, 터무니없이 높은 징벌적 과세제도인 것처럼 사실을 왜곡하고 있다.

그들의 주장에는 1인당GDP가 2022년 기준 5만 달러가 넘는 스웨덴이 가업상속세제도를 2015년에 폐지했다는 사례가 첨부되어 있다. 사례를 첨부한 이유가 무엇인지 이해하기는 쉽지 않다. 가업상속세를 폐지해서 스웨덴의 GDP가 높아졌다는 것인지, 2018년에 10위였던 우리나라 GDP가 2022년에 세계 13위로 떨어진 이유가 가업상속세 때문이라는 것인지, 가업상속세를 폐지하는 추세가 '글로벌 표준'이라는 것인지, 명확하지 않다. 또 폐지주장론자들은 스웨덴에 가업상속세

시하지 않는다. 이런 정책기조에 대해, 평론가들은 윤석열정부가 신자유주의의 자유시장주의 이데올로기보다 더 자유시장주의를 팔고 있으며, '불공정'을 '공정'이라고 말하고 있다고 비판한다.

제도를 폐지할 만한 조건이 존재한다는 배경도 자세히 설명하지 않는다. 스웨덴의 소득세·보유세·부동산세가 높다는 사실은 전혀 언급하지 않는다. 발렌베르크Wallenberg 재벌의 이윤배분과 지배구조에 대해서도 단 한마디 설명이 없다. 노조와 사용자단체가 맺은 '동일노동·동일임금'이라는 살트셰바덴 협약Saltsjöbaden Agreement(1938년)의 사회적 전통을 갖고 있으며, '노동이사제'를 채택했다는 사실도 언급하지 않는다. 싱가포르처럼 인구 1천만 명인 도시국가 수준의 스웨덴식 '단독' 모델이 존재한다는 사실적 정황도 구체적으로 밝히지 않는다.

그런 한편 그들은 '세수 증가–재분배재원 증가'라는 관점에서 논리를 비약하여, 증세를 '좌파'의 공리주의식 발상이라고 공격한다. 가업상속세 유지가 증세논리로 비약되어야 할 이유는 전혀 없다. 국가사회의 틀 안에서 이렇게 축적한 이윤과 특히 축적된 재산을 상속받는 불로소득에 누진과세를 적용하는 것은 '정당한' 과세이며 민주주의의 실현이다. 상속세는 상속받는 개인에게 부과하는 세금이지, 기업에게 부과하는 세금이 아니다. 기업의 사망을 선고하는 사회적 징벌은 더더욱 아니다. 대기업 오너의 상속자가 지배적 지위를 잃는다는 그들의 폐지 주장 논리는, 빼앗은 것은 절대 빼앗길 수 없다는 '권리'만 강조하는 극단적 보수의 빈약한 주장일 뿐이다. 피해자 코스프레로 정당한 과세를 반대하고 감세정치 확대를 요구하는 신자유주의적 주장이다.

이런 개인적 상속세 제도가 '혁신'이나 '산업경쟁력 우위'와 무슨 관련이 있다는 것인가? 감세의 정치가 기업가 나라를 위한 권위주의적 국가정부의 역할과 의무이기 때문이다. 감세의 정치는 국가가 자본의 사적 이윤을 보장하고 자본을 보조하는 신자유주의적 국가의 '주먹'이며 권위주의적 국가의 제도적 폭력이라는 비판에 동감할 수밖에 없다. 이러한 자유시장주의 이데올로기적인 '반'개혁적 부유층 감세의 의제가 '혁신성장 의제'의 테이블에 올라 있다.[•] 사회적 반발을 우려하여 과표구간을 조정하는 것으로 감세의 효과를 은닉하고 있지만, 가업상속세 폐지는 불평등과 배제의 정치를 강제하는 권위주의 국가정부의 대표작이라고 해도 절대 무리한 비유는 아닐 것이다.

배제의 정치, 관리재정으로 궁핍을 배분하는 차별적 긴축

감세의 정치는 배제의 정치와 긴축의 또 다른 이름이다. 기업가의 나라를 위한 감세의 정치와 배제의 정치는 궁핍을 배분하는 긴축을 낳는다. 이것이 '관리재정'이라는 외피를 두른 권위주의 경제제도로 표상되고 있다.

배제의 정치와 긴축

문재인정부는 'SOC나 공급 중심의 예산'을 '사람 중심 예산'으로 바꾸

• 국회에서 상속세 관련세법 개정안이 통과될 가능성은 낮지만, 2024년 들어 윤석열정부는 대통령이 직접 나서서 대기업의 주식가격 디스카운트 현상과 연결하여 가업상속세를 바꿔야 한다고 공식화하기 시작했다. 최저임금도 동결시키면서, 주식가격이 오르면 노동자들이 주식으로 자산을 만들 수 있다는, 철 지난 신자유주의식 낙수효과론을 주장을 하고 나섰다. 자본과 노동이 대립하지 않고 계급대립 문제를 완화하는 방법이라는 해괴한 주장이다('국민과 함께하는 민생토론회' 대통령발언 2024. 1. 17). 이것은 오랜 시간 재벌기업의 요구였기 때문에 단순히 제22대 국회의원 총선거를 염두에 둔 발언이라고 볼 수 없다. 윤석열정부는 2022년 10월에 '상속세 개편 전담팀'을 가동했고, 법무법인에 연구용역을 발주했고 이미 연구용역은 끝난 상태이다. 국회와 여론의 반대가 클 경우에, 과세구간을 조정해서라도 감세를 단행할 것으로 보인다. 게다가 환경·교통 유발부담금 등 91개 각종 부담금까지도 낮춰야 한다고 공언했다.

겠다고 공언했다. '근로장려금' 대상자를 확대한 것을 재분배정책의 대표적 성과로 자평한다. 문재인정부가 공적 이전 범위를 늘려 하위계층의 처분가능 소득을 보완한 효과는 다른 정부들보다 조금 높았다. 그러나 국가재정을 관리하는 재정부처가 세금수입을 추정하는 계산 과정에서 국가예산의 10% 수준에 이르는 세금이 더 걷힐 것이라는 예측을 놓치면서도● 하위계층과 관련된 예산을 그다지 늘리지는 않았다.

　문재인정부의 재정부처가 국회에 제출한 2022년 총예산안(추경하기전의 예산)에서 보건복지·고용 관련 예산은 전체 예산의 8.5%이다. 코로나와 백신보급에 관련된 예산을 제외하면 7.7%에 불과하다. 즉 일시적으로 지출되는 성격인 방역지원금만 늘렸을 뿐이다. 매년 예산을 늘려왔던 지역화폐(지역사랑상품권) 발행지원 예산도 대폭 줄였다. 2021년에 교부금 예산이 1조 522억 원이었다. 그러나 2022년에는 2403억 원으로, 전년도 예산규모의 77.2%를 줄였다. 코로나 백신접종 효과가 2022년에 나타날 것이며, 영세자영업자의 매출도 늘어날 것이라는 논리가 지역화폐 발행지원 예산 삭감의 근거였다. 어느 모로 보나 삭감이유는 설득력이 없었다.

　예산안을 편성할 당시나 국회에서 예산심의를 할 시기에도, 백신은 제대로 공급되지 않았고 접종률도 높지 않았다. 코로나 변이종이 계속 발생하고 감염은 늘어나던 시점이었고, 이것이 자영업자들에게 어떻

• 기획재정부가 2021년 세금수입을 추정하는 과정에서, 총 61조 3천억 원이 더 걷히는 엄청난 오차가 발생했다. 왜 이렇게 큰 오차가 생겼는지 이해하기는 매우 어렵다. 민간연구단체 또는 학술 연구자들은, 기획재정부가 국가재정법에 따라 공개해야 하는 세입징수 정보자료를 제대로 공개하지 않는다고 지적한다. 정책에서 배제된 계층의 사회적 비판과 불만 표출을 피하려는 것 아니냐는 것이다.

게 얼마나 영향을 끼칠지 가늠하기 어려운 상황이었다. 코로나 감염증 확산이 잦아드는 추세라고 하더라도, 영세자영업자의 매출이 빨리 회복될 수 있도록 '늘려야 할' 예산이었다.˙

전국 70여 개 자영업자단체들은 지역화폐가 자영업자의 사업소득을 끌어올리는 효과가 있으므로 예산을 확대하라고 촉구했고, 비판이 거세지자 기획재정부는 예산을 다시 늘렸다. 코로나 이후에 자영업자의 위험은 더 증폭되었지만, 문재인정부의 이런 과정을 거쳐 윤석열정부에서는 지방정부의 교부예산, 지역화폐 발행지원 예산 등을 대폭 삭감하고 있다. 2023~24년 예산에서 전에 볼 수 없는 삭감이 일어나고 있다.

문재인정부의 임기 동안, 기준 중위소득은 연평균 2.78% 인상되었다. 물가인상률보다 낮은 인상률이다. 중위소득 30% 이하 가구에 지급되는 생계급여는, 3년간 기준 중위소득 연평균인상률에 통계와 현실의 통상적인 차이를 더하여 결정한다. 이 예산을 편성하면서, 재정부처가 "지급할 생계급여를 올리면 국회에서 예산안이 통과되지 않을 수 있으므로 낮추자"고 주장해서 적용률이 낮아졌다고 알려진 바 있었다. 정치집단과 관료집단 간에 예산을 결정하는 과정에서 재정부처가 기초생활비를 삭감한 것은 추악한 '협잡'이지 나라살림을 결정한

• 윤석열정부는 지역화폐(지역사랑상품권) 발행은 특정 지역에 한정된 온전한 지역사업이라는 이유로 2023년도 예산안에서 지역화폐 발행지원금을 전액 삭감했지만, 국회에서 예산안을 의결하면서 일부 증액했다. 윤석열정부는 지자체의 계획을 선별적으로 구분해서 차등적으로 지역화폐 발행을 지원하겠다고 했다. 재정형편이 어려운 지방정부는 지역화폐를 발행하기 어렵게 되었다. 국가정부가 지방정부에 교부금과 재정권한을 더 배분해야 지방자치가 확대되는데도 불구하고, 지방재정을 옥죄며 중앙으로 권력을 집중시키고 있다.

협의가 아니다. 정치집단과 관료집단의 프리즘으로 굴절된 현실 민생 정치의 실상은 대개 이렇다.

무의사결정, 감세와 배제의 정치적 언명

하위계층과 관련된 의제는 대개 '분배의 정의'와 '복지'와 관련된 의제들이다. 일시적인 이슈가 아니라, 국가정부가 배제하면 안 되는 의제들이다. 국가정부의 정체성을 막론하고 일관성을 가지고 집중해야 할 분배왜곡과 소득불평등에 대한 대응의제이다. 그러나 주로 이런 정책의제는 사회경제적 권력집단의 이해와 맞물려 있고, '무의사결정'non-decision making의 대상이 되는 의제들이다.[62]

무의사결정은 '불가능성 공리'impossibility theorem에 의존한다. 모든 사회집단이 만족할 만큼 공평한 조건은 존재하지 않는다는 가정이다.[63] 확률에 100%가 존재하지 않듯이 모두를 만족시키는 조건은 존재한 적도 없고 존재할 수도 없다. 이것은 하위계층의 정책요구를 거부하겠다는 답을 미리 결정해 놓고, 의제설정을 가로막는 전형적인 배제의 정치이다.[64] 무의사결정 행위는 이해당사자인 하위계층과 의사소통해야 할 합리적 정당성을 침해한다. 이런 벽에 가로막힌 절박한 의제는 대개 정치와 관료 집단에 의해 '미래의 정책수요'라는 장밋빛 보고서 형태로 대체된다. 그리고 이 의제는 다음 정부의 과제로 넘겨지며 소멸을 반복한다.

이러한 관행은, 오랜 대통령단임제에서 예산편성권과 재정집행권이 '하나의' 재정부처에 집중되어 있다는 지적과 지나치게 비대해졌기 때문에 정부조직을 바꾸자는 주장으로 연결된다. 비대해진 '힘'으로

'효용성'만 내세우며 비교적 '안전한 이슈'만 결정하려는 경제부처와 관료들의 경향성이 우리 사회에 소득불평등의 확대, 배제의 정치를 고착시키는 데 한몫한다는 지적이다. 이런 경향성은 흔히 신자유주의적 학습을 받았던 그들의 편향된 경험적 성향에서 비롯된다고 비판받고 있다.*

무의사결정은 감세의 정치와 연동된 배제의 정치를 구조화한다. 글로벌 금융위기 이후에 보수진영과 재정관료는 균형재정과 재정건전성을 어느 때보다 강조하며, 공공지출의 역할을 낮게 평가하고 있다. 감세의 정치를 영속화하려면 민간부채와 공공부채를 조절하여 위험을 분산시켜야 하기 때문이다.

이런 맥락에서 관리재정은 이데올로기적 지출구조를 떠받쳐 권위주의적 국가체제를 유지하는 핵심적 기능을 담당한다. 재정준칙fiscal rules을 법으로 제도화하고 '엄격한' 재정관리와 긴축이 국가정부의 가치이자 '모든 것'이라고 주장하는 이유가 관리재정이 이데올로기로 기능하기 때문이다.

윤석열정부는 중앙정부의 모든 수입과 지출을 관리하는 방식인 '통합재정'을, 중앙정부의 부채를 관리하는 '관리재정' 방식으로 전환했다. 공공기관 채무비율을 낮추는 국가채무 관리와 긴축재정이 윤석열정부 관리재정의 기조이다. 윤석열정부는 역대 어느 정부보다 긴축을 강제하며 감세의 정치를 확대하고 있다. 긴축의 진짜 이유인 감세의 정치를 숨기려고 모든 정책담당자를 동원하여, 지난 정부가 예산을 지나치게 많

• 시장 지향적인 '작은 정부론'이나 효율성을 높여야 한다는 '기업가적 정부론' 시장에 대한 정부의 비개입원칙론' '노젓기보다는 방향잡기'만 하라는 신자유주의 '신공공관리론'new public management 등이 그런 것들이다.

이 '퍼주었다'는 정치적 '편 가르기'*로 이에 대한 비판을 우회하고 있다. 절대적인 임계값critical value이 아닌데도 마치 공식적으로 국가채무 비율의 절대치가 존재하는 것처럼 위장하는 방법을 동원한다.

그러나 GDP 대비 '국가채무비율 임계치 90% 법칙'이 허구라는 사실은 널리 알려져 있다. 라인하르트-로고프Reinhart-Rogoff의 연구에서 사용된 데이터의 근거를 인정할 수 없다는 것은 좌우를 막론하고 경제학계의 일반적인 평가이다. 어쨌든 우리나라도 OECD 회원국이나 유럽연합의 국가처럼, GDP 대비 60% 이내에서 국가채무 비율을 관리한다. 수입과 지출을 다 합친 통합재정의 적자가 -3%를 넘지 않도록 관리하고 있다. 코로나 감염증 방역과 재난지원금 등에 지출한 비용을 빼면, 재정은 실제 이 범위 안에서 관리되어 왔다. 그러나 이렇게 모든 이데올로기를 동원하여, 국가채무가 증가한 책임을 하위계층에게 전

• 윤석열정부가 재정건전성을 확보하기 위해서 2023년 예산안을 13년 만에 감축했다고 강조했지만, 예산'안'은 예산'안'과 비교하고 '본'예산은 '본'예산끼리 비교해야 한다. 그러나 윤석열정부는 2023년도 예산안이 2022년 본예산보다 더 많음에도 불구하고, 2022년도 예산안과 비교하여 발표하지는 않았다. 지난 2021년도 '본예산'과 비교한 것이다. 그러므로 윤석열정부가 감축했다는 주장은 사실과 다르며 '정직하지 않게' 비교한 것이다. 문재인정부의 재정은 2017년과 2018년에는 총수입 증가율이 총지출 증가율보다 낮았다. '긴축'재정이었다. 2019년도에는 확대했다. 2020년도부터는 코로나 감염증 확산에 대응하는 예산이 투입되었지만, 정책의지와 상관없는 확대이다. 그러나 그것도 다른 나라가 이에 대한 재정을 확대한 것과 비교해 보면 확대재정이라고 할 수 없다는 것이다. 또 당시 재정수지는 거의 최고 규모의 흑자를 기록했다. 윤석열정부는 문재인정부가 임기 동안 계속 예산을 확대했다고 비난하지만, 문재인정부의 2022년도 예산안도 2021년 최종 예산(추경예산 포함)보다 약 5천억 원 줄었다. 그러나 윤석열정부는 임기를 시작하자마자 2022년 2차 추경에서 약 60조 원의 재정을 늘렸다. 그러므로 윤석열정부가 긴축예산을 편성했다는 주장은 사실과 다른 정파적인 주장이다. 또 윤석열정부가 긴축을 하겠다는 주장도 사실상 코로나 관련예산이 줄어든 것을 고려하면 앞뒤가 맞지 않는다(이상민, 나라살림브리핑, 나라살림연구소, 2022. 8. 22). 윤석열정부는 예산이 축소되는 분야의 반발과 여론악화를 우려하여 '공개'하지 않았다. 국정감사에서도 자세한 답변을 거부한 바 있다. 복지·노동·교육 등의 사업예산이 축소되고 인력을 감축하는 예산이었기 때문이다.

가하는 것이 관리재정의 역할이며, 오늘날 관리재정 형태의 국가 정책 기조가 되었다.

그러나 국가재정 관리에 동원된 이런 주장의 허구적 한계는 분명하다. 하위계층을 지원하는 것이 '무분별한' 재정지출이거나 국가채무를 증가시키는 인과요인이 아니라면, 이것은 긴축을 정당화하는 명분이 될 수 없다. 이명박정부가 '자원외교'라는 명목으로 입힌 천문학적 국가손실이 하위계층의 책임이 아니듯이[65] 하위계층을 긴축의 제물로 삼아 감세의 정치를 영속화하려는 논리적 도구가 될 수 없다.

흔히 보수진영은 우리가 경험하지도 못한 유럽 복지국가의 '실패'를 소환하여, 복지를 확대하면 우리의 재정상태가 위기를 맞게 될 것처럼 공포를 증폭시키며 관리재정과 긴축의 타당성을 주장한다. 그들은 이들 유럽국가의 복지확장정책이 국가부채를 증가시킨 원인이라고 '특정'하여 관리와 긴축을 주장하지만, GDP와 국가채무 비율의 관계에서 이들 국가가 부채비율이 높아서 성장률이 하락한 것인지, GDP 성장률이 하락하여 부채비율이 높아진 것인지는 인과관계가 분명하게 검증되지 않았다. 반면에 분명한 것은, 신자유주의 시기를 거치면서 노동소득은 줄고 개인부채는 늘었으며, 노조의 힘이 약해졌고 좌파정부가 우경화되어 기업·자본의 이익률이 보장되는 정책으로 전환하였으며 복지를 대폭 축소한 것이다.

영국과 아일랜드, 포르투갈, 이탈리아, 그리스, 스페인 등 남유럽국가들의 금융위기는, 소득이 감소하고 가계부채 비율이 증가하고 금리가 폭등한 탓이다. 그리스에서는 2009년 당시에 연평균 4%였던 대출금리가 2012년에는 30%로 폭등했다. 실제 경제위기는 소득감소의 사회경제적 지형에서 긴축재정과 복지축소가 불러왔다고 평론가들은 평가하고 있다.[66] 이탈리아의 금융위기는 복지예산의 확대와 관계가 있다고 인정할 만한 부분이 있으며, 비탄력적 정치제도가 작용했다는 견해도 있다. 그러나 신자유주의에 반대한 항거의 원인이 긴축재정과 복지의 축소에 있었다는 사실만 보더라도, 복지확장이 국가채무를 증가시켰다고 확대 해석한 주장은 성립하지 않고 보편화할 수도 없다.

이처럼 긴축이 소득불평등에 영향을 끼친다는 사실관계는 비교적 분명하다. 그러나 거꾸로 소득불평등이 공공부채를 증가시켰다는 주장은 성립하지 않는다.[67] 공공부채는 신자유주의적 감세의 정치와 기업가 나라를 위한 확장재정정책expansionary fiscal policy으로 늘어나는 것이 일반적이다. 이 부당한 원인이 '긴축'을 강제하므로 국가정부가 긴축하려면, 하위계층과 관련된 예산을 다른 예산보다 우선 긴축하는 이유를 밝혀야 한다. 하위계층에 '너무 많이 분배'하느라고 국가채무가 증가했는지, 감세의 정치가 재정적자와 국가채무를 증가시켰는지 그 인과관계부터 국가정부가 밝혀야 한다.

권위주의적 재정관리론이 이런 논리적 반박에 봉착하면, 그들은 미래세대가 미래에 받을 연금까지 국가채무의 범주에 포함하여 긴축의 불가피성을 주장한다. 그러나 미래세대가 받아야 할 것으로 추산한 연금은 국가채무가 아니다. 이것은 채무로 계산하고 소상공인·자영업자에 대한 손실보상은 채무로 계상하지도 않는다. 이런 주장은 마치 1990년대 말, 우리 외환위기를 일부러 상기시키는 협박이나 다름없다. 국가채무를 하위계층에게 전가하고 '궁핍'을 배분하겠다는 전략적 선택이며, 불평등한 미래를 합리화하려는 프로파간다인 것이다. 전혀 근거가 없는 '반'지성적 억지주장으로 세대 간 적대적 갈등을 부추기며, 공포심을 자극하여 미래세대를 길들이려는 권위주의적 재정관리 전략을 구사하는 것은 치졸한 국가정부의 잔인한 폭력이다.

이런 맥락에서 관리재정의 정치가 신자유주의적 감세의 정치와 배제의 정치를 은폐하는 이 시대의 '독재자'라고 비판되고 있다.[*] 공공부채를 줄인다는 미명으로 하위계층 개인의 부채를 늘리는 긴축에 대한 이런 비판과 반대가 세대를 넘어 폭넓게 공유되어야 한다. 만약 국가정부나 보수세력이 늘 주장하듯이 미래세대가 짊어지게 될 채무를 진정으로 걱정한다면, 세대 간 갈등을 일부러 부추기는 궤변을 동원하는 것보다 불평등과 빈곤이 세습되는 우리 사회경제의 구조적 모순부터 제거해야 한다. '감세의 정치'와 '배제의 정치'가 아닌, 그러한 패러다임 정책기조로 전환해야 할 것이다.

기업 위주 규제만 해제하는 비민주적 자본주의

'시장동형적인 민주주의'marktkonforme Demokratie라는 메르켈 전 독일 총리의 신조어가 있다. 경제위기의 시간에는 민주주의 체제와 국가 제도·정책조차도 '시장 논리와 원칙'에 따라야 한다고 언명한 신조어이다. 민주주의-국가-시장의 관계에서 민주주의와 민주주의의 절대적

---

[*] 자본주의 국가들의 정책기조 형태가 조세국가형에서 신자유주의 시기에 부채국가형을 거쳐, 이제 긴축과 관리재정 국가형태로 이동하고 있는데, 이러한 긴축은 시장자유주의자인 하이에크가 바라던 사회모델이며, 신자유주의의 '독재'라는 것이다(Wolfgang Streeck, *Buying Time: The Delayed Crisis of Democratic Capitalism*, Verso, 2014).

규범을 파괴하는 표현이라고 해석되는 신조어이다. '시장에 순응하는 민주주의'가 되어야 한다는 권위주의적 성장주의를 한마디로 압축한 언명이다. 독일사회는 메르켈의 언명을 대대적으로 비판하고 나섰다. 금융투기자본의 신뢰를 얻기 위해, 메르켈 총리가 국가를 시장의 '하수인'으로 만든다고 비판하였다. 부자의 권리를 과잉보호하며 하위계층에게 고통의 의무를 지우며 시민대중에게 금융자본의 규칙에 순종하라는 요구는 돈과 권력에 의해 삶의 모든 영역이 '식민화'되고 사회와 정치가 시장의 기능적 명령에 종속되는, '거꾸로 된' 민주주의라고 비판하였다.

신자유주의의 '긴' 노선이 하이에크-대처-메르켈로 이어졌다고 규탄하며 권위주의적 정치를 중단하라고 항의했다. 독일의 한 작가는 이 말을 패러디하여 '민주주의와 동형적인 시장'Demokratiekonforme Märkte 이 필요하다고 받아쳤다.[68] 이 촌철살인의 논평은 자본 위주의 정책을 공급하는 성장정책을 반대한다는 주장이다. 소득불평등을 확대하며 기업가 나라를 위한 모든 정책을 공급해 온 역대 우리 정부를 싸잡아 비판하는 논평으로도 아주 적절할 것 같다.

시장동형적 민주주의, 혁신의 대상이 된 규제 공공성

메르켈이 사용한 추상적 신조어지만, 실제로 이 신조어는 시장동형적 민주주의란 노동자가 더 많이 노동한 시간에 비해서 실질적으로 더 적은 보수를 받는 저임금노동 구조를 전제한다. 또 노동사회와 노동자의 권리를 보장하는 사회적 공공규범인 규제정책들을 기업자본의 이윤율 증가에 방해되는 '불필요한 정책'쯤으로 치부하여[69] 혁신해야 할 '대상물'로 취급하는 경향이 강한, 왜곡된 분배와 소득불평등을 확대하는 신자유주의 맥락의 반노동적 제도·정책을 가리킨다.[70]

규제를 해제하는 정책을 공급하는 성장정책은 소득불평등과 하위 계층의 빈곤확대를 가늠하는 잣대이며, 민주주의의 위험을 반영하는 지표이다. 성장정책이 권위주의적 정치체제에 끼치는 영향과 그 연관성을 명확하게 측정할 수는 없다. 그러나 '반'노동정책이 권위주의적 제도로 이행하며 민주주의를 침식하는 요인이라는 사실은 틀림없다.*

우리나라 경영자단체는 집단소송과 '징벌적' 손해배상제도, 온라인 플랫폼사업에 대한 규제와 '유해위험작업을 규제하는 노동환경정책'을 강력하게 반대하고 있다. 노동과 산업에 대한 규칙을 대대적으로 바꿔야 한다면서, 더 많은 '탈'규제정책을 요구하고 있다. 심지어 많은 하청노동자의 죽음으로 어렵게 제정된 '중대재해처벌법'도 폐지해야 한다고 주장하며[71] 노동자가 죽거나 다치지 않고 일할 기본권마저도 탈취하고 있다.[72] 중대재해처벌법이 제정된 이후에도 노동현장에서는 안타까운 죽음이 계속 일어나지만, 그들은 원청에 대한 처벌수위가 높고 책임범위가 포괄적이라며 폐지를 주장한다.

이 법은 중대한 재해의 책임을 하청에 암묵적으로 강요해 온 원청의 책임을 묻는다는 법이다. 그러나 국가정부는 기업자본의 요구만 과잉 수용하며, 원청인 대기업이 마땅히 책임져야 할 범위와 처벌수위를 낮

* 윤석열정부는 혁신성장의 슬로건을 '기업·시장의 기氣살리기'로 바꿨다. 기업자본이 '기'가 죽었다는 것인지, 기를 살리는 것이 무엇인지 알기 어렵다. 윤석열정부는 탄력근무와 임금형태를 다양화한 '혁신형' 고용안정을 추진하겠다는 등, 탈규제기조를 더 강화하고 있다. 외국과 달리 우리나라의 기업규제제도가 새로운 시장과 일자리 창출을 저해한다는 것이다. 규제제도가 '무슨' 일자리 창출을 가로막는다고 주장하는지, 시민대중은 쉽게 이해할 수 없다.

취주고 있다. 사실상 사문화된, '상징적인' 노동관계법으로 존재할 뿐이다.[•] 규제가 이렇게 해제되고, 규범의 공공성이 파괴되고 있다. 이런 탈규제의 권위주의적 제도가 혁신성장 정책이라면, 혁신성장 시대는 대기업자본 위주의 '지배주주들을 위한 민주주의'와 '기업가의 나라'를 의미하는 시대임이 분명하다.

하르츠법안을 경쟁적으로 따라가는 혁신성장 전략

문재인정부는 노동자가 5년 동안 3회 이상 구직급여를 신청하고, 그 다음에 신청할 때부터는 단계적으로 최대 50%까지 실업급여 지급액을 줄이는 내용으로 법률을 바꿨다.[••] 이 개정을 다른 각도에서 보면, 국가정부가 구직급여를 신청하는 실직자를 '실업급여를 상습적으로 받아먹으려는' 부도덕한 자者로 몰아세우는 권위주의적 태도로 읽힌다.

노동자가 일터를 떠날 수밖에 없는 현실보다 국가정부가 기금지출을 줄이려는 기계적인 발상이었는지, 노동자에게 해고위협을 하며 사회보험료를 적게 부담하려는 기업자본의 대리인을 자임한 것인지, 법 개정의 실제 동기가 매우 의심스러운 것이다. 이 의제를 꾸준히 경영자단체들이 주장해 왔기 때문이다. 보수진영과 경영자단체는 문재인

- 원청인 한국제강 대표가 중대재해법 위반으로 1심에서 첫 실형을 선고받았다(2023. 4. 26 1심 선고). 이에 대해서도 경영자단체와 여당은 이 법을 개정하자는 목소리를 한층 높이고 있다. 이 뒤에도 여러 노동현장에서 목숨을 잃는 재해가 계속 일어나고 있지만, 윤석열정부는 이 법이 적용되는 사업장 확대시행을 더 유예하자고 주장하고 있다. 소상공인을 죽이는 법이라는 논리이다. 그러나 이런 재판들은 오랜 시간을 끌며 지지부진하게 진행된다. 우리 사회에서 하위계층에게는 늘 '정의가 지연delay되고 있다'는 비판이 나오는 이유이다.
- •• 코로나바이러스 감염증이 장기화되면서 휴폐업이 늘고 당연히 실업급여 지출이 늘어났다. 고용노동부는 고용보험기금의 건전성이 나빠졌다면서, '고용산재보험료징수법' 개정안(2021. 7. 23)을 발의했다.

정부에서 국민건강보험, 국민연금, 고용보험, 산재보험, 장기요양보험 등 사회보험료가 32.4%나 증가하여 기업의 부담이 커졌다고 주장했다. 윤석열정부가 들어선 뒤에는 사회보험제도를 전면적으로 '혁신'해 달라고 요구했다.

문재인정부에서 바뀐 구직급여 지급제도는 최저임금과 연동하여 최저임금의 80%를 지급한다. 노동자가 구직급여를 받을 수 있는 기간 이전에 다시 취업하면, 남은 기간에 대해서는 50%를 지급한다. 그러나 경영자단체들은 실업급여를 최저임금의 60% 미만으로 축소하거나, 최저임금과 연동하여 지급하는 방식을 폐지하자고 주장하고 있다. 윤석열정부는 이 하한선마저도 폐지하려고 한다. 또 취업했을 때 남은 기간을 계산하여 지급하는 인센티브를 내리거나 아예 그 방식을 없애자고 요구하고 있다.[73]

얼마 전에 윤석열정부와 여당은 실업급여가 달콤한 시럽syrup급여라는 반노동적 발언까지 서슴지 않아 청년노동자층의 분노를 자아냈다. 이런 퇴행적 노동정책에 빌미를 제공한 것은 문재인정부의 실업급여 개정이다. 노동자를 저임금과 저소득 노동시장에 묶어두려는 기업자본의 전략 앞에서 보수-중도 정치집단의 대립은 존재하지 않는다. '혁신'과 '성장'의 담론 아래, 보수화된 정치로 수렴되는 양상만 있을 뿐이다.

기업에 저임금으로 노동력을 제공하는 법안이라고 비판받는 하르츠법이 만들어진 이후에, 독일 전체 노동자의 약 1/4이 임금이 낮아졌다. '아젠다 2010'으로 불리는 슈뢰더정부의 산업노동정책은 구조조정 권한을 기업에 허용하고(Hartz Ⅲ) 실업급여를 삭감하였고(Hartz Ⅳ),

'초과노동시간제' 허용과 계약제 고용과 임시고용 규정(고용유연제)을 확대했다. 또 해고방지법을 개정해서 기업이 자유롭게 해고할 수 있도록 허용했다. 게다가 메르켈정부는 최저임금제도에 대해서도 반대했다. 노동 관련규제를 강화하라는 노동자와 시민사회의 요구도 거부했고, 노동자의 복지도 축소했다. 저임금정책에 반발하는 노동조합과 노동자들에게, 값싼 외국인노동자를 '수입'하여 대체하겠다는 위협도 서슴지 않았다고 노동자와 사회단체는 메르켈정부를 비판했다. 실제로는 이런 목적으로 독일을 비롯하여 제조업에 기반을 둔 국가들이 이민노동자와 난민에게 국경을 전면적으로 개방한 것이다.* 이러한 노동정책 퇴행에 대해, 질서자본주의Ordoliberalism와 사회적 시장경제체제** 가 독일식 신자유주의로 '보수화'되었다고 평론가들은 비판하였다.[74]

시장동형적 민주주의를 거론하며 이것이 독일식 신자유주의인지 아닌지 따지려고 독일의 보수화된 노동정책을 길게 언급한 것은 아니다. 우리나라 경영자단체가 실업급여를 삭감하자고 주장하는 것과 문재인정부의 이 법개정의 시작과 끝이, 퇴행적이라고 비난받는 독일의 노동정책과 닮았다는 사실을 비판하려는 것이다. 우리나라 경영자단체가 독일 하르츠 식 실업수당제도와 스웨덴의 '연대임금에 대한 원칙'을 선진적인 노동정책이라고 공개적으로 치켜세우는[75] '얍삽한' 행

• 윤석열정부가 대우조선 하청노조 파업투쟁에 대응하여 노조를 압박하고 '외국노동력 수입' 발언을 한 것도 이와 같은 맥락이다. 위협의 수단이며 한편으로는 실제 외국인 저임금노동자를 물건처럼 수입하여 기업에 공급하겠다는 이중적 의미를 담고 있다.

•• 독일 자유주의 경제사조의 하나인 프라이부르크학파Freiburger Schule에서 질서자본주의가 시작되었다. 질서자본주의 경제규범은 경쟁의 자유를 보장하고, 시장자유와 사회적 연대를 결합한 '사회적 시장경제' 시스템이다.

태를 비판하려는 것이다. 또 우리 정부가 기업자본 위주로 규제를 해제하는 맥락도, 이렇게 변질했다고 비판받는 독일 질서자본주의를 모델로 선택해서 거기에 꿰맞추려 한다는 사실을 비판하려는 것이다.

그러나 독일의 노동4.0은 노동조합의 지위를 보장하고 합의하여 이들의 요구를 정책의제에 반영하고 있다.[*] 또 실업보험을 노동보험이나 취업보험으로 확대하고 '선택근로시간법'과 '노동안식년제'를 도입하여 새로운 기술을 숙련할 제도적 기회를 마련하고 있다. 숙련된 기술로 노동생산성이 오르면 노동자의 임금과 협상력도 높아질 수는 있다. 그러나 노동자에게 숙련만 강조한다면, 그것은 숙련기술자가 될 때까지 불공정한 임금격차를 당연하게 받아들이라는 강요에 지나지 않는다. 이런 한계를 부분적으로 정당화하는 듯한 이 제도에 동의할 수는 없지만, 독일의 노동4.0과 같은 사회적 대화조차 우리나라에서는 거부되고 있다.[**]

또 ILO는 '노동의 미래'는 '좋은 일자리'에 달렸다고 주장한다. 고용

- 노동4.0 Arbeiten4.0은 일종의 그린 북green paper이다. 그린 북은 정책현안으로 제기되거나 제기될 만한 이슈를 검토하여 공론화된 질문과 그 대응방안을 공개하는 방식이다. 기존의 전형적인 제조업은 디지털화된 제조업에 비해 경쟁력에서 밀려 구조적 변동이 일어나는 상황에서, 국가정부가 일자리가 사라지는 것과 이들이 양질의 일자리로 옮길 수 있도록 어떻게 대응하려고 하는가, 또 단체협약과 정당한 임금체계를 어떻게 구축하고 생산이익을 어떻게 분배할 것인가, 증가하는 플랫폼노동의 조건을 어떻게 보장할 것인가, 증가하는 자영업자의 사회보장제도를 어떻게 개선할 것인가 등의 이슈를 담고 있다. 저임금시장을 존속시키려고 권위주의적으로 이런 의제를 '공론화'하지 못하게 아예 차단하는 우리 정부의 행태와는 접근방식이 매우 다르다.
- •• 윤석열정부는 독일의 이 정책을 선호하는 경영자단체와 기업자본의 의견을 수용하여, 더 나아간 '한국판 노동고용 유연제'를 추진하고 있다. 한국판 '하르츠'위원회인 '미래노동시장연구회'와 '상생임금위원회'를 만들고 노동시간제나 최저임금제 등, 여러 노동관계법과 노동규범을 바꾸려고 하고 있다. 상생임금위원회는 노동계를 배제하고 있으며, 미래노동연구회와 상생임금위원회의 회의내용은 공식기록으로 남기지도 않고 있다는 문제점이 지적되고 있다.

과 관련된 규제는 강화되어야 하며, 자본-노동 간에 이루어진 개별적인 계약과 관계없이 모든 노동자에게 '최저한'의 조건을 보장해야 한다는 주장이다.[76] 또 OECD 노동조합자문위원회TUAC는 노조가 기업과 동등한 자격으로, 자동화된 기술을 도입하는 과정과 산업전환 과정에 적극적으로 개입할 수 있게 보장해야 한다고 권고하고 있다. 그러나 우리 정부는 이런 최소한의 원칙도 없이 소수 대기업자본과 경영자단체의 반노동·비민주적인 요구를 수용한 권위주의적 경제 제도·정책을 오히려 확대하고 있다.

규제해제는 자본주의 사회경제의 위기를 반영하는 지표

제도학파는 감세의 정치와 권위주의적 경제제도가 소득불평등을 확대했다고 비판하고 있다.[77] 사회축적구조 이론social structure of accumulation (이 글에서는 코츠David Kotz의 이론을 말한다)은 이러한 권위주의적 경제체제가 사회축적구조를 결정한다는 이론적 관점에서, 노동통제제도의 변화를 판단의 근거로 삼는다. 이 이론은 자본주의 경제체제가 구조적인 위기에 봉착하면 기업자본의 성장 위주로 경제제도가 강화되는 새로운 사회축적구조가 출현하는 경향이 있고, 이것을 규제적 자본주의 형태business-regulated capitalism라고 명명하고 있다.

이 주장의 앞뒤 문맥을 도치하면, 새로운 사회축적구조가 출현하는 경향성은 자본주의 위기의 구조적 산물이라고 해석할 수 있다. 감세의 정치 등, 자본의 이익으로 사유화되는 제도나 규제해제정책은, 성장의 한계에 봉착한 체제에서 국가정부가 기업가의 나라를 고수하기 위해 '권위주의적' 보수화로 퇴행한다는 사실과 같은 맥락에 있다. 이런 측면에서, 사회축적구조 모형은 보수화되는 국가정부의 정책기조와 사회경제체제의 성격을 판별할 수 있는 일련의 틀을 제공하고 있다.*

기업자본이 노조나 노동·시민 운동을 무너뜨리거나, 국가정부가 그들에게 그런 강압적 수단을 실질적으로 허용하는 사회체제라면, 사회축적구조 이론의 관점에서는 이런 국가정부의 성격을 '신자유주의식 규제자본주의'라고 규정한다.[78] 친기업자본 위주로 정책시스템이 구성된 비민주적 자본주의 체제를 지칭하는 것이다.

우리 역대정부를 비롯해서, 승자독식의 경쟁적 자유주의 시장경제체제에서 시장동형적 성장정책으로 저임금을 강제하고 기업에 대한 규제를 해제하는 국가정책체계의 성격은 이 범위 안에서 규제자본주의로 분류될 것이다. 노동정책과 규제해제정책을 비판하는 관점에서 보면, 문재인정부도 '우파적인' 규제자본주의에 위치한다. 노조를 폭력배로 규정하고 세계 최고의 장시간노동을 기획하는 윤석열정부는 자본과 기업이 경제를 관리하는 '신자유주의식 규제자본주의' 체제보다 더 우경화된 또는 극단으로 치닫는 규제자본주의 체제로 규정할 수밖에 없다.

국가정책체제가 어떤 형태의 사회축적구조인지 판별하는 틀을 제공하는 사회축적이론은, 한편으로 사회경제적 위기에서 시민대중과

---

* 코츠는 자본과 친기업 위주의 규제자본주의 형태 외에도, 자본-노동 간 사회적 타협을 바탕으로 한 '사회민주적인 규제자본주의' 체제를 '중도' 형태로 분류하고 있다(David M. Kotz, *The Rise and Fall of Neoliberal Capitalism*, Harvard University Press, 2015, 표 7. 2 'The Ideas and Institutions of Social Democratic Capitalism' 참조). 또 민주적인 참여로 계획된 '사회주의적인 체제'를 '좌파' 형태라고 분류한다(같은 책, 표 7. 3 'The Ideas and Institutions of Democratic Participatory Planned Socialism' 참조).

하위계층이 어떤 체제를 선택해야 할지를 '주도적'으로 판단하자는 행동과제를 우리에게 부여하고 있다.

기업자본이 시장 내부를 통제하는 방식과 수단은 끊임없이 교묘하게 진화될 것이며, 국가정책체제와 제도·정책 집합이 권위주의적으로 보수화된다는 전망을 전제로 하고 있다. 그러므로 이 이론의 행간에는 시민대중이 더 나은 새로운 사회경제체제를 사고하고 그렇게 실천하자는 주장과 요구가 담겨 있다. 노동과 사회운동이 자본과 기업을 위협할 만한 행동을 분출하지 않으면 소득불평등의 역사가 말하듯이, 자본과 결착한 권위주의적 성장정책이 왜곡된 분배구조를 더 강제할 것이라는 경고를 담고 있다고 해석되는 것이다.

신자유주의를 종식시키자는 2011년의 대항운동과 2012년 미국 위스콘신 주청사 접거시위와 이듬해 패스트푸드 노동자 파업 등을 '행동주의' 시작의 신호라고 판단한 것도 다분히 급진주의적 대항과 계급투쟁 제안을 바탕에 둔 것이다. 소득불평등이 커지는 사회와 하위계층의 빈곤이 영속화되는 시대를 '거부'하는 해법으로 하위계층이 주도하는 대항적 행동주의를 우리에게 촉구하고 있다고 이해할 수 있다.

주

1. 신자유주의와 배제의 성장시대, 이후 경제질서 재편

1 Wolfgang Streeck, *Buying Time: The Delayed Crisis of Democratic Capitalism*, Verso, 2014.

2 100개 이상 국가의 패널자료를 사용하여 세계화가 자본소득과 노동소득의 상대적 비율에 끼친 영향을 노동소득 분배율의 변동추세로 분석한 결과, 1960년부터 2000년까지 빈곤한 국가의 노동소득 분배율은 감소했고 부유한 국가의 노동소득 분배율은 증가했으며, 자본의 세계화가 환율과 해외투자 등의 수단으로 불평등한 무역을 강요했다고 분석되었다(Ann Harrison, "Has Globalization Eroded Labor's Share? Some Cross-Country Evidence," UC Berkeley and NBER, 2002). 또 편향된 기술진보와 불평등한 무역이 고용조건을 악화시키고 노동소득 분배를 낮추는 현상이 1980년대 중반인 세계화시기에 심각해지기 시작했다고 분석되었다(Anatasia Guscina, "Effects of Globalization on Labor's Share in National Income," IMF WP/06/294, 2006).

3 Jagdish Bhagwati, "Immiserizing Growth: A Geometrical Note," *The Review of Economic Studies* vol. 25/no. 3, 1958.

4 신자유주의의 세계화체제에서 각 국가정부가 외국인 직접투자(FDI)를 유치하려고 사회에 필요한 공공정책을 제거하는 경쟁을 강제했다고 분석된다. 특히 세금을 낮추고 환경파괴를 규제하지 않고 노동기준에 대한 규제를 낮추는 경쟁이었다는 의미에서 '바닥을 향한 질주'로 귀결되었다고 평가하고 있다(Ronald Davies, Krishna C. Vadlamannati, "A Race to the Bottom in Labor Standards?," *Journal of Development Economics* vol. 103, 2013). 즉 해외자본이 주도하여 노동자에게 저임금을 실질적으로 강요하였다는 의미이다.

5 로빈 블랙번은 신자유주의 시대를 헤지펀드와 '기업사냥꾼'vulture capitalists의 시대라고 비판한다. "…나이키나 코카콜라와 같은 유명 브랜드가 현대 자본주의의 정점에 있지 않았다. 일반대중에게는 알려지지 않았지만, 실제로는 기업신용도를 은행과 신용평가기관이 결정하며 그러한 금융기관, 헤지펀드나 사모펀드가 문제의 정점에 있다. 금융 비즈니스의 세계는 가장 유명한 기업도 불안정한 존재로 취급할 뿐이다. 대기업이라고 하더라도 그들은 자본시장의 노리개에 지나지 않는다. …세계화된 금융의 압력 앞에서는 대기업도 자유롭지 않다. 기업은 금융자본이 설정한 벤치마크 또는 '목표'수익률을 달성할 수 있다는 가능성을 그들에게 입증해야만 했다. …기업은 스스로 주주가치를 극대화하는 방법을

제시해야 한다. 투자자들의 변덕스러운 수익열정을 반영해야만 한다. 기업과 노동자는 자본이 요구하는 이런 원칙을 지켜야 했다."(Robin Blackburn, "Finance and the Fourth Dimension," *New Left Review* 39, 2006.) 이런 맥락에서 그는 자본에 기업과 노동자는 '일회용' 기업, '일회용' 노동자였을 뿐이라고 한다.

6   이 시기에 미국과 유럽국가들은 노동자보호에 관한 규제가 가장 약하고 세금이 가장 낮고 노조를 결성하지 못하게 국가정부가 제재하는 나라를 골라서 투자하였다. 경제후진국들은 미국과 유럽국가들이 제시하는 불합리하고 불평등한 조건을 따라야 했다. 이런 맥락에서 신자유주의의 세계화를 '바닥을 향한 경주'라는 개념으로 설명한다. 또 이것은 전세계적으로 경제약소국들에 노동기준의 하향을 강제했을 뿐 아니라, 지난 50년간 미국인의 생활수준을 떨어뜨린 원동력이었다고 평가한다. Alan Tonelson, *The Race to the Bottom: Why a Worldwide Worker Surplus And Uncontrolled Free Trade Are Sinking American Living Standards*, Westview Press, 2000.

7   Raghuram Rajan, *The Third Pillar*, Penguin Press, 2019; Joseph Stiglitz, 앞의 책 참조.

8   실제로 대부분의 신용 확대와 팽창은 경제성장에는 도움이 되지 않는다. 부동산 붐과 불황을 초래하여 금융위기의 원인이 된다. 그러므로 국가정부가 주택담보대출을 제한하고 규제해야 부동산 자산가격이 안정되고 불평등이 완화된다. Adair Turner, *Between Debt and the Devil*, Princeton University, 2016.

9   Jonathan D. Ostry, Pakarash Loungani, Andrew Berg, *Confronting Inequality*, Colombia University Press, 2018.

10   Raghuram Rajan, *Fault Lines*, Princeton University, 2010.

11   Nouriel Roubini, *Crisis Economics: A Crash Course in the Future of Finance*, Penguin Book 2010. 그러므로 그는 불평등을 소홀히 다루는 국가정부의 정책과 경제모델은 정당성의 위기에 직면할 수밖에 없다고 주장한다(Nouriel Roubini, "The Instability of Inequality," *Project Syndicate* 2011. 10. 13).

12   Thomas Frank, *Pity the Billionaire: The Hard-Times Swindle and the Unlikely Comeback of the Right*, Metropolitan Book, 2012.

13   미국의회의 청문회에서 연방준비제도(FED)의 답변("Greenspan Concedes Error on Regulation," *NYT* 2008. 10. 23).

14   George Akerlof, Robert J. Shiller, *Animal Spirits: How Human Psychology Drives the Economy, and Why It Matters for Global Capitalism*, Princeton University Press, 2009.

15   Herman Minsky, "The Financial Hypothesis," The Jerome Levy Economics Institute Working Paper no. 74, 1992.

16   Atif Mian, Amir Sufi, *House of Deb*, The University of Chicago Press, 2014.

17   스위스 취리히연방공대 연구소의 연구결과를 인용한 하랄트 벨처, 『저항안내서, 스스로 생각하라』(원성철 옮김, 오롯, 2015)에서 재인용.

18   Gary Gerstle, *The Rise and Fall of the Neoliberal Order*, Oxford University Press,

2022.

19   OECD, *Going for Growth*, 2013; 2014; 2015.

20   OECD, "The Governance of Inclusive Growth," 2015; "In it Together; Why Less Inequality Benefits All?," 2015 참조.

21   OECD, 'Declaration on Enhancing Productivity for Inclusive Growth, Paris', "Building More Resilient and Inclusive Labour Markets," The Future of Work Policy Forum 2016. 1. 15.

22   Bernard Stiegler, *Automatic Society. vol 1. The Future of Work*, Polity Press, 2016; 베르나르 스티글러, 아리엘 키루, 『고용은 끝났다. 일이어 오라』, 권오룡 옮김, 문학과지성사, 2018.

23   소득불평등이 지속적인 경제성장에 부정적인 영향을 끼친다는 주장은 IMF의 다음 보고서들 참조. Jonathan D. Ostry, Andrew Berg, Chararambos G. Tsangarides, "Debt and Growth," IMF Discussion Note, 2014; Era Dabla-Norris, Kalpana Kochhar, Nujin Suphaphiphat, Frantisek Ricka, Evridiki Tsounta, "Cause and Consequence of Income Inequality," IMF Discussion Note, 2015.

24   Arun Sundararajan, *The Sharing Economy*, The MIT Press, 2016.

25   Howard J. Wiarda, *Corporatism and Comparative Politics: The Other Great 'Ism'*, Routledge, 1997.

26   BRT는 한국경제인협회(전 전국경제인연합회)와 같이, 미국사회에서 가장 영향력이 큰 기업경영자단체이다. 그들은 2019년 CEO 연례회의에서 '기업의 사회적 책임'과 기업의 존재목적을 규정한 다음과 같은 주요 내용을 성명으로 발표했다. ① 고객에게 가치를 전달한다 ② 노동자에게 공정한 보상과 혜택을 위해 투자한다 ③ 윤리적으로 납품대금을 공정하게 정하고 지급한다 ④ 사회에 대한 지원과 환경을 보호한다 ⑤ 투명한 기업운영과 주주참여를 보장한다. Business Round Table, 성명서, 2019. 8. 19 참조.

27   Colin Crouch, *The Strange Non-Death of Neoliberalism*, Polity Press, 2011.

28   Elena Ianchovichina, Susanna Lundstrom, "Inclusive Growth Analytics," World Bank Policy Research Working Paper no. 4851, 2009.

29   Stephan Klasen, "Measuring and Monitoring Inclusive Growth: Multiple Definitions, Open Questions, and Some Constructive Proposals," ADB Sustainable Development Working Paper, 2010.

2. 배제의 정치와 긴축의 시대

30   보편적 기본소득제도가 필요하다는 주장들은 Peter Townsend, Carole Pateman, Katja Kipping, Hugh Seagal, *BIEN News Flash*,(52, Dublin/Ireland: The Basic Income Earth Network 12th International Conference, 2008) 참조.

31   보편적 기본소득제도가 개혁적 수단이라는 주장은 Peter Barnes, *With Liberty and Dividend for All*(Berrett-Koehler Publishers, 2014); Mariana Mazzucato,

The Value of Everything: Making and Taking in the Global Economy(Penguin, 2018);
Frank Lovett, *A General Theory of Domination and Justice*(Oxford University Press,
2010) 참조.

32 다비드 카사사스, 『무조건 기본소득, 모두의 자유를 위한 공동의 재산』, 구유 옮
김, 리얼부커스, 2020.

33 Daniel Raventós, *Basic Income: The Material Conditions of Freedom*, trans. Julie
Wark, Pluto Press, 2007.

34 연금이나 기금을 활용하여 기본소득에 필요한 재원을 마련하는 것도 한 방법이
다(Roberto M. Unger, *Democracy Realized: The Progressive Alternative*, Verso, 2010;
What Should the Left Propose?, Verso, 2005).

35 시장에서 소득분배가 왜곡되고 있다. 빈곤과 불평등을 줄이는 방법으로서, 저소
득층을 대상으로 소득에 비례한 선별적인 사회복지정책이 필요한지, 보편적인
사회정책이 필요한지를 둘러싼 논쟁은 늘 벌어진다. 재분배예산의 규모가 정해
져 있지는 않지만, 많은 저소득층에 비해 국가의 예산규모가 늘 낮게 책정되므
로 복지와 예산의 문제는 항상 상충한다. 그러므로 국가정부가 공적 이전을 통
해 국민 모두에게 적용되는 사회보장보험제도를 시행한다면, 모두에게 동등한
공적 이전을 통해 평등이 창출되며 빈곤과 불평등은 줄어들 것이다. 이런 사회
보장보험제도로 전환하는 데 반대하는 계층이 있으므로, 이에 동조하는 사회연
합세력이 구축되어야 가능하다는 관점에서 필수전략으로 제시하고 있다. Walter
Korpi, Joachim Palme, "Paradox of Redistribution and Strategies of Equality:
Welfare State Institutions, Inequality, and Poverty in the Western Countries,"
American Sociological Review vol. 63/no. 5, 1998.

36 앞의 주 35의 전략적 주장과 같은 맥락에서 사회적 합의를 끌어내야 한다
는 주장이다(James Ferguson, *Give a Man a Fish: Reflections on the New Politics
of Distribution*, Duke University Press, 2015; Richard K. Caputo, *Basic Income,
Guarantee and Politics*, Palgrave Macmillan, 2012).

37 Michael Hardt, Antonio Negri, *Commonwealth*, The Belknap Press of Harvard
University Press, 2009.

38 Jacob Hacker, "The Institutional Foundation of Middle Class Democracy," *Policy
Network* vol. 6/no. 5, http://www.policy-network.net/articles/3998, 2011.

39 공유자원을 무단으로 점유하고 사용하는 기업에 사회공유자원세를 부과해
야 한다(David C. Korten, *When Corporations Rule the World*, Berrett-Koehler
Publishers, 2015, 3rd edition).

40 Roberto M. Unger, *The Left Alternative*, Verso, 2009.

41 Liam Murphy, Thomas Nagel, *The Myth of Ownership, Tax and Justice*, Oxford
University Press, 2002.

42 Erik Olin Wright, *Envisioning Real Utopias*, Polity Press, 2010; *Understanding
Class*, Verso, 2015; *How to Be an Anticapitalist in the 21st Century*, Verso, 2019.

43 Rutger Bregman, *Utopia for Realists*, The Correspondent, 2016.

44 David M. Kotz, *The Rise and Fall of Neoliberal Capitalism*, Harvard University Press, 2015.

45 우리나라가 임금주도 방식으로 성장할 수 있는 유형인지 분석한 연구가 있다. 우리나라의 경제유형은 소득분배가 변화하면, 즉 임금이 인상되면 순수출에 대한 기여도는 비교적 낮지만, 국내 총수요는 높아지는 경제유형이다. Özlem Onaran, Giorgos Galanis, "Income Distribution and Aggregate Demand: A Global Post-Keynesian Model," Greenwich Papers in Political Economy no. 01, 2013.

46 그러나 문재인정부 초기에 소득주도 성장론을 두고 논쟁과 비판이 있었다. 임금주도 성장이론 그 자체보다도, 문재인정부의 소득주도 성장 정책기조를 주도한 연구자의 논문이 논쟁거리가 되었다. 홍장표의 논문(「한국의 노동소득분배율 변동이 총수요에 미치는 영향: 임금주도 성장모델의 적용 가능성」, 『사회경제평론』 no. 43, 2014)에서 실증분석에 사용된 데이터에 문제가 있다는 것이 쟁점이었다. 특히 우리 사회는 다른 나라와는 달리 자영업자가 월등히 많고 자영업자 소득은 주로 내생적으로 결정되기 때문에, 외생적 결정요인이 되지 못한다는 것이다. 경제구조조정과 변화와 세계화의 영향으로 전세계가 경제성장률이 하향하고 노동소득 분배율이 저조하고 대외의존도가 높은 시기였으나, 이 논문에서 사용된 데이터는 이 시기 우리나라 노조들이 '임금인상 투쟁'을 한 결과로 내생적으로 인상'된 임금이 외생적으로 노동소득 분배율의 변화인 것처럼 가정했다는 논란이다. 정책에 반대하는 이론진영과 보수우파진영은 사용된 이 지표의 문제를 집중적으로 제기하였다.

47 청년세대의 관점에서 과거 민주화운동세력이라는 이른바 586세대가 이제 '기득권층'으로 탈바꿈하여 불평등한 현실을 외면하며 진보라는 '상징적 정체성'만 강요했다는 관점에서 제기된 비판이다(이철승, 『불평등의 세대』, 문학과지성사, 2019). 상징적 정체성에 대한 비슷한 비판이 있다(Benjamin Page, Martin Gilens, *Democracy in America? What Has Gone Wrong and What We Can Do about It*, The University of Chicago Press, 2017).

48 사회경제개혁을 촉구하는 지식인네트워크, "문재인정부, '촛불정부'의 소임을 다하고 있는가? 사회경제개혁의 포기를 우려한다" 선언문, 2018. 7.

49 "실사구시 한국경제", 『경향신문』 2021. 8. 26(공직임명 전에 기고한 칼럼, 재보도).

50 『경향신문』, 인터랙티브 참조.

51 기획재정부, 혁신성장위원회 포털(문재인정부 당시) 참조.

52 Carl Benedikt Frey, Michael A. Osborne, "The Future of Employment: How Susceptible Are Jobs to Computerization?," Oxford Martin School Working Paper, 2013. 이 방법을 이용하여 우리나라 일자리 소멸예측을 분석한 연구가 있다(김세움, 『기술진보에 따른 노동시장 변화와 대응』, 한국노동연구원, 2015).

53 Daniel Susskind, Richard Susskind, *The Future of the Professions*, Oxford University Press, 2015.

54 Joseph Stiglitz, 앞의 책. 주 44 참조.

55 윤창현 의원실, 2020년 귀속분 법인소득 분석결과를 토대로 감세를 주장한 보도자료, 2021. 9. 6.

56 김종민 의원실, 2017년 국정감사 보도자료.

57 국회예산정책처, 「2022년 예산 세수추계」, 2021. 11.

58 전국경제인연합회, 한국경영자총협회 보도자료, 2021. 8. 5.

59 대한상공회의소, 「국가운영 5대 개혁과제, 70개 액션 아이템」, 2021. 10. 12; 「경제관련 주요 입법현안에 대한 리포트」, 2021. 11. 1 참조.

60 한국경영자총협회, 보도자료, 2021. 5. 3.

61 상속세제 개혁포럼 외, 『국가의 약탈, 상속세: 개인과 기업과 나라경제 파괴하는 거짓 정의세』, 펜앤북스, 2023. 저자들은 우리나라 가업상속세가 60%나 되며, 세계에서 가장 높다고 주장한다. 그들은 우리나라의 가업상속세제도가 가족을 처벌하고 그 재산을 약탈하는 징벌적 상속세라고 규정한다. 또 기업을 파괴하고 자본형성을 저지하며 지식축적을 막고 사업의 영속성을 끊는 제도라고 주장한다. 다른 나라와 반대로 우리나라는 반대방향으로 간다고 주장한다. 이런 상속세제도 때문에, 삼성전자 주식가격이 겨우 6만 원대를 헤매는 '디스카운트' 현상이 나타나고 있으며, 우리나라 기업들의 증권대차서비스prime brokerage service가 낮아진 이유라고 주장한다.

62 Peter Bachrach, Morton Baratz, *Power and Poverty: Theory and Practice*, Oxford University Press, 1970.

63 Kenneth J. Arrow, *Social Choice and Individual Values*, Yale University Press, 2012(3rd edition).

64 John Kingdon, *Agendas, Alternatives, and Public Policies*, Pearson, 2013(2nd edition).

65 한국가스공사는 이명박정부 당시에 1조 6천억 원을 해외 에너지자원 부문에 투자했다. 최근에 가스공사가 회수할 수 있는 금액을 평가하여 환산하면 614억 원에 불과하다(YTN 보도 2022. 9. 30). 또 2008년 '이명박정부의 자원외교 1호'라고 불렸던 쿠르드지역 유전개발사업에 석유공사는 약 1조 원을 투자했다. 그러나 2023년 말까지 약 420억 원밖에 회수하지 못하고 있다.

66 Per Molander, *The Anatomy of Inequality*, Melville House Publishing, 2016.

67 1980년대에는 국가 내 불평등보다 세계적 차원에서 국가 간 불평등이 더 큰 문제였다. 그러나 오늘날에는 그 반대현상이 강하게 나타나고 있다. '글로벌 불평등'이 계급문제라는 의미이다. 국내 소득불평등의 심화는 조세제도, 즉 '감세의 정치'가 불평등을 확대하는 역학적 사실을 의미한다. 뤼카 샹셀은 「선진국의 불평등에 관한 10가지 기본 사실」이라는 논문에서 불평등의 중요한 원인의 하나로 꼽았다(Lucas Chancel, "Ten Facts about Inequality in Advanced Economies," World Inequality Database working paper 2019/15, 2019). 그러므로 불평등을 완화하려고 국가가 복지정책에 공공지출을 늘린 탓에 국가부채와 공공부채가 늘었다는 주장은 설득력이 없다.

68 독일작가인 잉고 슐체Ingo Schulze가 대중연설에서 메르켈의 시장동형적 민주

주의 발언을 비판하며, '민주주의 동형적 시장'이 되어야 한다고 주장하였다(잉고 슐체,『우리의 아름다운 새 옷』, 원성철 옮김, 오롯, 2014).

69 기획재정부, 혁신성장포털(문재인정부 당시) 참조.

70 "밀물이 모든 배를 들어올릴 수 있는가"라는 질문은 오래된 질문이기도 하다. 일반적으로 통칭하는 경제개선이 모두에게 어느 정도 이익이 되느냐에 대해 끊임없이 반복되는 질문이다. 이 질문은 경제학과 역사학의 핵심 주제이다. 경제성장이 국민의 경제적 소득격차에 영향을 어떻게 끼치는지 근본적인 문제부터, 정부의 시장경제 성장정책이 효과가 있느냐 없느냐에 대한 많은 논란을 포괄하는 주제이다. 그러나 이 질문의 핵심은 왜곡된 분배문제와 소득불평등의 역사로 축약된다. Daniel Waldenstrom, "Lifting All Boats? The Evolution of Income and Wealth Inequality Over the Path of Development," Doctoral Dissertation. Economic History, Lund University, https://www.ifn.sepublicationsdissertations, 2009. 이 질문은 소득불평등의 역사가 저임금에 기반한 반노동정책과 규제해제에 있다는 사실에 대한 역설적 질문이다.

71 한국경영자총협회,「규제혁신만족도조사」, 2021. 6. 22 참조.

72 권리찾기 유니온, 성토대장정 성명서, 2022. 1. 26 참조.

73 한국경영자총협회,「사회보험 국민부담 현황과 새 정부 정책혁신과제」, 2022. 4. 12 참조.

74 "2008년 금융위기와 그에 따라 유로존의 어려움이 발생한 이후에 독일의 요즘 경제적 역사를 많이 연구하고 있다. 그러나 동부독일(구 동독)이 서부독일의 정치경제적 실험대상이 되었던 1990년대 초에는 연구자들이 신자유주의의 문제를 크게 의식하지 않았다. 동부독일은 1980년대에 이미 조합주의적 특징이 쇠퇴하고 있던 서부독일 모델과는 달랐다. 서부독일 경제모델과 유럽연합에 초점을 맞추어보면, 1990년대 독일의 통일은 신자유주의가 독일의 사회경제적 일상에 스며든 방식을 연구자들이 놓쳤다는 사실이 드러난다. 즉 독일의 통일은, 이미 1980년대 서부독일에서 조용히 진행되고 있던 신자유주의 움직임이 통일독일 전체에 퍼지는 신자유주의로의 일대 전환점이었고, 서부독일 경제모델이 유럽연합의 핵심적 이념으로 확장되었는데 이런 사실을 간과했다는 것이다. 그런 탓에 질서자본주의의 변질에 대한 비판적 논쟁이 묻혔다."(Ben Gook, "Backdating German Neoliberalism: Ordoliberalism, the German Model and Economic Experiments in Eastern Germany after 1989," *Journal of Sociology* vol. 54, 2018; Werner Bonefeld, *The Strong State and the Free Economy*, Rowman & Littlefield, 2017).

75 대한상공회의소, 정책건의 자료, 2021. 10. 12 참조

76 비정규 계약직이 증가하고, 고용종속의 경계가 모호한 비공식 고용이 늘어나고 있다. 이렇게 복잡해진 고용관계를 현행 고용규정은 적절하게 포괄하지 못한다. 결과적으로 노동자는 보호받지 못하고 있다. 주류 경제학자들은 고용 관련 규제를 철폐하라고 요구하지만, 사회평론가들은 표준적인 고용관계 관련규제도 내부자에게만 유리하게 되어 있다고 지적하며, 기업에 의존하지 않고도 생활이 가능한 보편적인 사회보호제도가 필요하다고 주장하고 있다. ILO는 이런 맥락에서, 여러 고용상태에 두루 적용되도록 고용주의 의무를 확대하고 또 보편

적인 사회보호제도를 연결하여 노동자를 보호하는 정책을 확대해야 한다. Jill Rubery, "Regulating for Inclusive Labour Markets," ILO Conditions of Work and Employment Series no. 65, 2015.

77 제도학파 연구자들은 민주주의와 재분배와 불평등 간의 관계에 초점을 두고, 민주주의가 재분배를 늘리면 불평등은 감소한다는 이론적 주장의 타당성을 설명하며 민주주의가 소수 권력에 의해 장악될 때는 이런 기대는 실현되지 않는다고 설명한다. 이들에 따르면, GDP가 국가세수에는 영향을 주지만 소득불평등 완화에는 거의 영향을 끼치지 않으며, GDP의 성장이 소수 부유층과 중산층의 선호에는 조응할지 모르겠지만 하위계층은 성장에서 배제된다고 주장하고 있다. 부동산자산 불평등이 높아지고 소수에게 집중되는 경향이 뚜렷해지고, 중산층과 빈곤층 사이의 자산격차는 오히려 작아졌다고 분석하였다. 양극화가 뚜렷하게 진행되었다는 설명이다. 이런 맥락에서 조세불평등이 포스트민주주의 시대의 커다란 정책문제로 대두되었으며, 재분배가 중산층의 선호에 따라 이뤄진다는 이른바 '중위 유권자 모델'의 전통적 관점에 이의를 제기한다. 그러므로 재분배축소와 소득불평등이 확대되는 경향은 국가법률과 정치시스템이 이해관계를 이렇게 결정하기 때문이며, 정책결정과정에는 더 많은 이익을 창출하기 위해 정치력이 큰 자본의 힘이 작동하여 반노조·저임금 정책을 관철시키며 다수를 희생시킨다고 설명한다. Daron Acemoglu, Suresh Naidu, Pascual Restrepo, James Robinson, "Democracy, Redistribution, and Inequality," *Handbook of Income Distribution* vol. 2, Elsevier, 2015.

78 2008년과 비슷한 경제위기를 '제대로' 이해하려면 자본주의와 모든 경제적 의사결정이 우연히 발생한 것처럼 단순하게 분석해서는 안 된다고 주장한다. 그러므로 소득불평등이 확대되고 민주주의가 후퇴하는 현실을 분석하려면, 구체적인 자본주의 축적구조의 형태로 자세하게 분석해야 한다고 주장한다. David M. Kotz, "Capitalism and Forms of Capitalism: Levels of Abstraction in Economic Crisis Theory," *Review of Radical Political Economics* vol. 47/issue 4, 2015.

제3부 예고된 대항의 시간

'우리의' 시대적 과제에 우리가 어떻게 접근할 것인가?
소득불평등의 역동성을 재구성하여 변혁적 사고의 지평을 넓혀보자

1. 권위주의적 사회경제와 소득불평등의 역동성

권위주의적 사회경제와 소득불평등의 역동성

환원된 시대적 과제, 요구된 대립관계

오늘날 대의제 민주주의는 '경제성장'과 '소득불평등 해소'라는, 양립하기 어려운 '민주적 자본주의'의 과제를 '팔아' 정치권력을 유지한다. 정책목표는 정책과정에서 조정inevitable coordination되고, 정책연계policy linkages 고리를 재배열policy realignment하는 일반적 과정을 반복한다. 정책목표를 완전히 폐기하지 않는 한, 정책을 수립하고 실행하는 모든 과정에서 필수적이며 필연적으로 일어나는 반복이다.

그러나 소득불평등 해소라는 정책목표의 수명은 길지도 않다. 특히 대통령단임제에서는 분배와 소득불평등 해소에 대한 정책목표를 조정하거나 재배열하는 과정이 생략되는 양상이 흔히 나타나고 있다. 성장과 분배가 양립하기 어려운 정책과제인 것은 틀림없지만, 주권자와의 소통과 합의가 없이 일방적으로 정책 우선순위가 바뀌고 분배에 대한 의제가 '사멸'되는 현상은 매우 보편화되었다. 임기 초기에만 이 의제가 일시적으로 존재하다가, '다음 정부'의 선거공약으로 '소비'된다.

질문으로 환원된 시대적 과제

촛불민주주의가 '직접' 열어준 성문 안으로 문재인정부는 크게 힘들이지 않고 입성하였다. 그러나 촛불민주주의가 부과한 '시대적 과제'의 경로를 아무런 동의도 구하지 않고 이탈했다. 이탈하게 된 이유를 해명하거나 명시적으로 사과하지도 않았다. 불평등과 왜곡된 분배를 강제당하는 하위계층이 '말하기' 시작해야 소통이 이루어지고 민주주의를 복원하는 길로 한 걸음 나아갈 수 있다.[1] 그러나 이런 기대와 달리 문재인정부는 하위계층과 '소통'하지 않았다. '시대적 과제'와 민주주의 복원의 과제를 '백지위임형' 대의제 민주주의의 틀 안에 가두었다. 다른 정부와 약간의 차이는 있었지만, 감세의 정치와 배제의 정치는 연장되었다.

소득불평등의 관점에서 문재인정부의 정책후퇴는 우리가 진중하게 곱씹어보고 판단해야 할 사회정치적 질문을 던지게 한다. 소득불평등 의제가 선거의 '시공간'에서만 출현이 반복되는 현실정치를 어떻게 이해해야 하는가의 질문이다. 소득불평등의 관점에서 이 질문은, 예정된 대의제 민주주의의 정치일정에 우리가 의미를 둘 필요가 있는가 하는 문제로 이어진다. 보수화된 정당정치와 이들을 선출하는 선거가 하위계층에게 무슨 의미가 있는지를 스스로 질문하라는 의미이다.

일반적으로 엘리트나 정당 정치세력은, 선거가 정책의 '창'이 열리는 시간이라고 주장한다. 적극적으로 선거에 참여하여 투표로 의사를 표명하는 유권자의 '합리적인' 선택이 불평등을 해소하는 수단이 된다는 주장이다. 선거가 국가정부나 정치집단이 하위계층이 요구하는 재정을 늘리는 '내생적' 계기로 작용한다는 맥락적 주장이다.*

그러나 정치가 경제와 분리되고, 정치가 자본 위주의 성장과 자본을 위한 경제제도에 종속된 현실에서는 이런 아름다운 기대와 주장은 기각된다. 경로 의존적인 성장정책과 비민주적 자본주의는 불평등한 체제와 권위주의적 경제 제도·정책의 승계를 전제한 민주주의 '절차적 기능' 이외에 다른 의미는 가지지 못한다. 소득불평등 해소의 의제가 '영원히 해결되지 않는' 과제로 존재하는 이유이다. 이것이 선거와 정당정치에 대한 기대철회, 대의제 민주주의에 대한 냉소적 비판과 계급투표 불일치로 표출되고 있다.

감세의 정치와 배제의 정치 등, 불평등한 우리 사회의 경제적 구조가 거미줄처럼 촘촘히 씨줄날줄로 짜인 사실적 조건factual condition이 확대되고 있으며, 선거는 불평등한 경제제도를 연장하는 절차적 수단에 지나지 않기 때문이다. 이것은 한편으로 국가정부가 어떠한 정책으로도 깊고 강도가 높아진 우리 사회의 소득불평등을 '해결할 수 없는' 한계수준에 도달했고, 이것이 자본주의 체제를 위협하는 상황에 이르렀다는 사실에 맞닿아 있다.

그러므로 선거와 계급투표 불일치 현상과 정당정치에 대한 기대철회는 소득불평등에 대한 책임을 국가와 정치집단에 묻는 것이며, 특히 중도좌파 정치세력이 우경화·보수화되는 경향에서 이런 철회는 급진적으로 확대된다. 내생적 재정확대를 바라고 선거에서 선호를 분명하

• 내생적 재정이론에서 이렇게 권유한다. 미래를 위해서는 유권자인 하위계층이 합리적인 선택과 투표를 하겠다는 역동성이 내면화되어야 한다(Alberto Alesina, Dani Rodrik, "Distributive Politics and Economic Growth," *Quarterly Journal of Economics* vol. 109/no. 2, 1994).

게 표명할 하위계층에게, 중도좌파 정치세력과 정당정치가 아무런 대안이 되지 못하기 때문이다. 선거로 소득불평등을 해결할 수 없다는 결론이 계급투표의 부재나 불일치의 이유로 해석되는 것이다. 신자유주의적 경제제도와 글로벌 금융위기로 피해가 컸던 다른 나라의 계급투표 불일치는 이런 해석을 뒷받침한다.

선거로 해결되지 않는 소득불평등

신자유주의에 반대하는 대항운동의 폭풍이 유럽 전역을 휩쓸었지만, 그중에서도 신자유주의 금융위기의 피해가 가장 컸고 대항의 강도가 높았던 남유럽에서조차도 선거를 통한 경제민주화는 좌절되었다. 중도좌파가 일시적으로 정권을 잡았다가 엎치락뒤치락하면서 결국 우파에게 정권을 넘겨주었다. 북유럽 사민주의 국가에서는 '반동적' 투표와 극우 포퓰리즘도 나타났다. 아이러니한 이런 선거결과를 근거로, 하위계층이 계급투표를 '포기'하지 않았느냐는 의심이나 소득 하위계층의 유권자가 자기결정권self determination을 갖지 못하고 자기의 '선호'를 왜곡하는 성향이 있는 것 아니냐고 의심하는 시각도 제기되고 있다.[2] 그러나 하위계층이 자기선호를 왜곡하는 성향이 있거나 계급투표를 포기했다고 단정할 수는 없다.

신자유주의 이후에 중도좌파 정치집단의 우경화에서 그 원인을 찾아야 한다. 중도좌파는 소비에트연방의 해체와 베를린장벽의 무너짐과 더불어 1992년에 유럽연합이 태동하면서 우경화되기 시작했다. 유럽연합을 주도한 국가들의 성장'규칙'은 동유럽과 아프리카 이민노동자의 저임금노동력을 흡수하여 경제를 성장시키는 전략이었다. 좌파는 이런 비민주적인 저임금정책과 긴축을 반대했지만, 독일·프랑스·영국 등은 더 많은 저임금노동력을 받아들이려고 국경을 개방하는 정책을 지지했다. 저임금노동력을 흡수하며 하르츠 법안을 밀어붙였던 독일과 같은 나라의 무역수지는 올라갔다.

이런 서유럽이나 북유럽의 경제상황과 남유럽의 상황은 크게 달랐다. 제조업보다 관광수입에 의존하던 대부분의 남유럽국가에서는 일자리가 부족했다. 그러므로 이들 나라에서는 좌파든 신자유주의를 지지한 우파든, 저임금노동력을 흡수하려는 EU의 국경개방 정책을 반대했다.

EU의 개방정책으로 남유럽의 경기침체는 가중되었다. 해외 투자자본이 빠져나가면서, 은행이 파산하고 금리는 치솟았다. 특히 이런 피해가 가장 컸던 스페인과 그리스에서는 EU와 가혹한 유로화체제에서 탈퇴해야 한다는 주장이 분출되었다. 국가부채도 상환하지 말자고 주장하였다. 그러나 주요 채권국인 독일이 앞장서서 이 국가들의 요구를 단호하게 거절했다. 스페인이나 그리스는 이른바 트로이카로 불리는 유럽위원회와 ECB·IMF가 조건으로 요구한 지출삭감과 긴축을 결국엔 모두 수용했다. 중도좌파 정치세력은 신자유주의적 개방정책의 반대를 관철하지 못하고 이에 굴복한 것이었다. 그로 인한 고통은 하위계층에게 전가되었고, 선거의 의미는 축소되고 말았다.

국가정부가 신자유주의식 세계화와 자본의 '힘'에 굴복하거나 포섭되었다는 비판이 거세게 일었다. 좌우파를 막론하고 정당과 대의제 민주주의 정치가 독재와 다름없다는 비판적 인식이 확대되었다. 일부 국가공동체 성향의 보수우파는 EU의 국경개방정책을 지지하는 세계화

보수세력과 결별하였다. 그들의 결별은 포퓰리즘 정당의 출현을 촉발하였다.[3] 이것이 계급투표의 부재와 불일치의 원인을 설명해 준다. 남유럽과 달리 북유럽에서는 이민자가 테러와 사회문제를 일으킨다는 쟁점이 계급투표를 방해했지만, 유럽 전역의 선거결과와 보수우파의 집권은 중도좌파가 경제민주화라는 시대적 과제에 미온적으로 대처한다는 비판적 인식이 계급투표 불일치의 원인이라고 요약할 수 있다.

중도좌파의 우경화를 경험하면서 정당의 정체성 차이를 체감할 수 없다는 인식이 확대되었고, 이것이 하위계층의 계급투표가 일어나지 않는 '요지부동 현상'으로 표상되었다고 해석하는 것이 합리적일 것이다.* 그러므로 규칙성이 없고 정합성이 없는 이러한 결과를, 왜곡된 분배구조의 변화와 '탈'소득불평등과 민주주의 확장에 대한 선호가 낮은 것으로 해석할 수는 없다. 이런 해석은, 경제가 쇠퇴한 지역의 유권자를 '고정'된 보수지지자로 간주하는 엘리트주의적 해석[4]이나 대다수 하위계층과 시민대중이 기성 정당의 보편주의적 공약에 마취되었다는 해석을 유도하는 오류를 낳는다. 신자유주의식 기업가의 나라와 감세의 정치를 청산하라는 시대적 과제를 이행하지 않은 보수화된 기성 정치, 특히 중도좌파에 대한 하위계층의 기대철회가 계급투표 불일치의 심층적인 원인이라는 해석적 맥락에서, 문재인정부의 후퇴가 우리에게 의미하는 바는 크다. 개혁의지가 없는 자발적인 '후퇴'는 보수 정치세력의 반사이익으로 귀결된다는 것이다.

• 계급투표로 지지를 받아야 하는 좌파정당조차도 기성 정당과 차별성 없이 '보편주의적' 전략을 선호한다면 정당정치의 존재와 가치는 사멸할 것이다. 좌파정당이 기성 정당과의 비타협적 원칙 고수와 새로운 민주적 운영으로 주권자의 주체성을 높이지 않으면, 하위계층의 '요지부동' 현상은 계속될 것이다.

요지부동의 투표행위나 반동적 투표결과는, 보수화된 기성 정당정치와 대의제 민주주의에서는 감세의 정치와 배제의 정치 그리고 소득불평등의 확대를 벗어날 수 없다는 인식의 표출이다. 선거로 사회변화를 '결정'할 수 있다는 낭만적인 기대를 폐기했다는 의식의 변화와 대의제 민주주의에 대한 불신을 의미한다. 이것은 주권자인 하위계층이 대의제 민주주의와 국가정부에 대립하는 관계로의 '재설정'을 함축적으로 예고한다. 소득불평등 사회, 빈곤영속화 시대의 한복판에 방치된 우리에게 문재인정부가 남긴 교훈은, '허구적' 주권이 아니라 '주체적' 주권으로 감세의 정치와 배제의 정치에 대항하는 것이 주권자의 경제적 권리를 되찾고 사회를 변화시키는 '우리'의 시대적 과제라는 의미를 담고 있다.

소득불평등을 다르게 사고하기

보수화·우경화된 대의제 민주주의에 외부로부터의 '특별한' 충격이 가해지지 않는다면, 저임금·저소득을 강제하는 왜곡된 분배구조와 승자독식의 시장경제체제는 더욱 강화될 것이다. 물론 노동소득으로 분배되지 않으면 영속적인 이윤축적은 불가능하지만, '힘'과 '정치력'을 확보한 자본은 국민소득을 '모두' 먹어치울 듯이 이윤축적을 하려고 할 것이다. 야만적으로 진화하며 새로운 수익원천이 될 만한 수단과 방법을 가리지 않고 탐색할 것이다. 또 국가정부는 권위주의적 감세의 정치와 배제의 정치를 확대할 것이다. 분배왜곡과 소득불평등이 확대되는 비극은 계속될 것이다.

자본이 '언제까지' 노동과 고용을 배제하고, '얼마나' 소득불평등을 더 확대하고, 하위계층을 '얼마나 더' 빈곤의 수렁으로 내몰 것인지, 그 전망은 불투명하다. 이렇게 답답한 현실에 대해서, 자본이 주도한 기술혁신이 '영구적'으로 노동을 '배제'하거나 이윤착취가 길게 이어지지는 못할 것이라는 견해도 있다. 혁신된 기술의 유효기간, 즉 기술수명을 '주기가설'로 설정하여 머잖아 10년 이내에 기술이 '포화'상태 saturation에 이르고 그 수명이 다했다는 전망이다.[5] 그러나 '자동적 파국'의 조짐이 '뚜렷하게' 보이지는 않는다.

한편 이런 가설에 의존한 전망에는, 의미 있는 변화와 변혁이 절실하다는 시대적 요구가 상승했다는 의미가 내포되어 있다. '절실함'의 의미는 확대된 소득불평등의 저수지에 담겨 있는 분노의 저량 stock이 저수지 둑 밖으로 '넘칠' 시간에 이르렀다는 해석적 통로를 열어준다.

이 통로는, 불평등한 과거와 미래의 삶을 규정하는 소득불평등의 역사는 불평등한 사회를 바꿔야 한다는 권리회복의 주체적인 인식과 행동을 우리의 시대적 과제로 규정한다. 이런 맥락에서 소득불평등의 속성을 재구성하고 '역동성'을 탐색하는 시도는 우리의 시대적 과제에 우리가 주체적으로 접근하려는 사고의 지평을 넓혀주는 의미를 제공할 것이다.

소득불평등의 역동성을 재구성하자는 제안은, 국가정부가 어떤 정책으로도 해결할 수 없을 정도로 우리 사회의 소득불평등의 '강도'가 커졌다는 전제에서 시작한다. 이 전제는 하위계층의 소득하향을 주도하는 요인들, 소득증발과 부채증가를 주도하는 요인들, 소득불평등과 자산불평등의 실태, 분배 없는 성장과 감세의 정치와 배제의 정치로 커지게 될 빈곤영속화 가능성을 검토한 결과로 구성된 전제이다. 이 전제에 근거해서, 소득불평등의 '실재성'(힘)이 '역동성'(작용)으로 전환되는 단계와 '조응성'(행동)으로 연결되는 단계를 가정할 수 있다.

첫번째 가정은, 실제로 소득불평등을 강제하는 자본의 '힘'처럼 소득불평등도 실재하는 '힘'이라는 것이다. 소득불평등의 힘은 사적으로 소유한 자본의 힘과 대비되는, 불평등한 사회가 공유한 힘이라는 개념으로 치환된다. 이것을 이 글에서는 '독립성'이라고 부르겠다.

두번째 가정은, 소득불평등의 힘이 국가정부의 성장기조나 경제 제도·정책을 결정하는 요인으로 작용한다는 가정이다. '힘'의 발현을 '역동성'이라고 표현하겠다. 이 역동성이 권위주의적 국가정책체계가 소득불평등에 영향을 끼치는 인과관계의 진행방향을 소득불평등의 '역방향'으로 작동시키면서, 권위주의로 더 보수화시키는 '힘'으로 작용한다는 가정이다. 비극적이지만 이것이 소득불평등의 역동성이 가진 단계적 특성이라고 할 수 있다.

세번째 가정은, 소득불평등의 역동성이 권위주의적 경제 제도·정책과 폐쇄적인 자본의 전략에 대한 분노에 조응하여 대항하는 직접행동을 선택하고 결정한다는 것이다. 이것이 대항적 행동주의가 발현되는 계기를 형성한다는 가정이다. 불평등을 공감하면서도 '주변화' marginalization되어 있던 하위계층에게, 소득불평등의 역동성이 권위주의적 국가정부의 왜곡된 소득분배구조와 정책에서 배제하는 제도가 소득불평등을 재생산한다는 구조적 모순에 대한 비판의식을 확산하며 급진적인 대항의 행동주의를 호출한다는 것이다. 소득불평등의 역동성이 직접민주주의 지향적 행동주의가 발현되도록 '징검다리' 역할을 한다는 가정이다. 희극으로 '반전'하는 단계이다.

가정 1. 소득불평등의 독립성, 위협적인 '힘'의 담지

IMF 경제학자들은 글로벌 금융위기와 소득불평등은 상관관계가 있고 자본주의 체제를 위협한다고 해석하였다. 그만큼 소득불평등이 확대되었고, 이것이 현대 민주주의 위기와 자본주의 체제의 위기를 구성하는 가장 '큰' 위협요인이 되었다는 사실을 암시하는 해석이다. 자본주의 체제가 '선제적'으로 포용성장론을 제시한 이유도 이런 위협을 의식한 결과일 것이다.

기업자본이 투자하지 않고 '사내유보금'(자본잉여+이익잉여)을 쌓아두는 경향에서도, 확대된 소득불평등이 금융과 경제 위기에 영향을 끼친다고 우려하는 정황을 엿볼 수 있다. 우리나라 상위 100대 기업의 사내유보금 규모는 1천조 원을 넘는다. 2012년에 630조 원이던 사내유보금이 2021년에는 1025조 원에 이른다. 그들의 사내유보금 평균증가율은 매출액 증가율보다 높다. 사내유보금 평균증가율은 5.5%, 매출액 평균증가율은 2.3%이다. 10대 기업이라면 사내유보금 증가율은 이보다 훨씬 높을 것이다.

박근혜정부는 사내유보금에 '기업소득환류세'(투자상생협력촉진세)라는 명목으로 세금을 부과하면서 기업의 투자를 유인했다. 이 세금을 내는 기업도 10배나 늘었다. 그러나 기업들이 이 세금을 피하려고 울며 겨자 먹기 식으로 생산에 투자하지는 않았다. 실제로 대부분의 유보금은 언제든지 현금화할 수 있는 자산에 투자하거나 M&A자금으로 쓰였다. 2022년 말, 윤석열정부는 환류세제도가 효과가 없다는 이유를 들어 이 제도를 폐지했다. 사실상 대기업의 세금을 줄여준 것이지만, 소득불평등이 확대된 사회일수록 유동성 위험이 크다는 그들의 직관적 본능에 소득불평등의 독립성이 작용하고 있다는 충분한 증거라고 할 수 있다. 또 대항운동 이후에 유럽에서 대의제 민주주의에 대한 신뢰를 철회한다는 의사를 표출한 계급투표의 불일치 현상도 소득불평등의 독립성이 '개입'한 결과라고 해석할 수 있다.

소득불평등이 사회경제 구조적으로 강제되는 분배왜곡과 권위주의적 경제 제도·정책의 종속변수라고 인식하는 것이 통념적 관행이었다. 그러나 소득불평등은 자본주의 체제를 위협하는 요인으로 또 국가정부의 정책체계와 적대적으로 대립하는 요인으로 이미 부상했다는 정황은, 독자적인 '힘'의 담지자로서 잠재적으로 역동성을 발휘하는 양가성ambivalence을 가지고 있다는 가정설정의 타당성을 뒷받침한다.

독립성을 결정하는 하위변수로는 왜곡된 분배구조와 하위계층의 규모, 부채의 규모 그리고 '감세의 정치'와 긴축과 규제해제 등 배제의 정치를 구성하는 권위주의적 경제 제도·정책 등을 들 수 있다. 이런 하위변수가 소득불평등의 '불가역성'을 결정하며, 불가역성은 소득불평등의 '강도'와 소득불평등이 더 확대될 '시간'에 의해 결정된다고 가정할 수 있다. 이 가정과 소득불평등의 독립성을 구성하는 하위변수와 불가역성이라고 일컬을 수 있는 수준을 어떻게 구체화할 것인지는 앞으로 더 세심하게 고민하며 다듬어야 할 과제이다. 이 과제를 안은 채, 이 글에서는 소득불평등의 '힘'이 불평등한 사회와 성장정책체제와 권위주의적 경제체제에 어떤 영향을 끼칠 것인가, 또 퇴행하는 민주주의와 우리 사회경제제도에 어떻게 역동적으로 작용할 것인가라는 단계적 가정을 전개하겠다.

가정 2. 권위주의적 보수화를 추동하는 역동성

소득불평등이 성장정책체제와 권위주의적 경제제도에 어떻게 작용할 것인가? 잠재된 힘으로 존재하는 소득불평등의 역동성은 국가정부-자본의 내적 권력관계에서 자본의 힘이 더 강화되도록 변화시키고, 성장정책과 권위주의적 경제제도를 더 보수화시키는 힘으로 작용할 것이다.

무엇이 소득불평등을 심화시키는가? 그 해답은 정치메커니즘에 있다고 연구자들은 주장하고 있다.[6] 시장 내부에서 강제적으로 소득분배를 왜곡하여 '부'가 소수에게 집중되는 정치메커니즘의 작동과정에서 그들이 권력을 독점한다는 것이다.[7] 소득불평등을 확대하는 권위주의적 경제제도를 누가 주도하는가? 감세의 정치와 탈규제정책으로 표상되는 배제의 정치와 이런 권위주의적 경제제도를 실질적으로 기획하는 주도자는 정치메커니즘에서 권력 내적으로 우위를 차지한 자본이라는 것이다.[8]

우리가 국가라는 틀 안에서 주권자 국민으로 살고 있는지, 자본과 기업이 지배하는 시장의 틀 안에 갇혀 하위계층이자 채무자로 살고 있는지 혼동될 정도로 저임금구조와 왜곡된 소득분배가 더 고착되고 있다면, 국가정부-기업자본 간 내적 권력관계에서 자본의 결정권이 더 커졌다고 판단할 수 있다. 시장과 경제의 '관리권'이 자본에 '위임'된 상태라는 것이다. 국가정부가 시장과 경제의 관리를 기업자본에 위임했다기보다는, 좀더 엄밀히 말하자면 시장 내부의 규칙에 '개입할 수 없는 조건'이 고착되었고 그들에게 '위임할 수밖에 없는' 착취적 사회경제와 권위주의적 정치체제라는 의미이다. 대의제 민주주의와 정당정치에서 보수세력과 중도 또는 '자칭' 진보라고 표방하는 세력 간에 '정체성'의 차이가 없고 그들의 정체성이 소득불평등을 해소하려는 방향으로 발현되는 것을 전혀 기대할 수 없는, 정체성 부재의 정당정치 흐름이 오늘날의 대의제 민주주의 정치라는 의미와 상통한다.

시장과 경제의 관리권이 기업자본과 금융자본에 위임된 현상이 고착된 데는, 사회주의가 몰락한 이후에 자본주의 단극 single pole 체제에서 승자독식의 경쟁적 자유주의가 경제 제도·정책의 보수화를 강제했기 때문이다. 신자유주의가 국가와 정치를 경제에 종속시킨 결과물인 것이다. 그리고 신자유주의 이후에도 계속 강화된 자본의 힘이 기업가의 나라를 위한 권위주의적 경제제도를 '기획'하고 국가정부를 과거보다 더 압박하고, 소득불평등을 더 확대하고 있다. '불안하게' 동거해 온 자본주의와 민주주의의 이념적 동거는 이제 유지되지 못할 정도로 그 틈이 벌어져 있다.

성장의 장밋빛 환상으로 덧칠한 '민주적 자본주의'는 형용모순이며 허구적 논리라는 한계에 봉착했지만, 자본주의 헤게모니가 당분간 유지될 것이라는 전망에는 이론가들 사이에서 큰 이견이 없다. 자본주의를 대체할 일반적인 이념적 대안이 아직 출현하지 않았기 때문이다. 일부 이론가들은 이런 답답한 상황에서 자본주의가 조정을 거치면서 진화하는 '묘한' 능력이 있다고 자조하기도 한다. 그러나 소득불평등의 관점에서는 이런 자조적 표현보다 좀더 신중한 표현이 요구된다. 자본주의 체제가 영속력을 가진 것처럼 변혁에 대한 체념을 유도할 수 있기 때문이다.

확대된 소득불평등은 자본주의 체제가 강제적 연명수단으로는 '회생'할 수 없고 자본주의의 영속이 보장되지도 않는다고 반박한다. 또한 확대된 소득불평등은 자본주의 체제가 반복되는 위기를 관리할 수단이나 전략적 대안도 이미 모두 소진했다는 사실을 설명한다. 글로벌 금융위기 이후에 낙수효과론을 철회하면서 선제적으로 재편한 포용성장론도 소득불평등 완화에 전혀 효과가 없었다면, 또 다른 선제적 재구조화·재편의 가능성이나 조정할 수 있는 수단이 출현할 가능성은 희박하다고 볼 수밖에 없다. 자본주의 체제가 일련의 조정을 거치더라도 위기를 벗어날 가능성은 없어 보인다. 기업자본과 금융자본이 하위계층을 이중적으로 포획하여 포로로 사로잡아두고 있지만, 문제는 국가정부가 소득불평등과 양극화된 수위를 통제할 수 있는 수준을 넘어섰다는 데 있다. 그러므로 자유주의 국가정부의 양적 성장과 감세의 정치, 재정건전성 논리와 긴축 등의 권위주의적 경제제도와 정책수단에 의존하여 강제로 임시 '연명'[9]하고 있다는 표현이 적절할 것이다.

기업자본과 금융자본의 수익활동이 모두 국가의 틀 안에서 국가 경제 제도·정책에 의존하지만, 국가정부가 자본을 통제하지 못하고 소득불평등을 통제할 수 없다면 종속적이었던 소득불평등의 위상은 이때부터 달라진다. 소득불평등의 '독립성'이 작동하는 시간이 시작된다. 이 단계에서 소득불평등의 힘은 국가정부의 정책체계를 압박하여 기업가 나라의 정체를 뚜렷하게 드러내게 만든다. 자본의 힘과 소득불평등의 힘이 추구하는 바는 서로 다르지만, 각각 대등한 '독립적' 힘으로 국가정부의 정책체계를 권위주의적 경제제도로 더 이동하게끔 보수화를 추동한다는 가정이다. 그러므로 이 단계는 국가정부가 자본의 힘과 소득불평등의 힘에 의해 떠밀리는 단계이다. 국가정부가 양립하기 어려운 성장과 분배라는 정책목표를 내세울 수도 없으며, 권위주의적 경제제도와 불안한 '비민주적 자본주의'로 더 이동할 수밖에 없는 피동적 역학관계에 놓이게 되는 시간이다. 이 단계는 하위계층에게 빈곤의 고통이 더욱더 커지는 '비극적' 시간으로 전개된다.

이런 맥락에서 소득불평등 시대는 국가정부의 '정체성'이 권위주의를 자의적으로 선택한다는 '정형화된' 관계를 해체한다고 할 수 있다. 구조관계의 패턴이 역방향으로, 소득불평등의 확대 → 기업자본 위주의 성장주의 정책체제 → 권위주의로 변화되는 시간이다. 독재나 권위주의적 정치체제가 소득불평등을 심화시킨다는 '후진국형' 관점에서 보면, 심화된 소득불평등이 '역방향'으로 성장주의 정책체제와 권위주의적 보수화를 추동한다고 설정한 가정이 생소할 수 있다. 그러나 자본주의가 더 진화할수록, 경제규모가 더 커질수록 그만큼 더 소득불평등이 확대되는, 모순된 자산경제와 부채사회로 이동하고 있다. 실제 소득불평등도가 높은 나라에서 이런 특성이 뚜렷하게 나타나고 있다. 문제는 산술적으로 소득불평등도가 높다는 게 아니라, 하위계층이 늘어나고 있다. 승자독식의 경제사회에서 확대된 소득불평등 때문에 체제의 위기가 고조되었다는 관점에서 본다면, 경로변동에 대한 이런 가정이 전혀 생소하지만은 않을 것이다.

가정 3. 대항적 행동주의와 조응하는 역동성

국가정부가 감세의 정치와 배제의 정치로 확대한 소득불평등의 구조적인 모순을 '오늘' 제거하지 않는다면, 하위계층에게 '내일'이란 시간은 빈곤영속화가 가속화되고 다음 세대에게 빈곤의 대물림은 영속화된다. 하위계층의 빈곤영속화가 국가의 정책시간표에 구속 situatedness 되어 있다. 이 말은 감세의 정치와 배제의 정치를 벗어나지 않는다면, 국가정부가 주권자의 비용, 특히 정책에서 배제해 온 하위계층의 비용을 착취한다는 사실과 상통한다.[10] 그러므로 국가정부가 권위주의 경제체제에서 벗어나지 않는다면, 소득불평등의 역동성이 대항운동과 조응할 가능성은 매우 커진다.

수인한도를 벗어난 소득불평등, 역동성의 시간

2022년 윤석열정부에서는 53조 원이 넘는 세금이 덜 걷히는 세수추계 오차가 발생했다. 2023년에는 세금이 총 400조 5천억 원 걷힐 것으로 추계했지만, 2023년 9월에 세수가 총 341조 4천억 원으로 낮아질 것이라고 추계했다. 15%에 해당하는 59조 원이 넘는 세금이 덜 걷힌다는 것이다. 처음 추계한 세수에서 25조 4천억 원의 법인세가 줄었다. 조세수입 추계오차의 50%가 법인세 부문에서 줄어든 것이다. 감세의 정치가 재정부족의 근본 원인이지만, 윤석열정부는 '경기부진'과 '불황'만 탓하고 있다.*

• 윤석열정부의 2022년 세법개정(안)은 '세수감소형' 개정안이었다. 이 개정(안)대로 바뀌면 윤석열정부의 임기(2023~27) 동안에 세금수입은 73조 6천억 원이 줄어들 것으로 전망되었다. 이

줄어든 세금수입은 공공요금과 물가상승으로 전이되고 있다. 부족해진 재정비용을 윤석열정부는 일시적으로 한국은행에서 차입하고 있다. 그러나 2024년부터 세금수입은 더 감소할 것으로 예측된다. 차입은 더 늘어날 것이다. 외평채까지 매각한다는 계획도 흘러나오고 있다. 공공자산 민영화 카드를 꺼낼지도 모른다는 우려의 목소리도 높아지고 있다. 문재인정부의 개혁후퇴의 시간을 거치고, 시장이 규정한 자유만 '자유'라고 내세우는 윤석열정부 들어서 확장된 감세의 정치는 이제 우리 사회의 중요한 정치·경제 의제로 대두되었다. 이 의제의 중요성은 단순히 세수감소의 문제가 아니라, 감세의 정치에 의한 세수감소가 부당한 배제의 정치와 긴축의 이유가 될 수 없다는 비판이 포함됐다는 데 있다. 문재인정부 임기 말인 2021년에는 61조 원이 넘는 세금이 더 걷혔어도, 윤석열정부가 임기를 시작한 2022년부터 덜 걷혀도, 국가정부가 '일관되게' 하위계층을 배제한다는 비판이 내재한 '정치적 의제'인 것이다.

그러므로 이 정치적 의제는 승자독식의 '분배 없는 성장', 비민주적 권위주의적 성장정책이 키운 불평등이 '수인한도'tolerable limit, 즉 참을 수 있는 한계를 넘었다는 시간을 가리킨다. '생산의 효율성'을 강조하는 성장정책이 소득불평등의 고통을 감수하라는 부당한 '아편'이라는

명박정부가 5년간 세금을 줄였던 수준(82조 5천억 원)에 버금가는 감세(안)이다. 이 가운데 법인세·소득세·종합부동산세가 줄어드는 비중이 가장 크다. 윤석열정부 5년간 대기업의 법인세는 5조 4천억 원이 줄고, 중견기업 등이 2조 9천억 원을 덜 낼 것으로 전망되었다(국회예산정책처, 2022 세법개정안 분석, 2022. 11). 추산하기에 따라 차이는 있겠지만, 기업의 법인세만 5년간 8조 3천억 원이 줄어들고, 부동산 보유세 등 총 73조 6천억 원이나 감세하는 감세의 정치다. 윤석열정부의 '감세의 정치'가 재정적자의 위험을 자아내고 있으며, 이것이 빚어낸 '배제의 정치'와 긴축에 대한 비판이 사회적 분노를 형성하고 있다.

사실에 대해 분노가 시작되는 시간이다.

이 시간은 가진 것 없이 왜곡된 분배를 강제당하는 하위계층의 공간에 응고된 채 정지상태로 머무르던 소득불평등의 역동성은, 감세의 정치와 배제의 정치를 강요해 온 국가권력을 상대로 국가의 역할과 국가가 존재하는 이유가 무엇인지를 묻고 비판하는 시간으로 이동시킨다. 그리고 국가정부가 예산자원을 왜곡하여 배분하고 하위계층의 저임금·저소득이 강제되며 시장탈취를 허용한 정책의 결과가 무엇인지, 주권자의 물음에 '반드시' 대답하라고 압박하는 시간으로 전환된다.

국가의 존재이유를 묻는 시간

이중적 경제가치가 대립하는 체제 내적 모순에서 국가정부의 과제와 존재이유가 국부와 경제성장만이 아니라고 온건하게 비판하던 시간을 지났다는 의미이다. 이것은 감세의 정치와 배제의 정치에 대한 대항적 비판을 재구성하며, 자본의 힘을 견인한다는 내면화된 경제질서와 체념을 거부하고 시장자유주의의 서사를 부정negation하는 '적대적' 관계의 시간으로 전환된다. 부정과 거부는 '분배 없는 성장'과 경제민주화에 생래적으로inherently 역행하는 성장으로 표상되는 '비민주적 자본주의'를 거부하는 행동과 접합하게 될 시간을 예고한다. 대항의 시공간을 여는 단계이다.

이러한 소득불평등의 역동성이 우리 사회에서 행위자로 변신하며, 권위주의적 배제의 정치에 대항하는 행동주의를 호출하고 있다. 노동·고용 정책, 주당노동시간제, 실업급여 축소, 규제해제 등의 강압적 규칙과 배제의 정치에 대한 분노가 확대되고 있다.

소상공인·자영업자 손실보상 약속 불이행, 주당52노동시간 철회 움직임, 업종별 차등적 최저임금 움직임, 화물안전운임제 한시적 연장, 쌀 생산비 문제와 양곡관리 정책, 공기업 인원감축 움직임, '노란봉투법'과 작업중 안전사고 사망자 발생증가에 대한 미온적 처벌 그리고 '중대재해처벌법' 철회 혹은 축소 움직임, 라이더 배달임금표준제와 플랫폼노동자의 임금표준제에 대한 배제, 미온적인 전세사기피해자 특별법, 핵오염수 방류로 인한 어민·자영업자의 손실 초래 등, 배제의 정치가 낳은 소득불평등과 관련된 많은 의제가 이미 수면 위로 올라와 있다. 윤석열정부는 법률안 거부권을 거듭 행사하며, 국회에 재의결을 요구하고 있다. 그러나 이것은 정치집단끼리 대립하는 차원의 문제가 아니다. 타협할 성질의 사안이 아닌 법률안들이다. 그러므로 주권자인 이해당사자와 국가정부·정치집단 간 대립의 골은 더욱 깊어졌고, 일상과 경제, 미래에 대한 불안이 정치와 대의제 민주주의에 대한 비판 의식으로 형성됐다고 평론가들은 말한다.

2016년 말 추운 겨울에, 광장을 뜨겁게 달궜던 직접민주주의 동력이 사회적 자본으로 작동하면서, 권위주의 국가정부의 부당한 정책체제로 입게 될 개인의 경제적 손실과 위기의식이 비판을 확대하며 직접민주주의를 호출할 단계라는 것이다. 그리고 언론장악, 여성가족부 해체, 장애인 배제, 기후대응에 대한 정책후퇴 등, 사회의 여러 이슈와 맞물려 우리 사회에서 분노가 행동주의로 발현될 가능성이 '이미 열려' 있다는 의견도 많이 제기되고 있다.• 정책효능감 상실→ 민심이반→

• 윤석열정부의 '일본 핵오염수 방류' '일제의 강제 위안부와 노역자 동원에 대한 제3자배상'에 대한 일방적 합의, '이태원 참사' '지하차도 침수 참사'에 대한 책임회피, 무리한 명령으로 죽음에 이

직접행동으로 이어지며 시민 주도적 변혁의 발현을 기대할 수 있다고 '낙관하는' 분위기가 우리 사회에 확대되고 있다. 소득불평등의 역동성이, 기업가의 나라가 확대한 부당한 제도·정책에 대한 비판과 조응하여, 대항운동으로 '발현될 시간'에 도달했다고 보기에 충분하다.

르게 한 군 지휘자에 대한 수사의 축소지시 여부, 극단적인 반공이데올로기 확대와 유포 등의 여러 사회적 분노와 맞물려 다시 촛불집회와 같은 대대적인 대항적 행동으로 발현될 조짐이 커지고 있다. 특히 배우자와 그 가족의 사업과정에서의 위법 논란과 검찰의 미진한 수사대응에 대한 특검, 개혁을 거부하고 정치전선에 포진된 검찰의 특별활동비 부당사용 등이 쟁점이 되고 있다. 또 최근에 윤석열 검찰총장 재임시 법무부장관이 직무를 정지시킨 사건에 대해, 원고인 윤석열 당시 검찰총장이 제기한 소송에서 모두가 예상한 대로 국가법률소송 당사자인 법무부가 미흡하게 소송에 대응했고 2심판결 항소를 포기하여 원고 윤석열의 승소가 확정되었다. 부당한 포기라는 지적이 대두되고 있다. 뒤이어 국회에서 야당이 주도한 김건희특검법(안)이 가결되었다(국회 2023. 12. 28). 그러나 법질서와 공정을 '선택적으로 인식'하고 적용하는 윤석열정부가 이것을 거부하겠다고 천명하였다. 이에 대한 분노가 어떤 형태로든 다른 이슈와 맞물려 행동주의적 양상으로 나타날 가능성도 크다.

2. 소득불평등의 역동성과 대항적 행동의 조응

소득불평등 역동성과 대항적 행동의 조응

부정과 거부가 호출하는 대항적 행동의 시간

생산방식이나 생산양식의 변화는 특히 기술혁신 시대에 소득불평등
을 확대하는 '진원'이 되고 있다. 또 감세의 정치가 배제의 정치와 긴축
의 진원이라는 사실이 분명하지만, 대다수 하위계층의 경제적 이해에
는 쉽사리 와닿지 않는다. 국가정부가 부유층의 세금을 내려주면서
'물타기' 수법처럼 하위계층의 세금도 함께 내려준다고 하더라도, 하
위계층에는 실질적으로는 거의 영향을 끼치지 않는다. 그러므로 이러
한 자본주의 체제의 심층적 모순에 대한 이슈가 대항적 행동주의로 직
접 표출되기는 비교적 어렵다. 또 자본주의에 대한 자동적인 대항운동
으로 점화되지는 않는다.

그러나 소득불평등의 역동성이 대항행동과 조응하는 데는, 계급의
식처럼 사회의 심층적 모순에 대한 과학적 인식이나 자각이 큰 전제가
되지 않는다. 왜곡된 분배구조는 부채에 지배당한 채무자의 삶을 강제
하는 현실로 고착되었고, 국가정부의 제도·정책은 '배제의 정치'로 구
성된 하위계층의 위험을 사회 일상의 표면에 직접 드러나기 때문이다.

이런 맥락에서 부채는 오늘날 우리 사회에서 일어나는 수많은 경제적 갈등의 뿌리를 이루고 있다. 그리고 부채는 소득불평등의 역동성이 대항운동과 조응하는 결정적 매개체로 작용한다. 일상에서 배제당하고 있다는 비판적인 사회적 서사 narrative가 폭넓게 공유되며 정치적 동맹의 연대고리가 형성되는 것이다. 경제적 손실이 확대되며 그러한 암울한 미래가 예견되는 소득불평등의 '시간성'과 배제의 정치의 '교집합'intersection의 영역에서 급진적으로 대항의식이 고조되는 것이 소득불평등의 '역동성'과 대항적 행동주의의 '조응성'congruence 관계이다.

기술혁신 시대에 노동배제로 분화된 노동시장에 미조직노동 영역에 진입할 수밖에 없는 사람이 늘어나고 있다. 특히 청년세대는 양극화된 사회와 불평등이 강요되는 사회에서 성장했으며, 이렇게 짜인 노동시장에 첫발을 내디뎌야 하는 최대의 피해자이다. 비정규직과 부채인간으로 전락시키는 불평등한 사회경제체제의 구조적 모순이 청년세대를 대항적 행동의 주체가 되도록 만드는 셈이다. 그러므로 소득불평등과 조응하는 대항적 행동은 사회변혁운동 과제와 전략에 정합하지 않을 개연성과 급진적인 경향이 있다. 그러나 그럴 개연성보다는 처음부터 자신들이 '통계 뒤에 숨겨진 계층'이었으며, 정책의 밖으로 내몰려 있다는 불안정세대의 정체성 자각을 주목해야 한다. 불안정세대의 정체성 자각이, 모순된 사회경제구조가 내면화되어 비판의식과 변혁적 요구가 무뎌진 기성세대를 넘어 사회에 새로운 비판적 시각을 확산하고 있다는 것이다.

그러므로 오늘날에는 과거보다 훨씬 낮은 소득자나 채무자라는 상대적 수치심이나 고립감에 덜 사로잡히고 있다. 청년세대는 오히려 지금의 저소득구조와 부채통치 방식이 '노동력을 통제하려는 전쟁에서 자본이 배치한 중요한 무기'라고 인식하고 있다.[11] 이것은 소득불평등과 부채에 기반한 생산적 자율성의 상실 그 자체로도 이미 자본주의 사회가 한계에 도달했고, 이런 현실에서 더 많은 사람이 이에 맞서 자본과 권위주의 국가정부와 싸울 준비가 되어 있다는 기반의 형성을 의미한다. 저임금·저소득 노동자와 자영업자의 부채, 학비부채, 주택담보 부채나 농업부채를 둘러싼 여러 영역의 대항조짐이 전세계적으로 커지고 있다. 신자유주의 시대의 특징인 금융화에 대항하는 추세가 두드러진다면 21세기가 '부채 반대투쟁의 세기'가 될 가능성이 크다고 전망하는 견해도 대두되고 있다.[12]

그만큼 소득불평등의 역동성이 대항적 행동과 조응하며 발현될 지평이 넓어졌기 때문에 '실험적인' 대항양식이 나타날 가능성도 커진다. 이 지형에서 자본주의 구조에 대한 심층적 문제의식과 이데올로기와 접합되면 변혁운동으로 수렴될 가능성도 확대된다. 이런 맥락에서 2011년에 전세계적으로 일어난 대항운동을 통해서 새로운 주체의 출현 가능성과 새로운 실험적 대항양식의 특성을 살펴보자.

미래를 빼앗긴 세대의 자각, 역동성과 대항의 조응

신자유주의 시대는 '저임금과 실업의 시대'였고, 학비와 주택담보 부채의 시대였다. 고학력·저임금의 불안정세대precariat를 낳았다. 그리고 신자유주의 경제체제는 청년세대에게 비정규직 임금의 노예가 되든지, 사회변혁을 요구하는 실업자로 살든지 둘 중에서 하나를 선택하라고 강요하였다.

글로벌 금융위기 이후에 미국에 오바마정부가 들어선 뒤, 의회예산처Congressional Budget Office는 물가상승률을 조정한 세후소득을 비교하여 지난 30년 동안 상위 1%의 최상위 소득자 소득만 증가했다는 분석보고서를 발표했다.[13] 왜곡된 소득분배 실태를 분석한 것이다. 이 보고서에 따르면, 1979~2007년에 소득 상위 1%의 평균소득은 275%가 증가했다. 같은 기간에 중산층의 소득증가율은 40% 미만에 그쳤다. 하위 20%의 소득증가율은 30년 동안 불과 18%만 증가했다. 이 보고서는 왜곡된 미국사회의 분배구조를 구체적으로 밝힘으로써, 미국이 소득계층 간 상향 이동하는 사회이며 계급화되어 가는 사회가 아니라는 주장이나 누진과세보다 개별정액 과세제도로 부유층 세금을 낮춰야 한다는 보수세력의 주장이 허구였음을 폭로하였다. 국가정부의 '부유층 감세정책'은 불평등을 확대했고 소득상향은 일어나지 않았다는 결론이다. 달리 말하면 감세의 정치와 왜곡된 분배구조, 허구적 성장의 자본주의가 하위계층과 청년세대를 글로벌 금융위기에서 최대의 피해자로 전락시켰다는 사실을 실증한 것이다.

그러나 당시에 미국뿐 아니라 대부분의 국가정부와 기성 정치세력은 공적 자금을 쏟아부어 채권자인 금융만 구제했다. 오바마정부와 민주당에 대한 비판이 일기 시작했다. 골드만삭스와 제이피 모건, BRT 등 가해자들을 처벌하지도 않았고 '채무자'는 전혀 구제하지도 않았다. 이것은 자본주의 체제와 각 국가정부는 글로벌 금융위기를 일으킨 금융자본을 '대마불사' 신화의 주인공으로 창조한 것이나 다름없었다.

2010년 2월에, 이런 비판을 담은 총 6부로 구성된 보고서가 발표되었다.[14] 이 보고서는 피라미드 구조와 같은 자본주의와 국가정부를 비판하며, 글로벌 금융위기를 경제엘리트와 금융의 테러이자 쿠데타라고 규정했다. 그리고 피해를 채무자에게 떠넘긴 국가정부의 편향된 정책을 비판하며 '99%운동'을 공개적으로 제안했다. 엉겁결에 채무자가 되어버린 피해자들은 이 보고서를 통해 배제의 정치를 실감했고, 이런 비판의식은 빠르게 사회에 확산되었다. 부채를 안게 된 원인이나 글로벌 금융위기로 입은 손실이 개인의 잘못이나 개인적 차원의 문제가 아니라, 자본주의와 국가경제제도가 기획한 모순된 구조 때문이라는 인식의 확대가 분노의 대항운동을 연결한 고리 역할을 하였다.

학비부채에 억눌려[*] 압사당하는 공간으로 내몰린 청년학생과 또 노동이 기술로 대체되면서 취업기회를 박탈당하고 노동배제의 공간에서 '미조직' 노동자가 된 비정규직 노동자들은, 세계무역기구WTO와 뉴라운드 출범을 반대한 반反세계화운동의 배경과 80여 개 나라의 NGO들이 WTO 각료회의장을 에워싸고 봉쇄했던 시애틀전투(The Battle of Seattle, 1999. 11. 30)의 의의를 '이해하기' 시작했다. 시애틀전투 이후에 10년간 보였던 자본주의의 경제호황은 광적인 부채주도 성장 정책이 만들어낸 허상이었으며, 이것이 자본주의를 떠받쳤다는 사실을 깨달았다. 국가정부보다 더 강력한 '힘'을 가진 기업자본이 민주주의를 파괴한다는 비판의 의미를 실감하였다. 자본주의의 광란적 파티의 배경에, 주식 포트폴리오가 부풀린 '창업열풍'의 신기루와 국가정

• 미국의 학비부채 문제는 우리나라와는 그 성격이 다르다. 우리나라의 학자금 대출제도와 다른 상품이기 때문이다. 미국의 학비부채는 악명 높은 서브프라임 모기지론처럼 '증권' 파생상품으로 포장되어 재판매되는 상품이다. 당시 미국에서 상환하지 못한 학비부채는 2012년 3월 프랑스나 이탈리아의 공공부채의 절반을 넘었고, EU와 IMF로부터 혹독하게 괴롭힘을 당했던 그리스의 국가채무보다도 많았다. Maurizio Lazzarato, *Governing by Debt*, Semiotext(e), 2015.

부의 반동적 노동기준과 파괴적 규제해제정책이 있었다는 사실을 뚜렷하게 인식하기 시작했다.

평범한 청년과 학생, 노동자 들은 자기들의 미래를 자본과 국가정부가 짓밟는 사회경제구조에 분노했고, 분노는 대항의 '필요성'을 이들에게 각인시켰다. "미래를 위한 저항과 투쟁으로 '정의'와 '정상적인' 우리의 경제·정치·사회적 권리를 되찾자"는 몇 개의 격문으로 대항운동이 시작되었다.[15] 왜곡된 분배구조와 소득불평등에 대한 분노가 대항운동을 낳았다. 채무자의 구제는 배제한 신자유주의식 대마불사의 정책[16]이 자본주의에 내재한 심층적 모순에 반기를 든 1999년의 반세계화운동 당시보다 대중과 쉽게 연결하여 전세계적인 대항운동에 불을 지핀 도화선이 되었다. 소득불평등의 역동성이 분노와 배제의 정치에 대한 비판적 인식을 제고시키면서, 대항적 행동주의에 조응하는 과정과 단계가 이렇게 설명된다.

글로벌 금융위기로 국가채무가 늘어난 여러 나라는 재정을 긴축하였고 복지정책을 대폭 축소했다. 이런 정책에 반대한 평범한 청년·학생, 미조직 노동자 들이 대항운동을 주도했다. 이들 청년세대가 '불안정세대'라는 이름으로, 사회변혁을 요구하는 주체로 출현하였다. 이들은 기업권력과 기업가의 나라에 복무하는 국가정부를 '적'으로 규정하였다. 금융세계화에 정면으로 이의를 제기하며 신자유주의식 성장의 '정언명령'categorical imperative을 폐기하고 '자본시장 개방'을 강제한 IMF와 세계은행을 해체하라고 주장하였다.[17] 주식시장의 폐쇄를 고민해야 한다는 주장[18]도 이들의 이런 주장에 공명한 것이다.

경제침체와 실직, 귀족에게 부가 집중되는 사회에 대해 항의한 '아

랍의 봄'Arab Spring으로부터 시작된 신자유주의 종식을 요구하는 대항
운동은 '분산된' 글로벌 대항운동으로 전세계에 퍼져나갔다. 스페인
'분노의 시민운동'indignant citizens' movement과 미국 '월스트리트 점령'
운동은 동시다발적으로, 영국·그리스·벨기에·스페인·이탈리아·포르
투갈 등 유럽 전역으로, 북아메리카 캐나다와 브라질·멕시코 등 라틴
아메리카로, 북아프리카로, 우리나라·일본·말레이시아·홍콩·싱가포
르·몽골 등 아시아로 항거시위의 불길이 확산되었다. 2011년 10월 9
일, 전세계 25개 이상의 국가에서 대항운동을 지지했고, 불과 일주일
뒤에는 82개국 900개가 넘는 도시에서, 2주 뒤에는 2천 곳이 넘는 도
시에서 시위와 대항운동이 일어났다. 아랍문화권 국가에서는 독특한
권위주의적 종교정치 체제를 반대하는 등 각 나라, 각 지역에서 새로
운 주체세력이 출현하며 경제민주화와 정치민주화 운동을 확대하였
다.[19] 2011년은 그야말로 'Occupy의 해'였다.

대항운동의 불길은 단순한 심정적 지지와 연대를 의미하지 않는다.
소득불평등을 강제한 신자유주의 자본주의 체제와 이에 동조하는 대
의제 민주주의 정치를 반대한다는 비판과 거부의 확산이었다. 신자유
주의 시기에, 영국의 신노동당은 제3의 길로, 유럽사회가 유로체제로
이행하면서 사회민주주의 정치세력이 '세계화'에 항복했고 우파에게
미래를 넘겨주며 자발적으로 보수 우경화되었다고 비판했다. 상위
1%에 의한, 1%를 위한 '기업가 나라'를 국가정부로 가지게 된 원인과
결과적 책임을 대의제 민주주의 정치에 물었다. 왜곡된 소득분배구조
를 외면하고 부유층의 감세를 지지하며 긴축에 동의한 중도좌파 정치
세력의 이념적 좌표이동이 민주주의를 무너뜨렸다는 배신감과 분노

를 표출한 항의였다.

　일반적으로 대중들은 보수세력에 상대화하여 중도세력을 좌파라고 인식하는 경향이 있다. 그러나 우경화된 대의제 민주주의 정치와 배제의 정치를 반대하고 신자유주의 체제를 청산하자는 대항운동에서, 우파와 중도좌파에 대한 일반 시민대중이 혼용하는 개념을 엄격하게 구분할 필요는 없다. 이들의 비판적 인식이 "노동자의 국적은 프랑스나 영국이나 독일이 아니라 노동이며, 노동자의 정부는 자본"[20]이라는 불편한 진실로 표현된 이데올로기에 공명했다는 사실이 중요하다. 이런 맥락에서 일부 평론가들은 이 대항운동을 '운동 중의 운동'이라고 불러도 손색이 없다고 평가한다.[21]

　많은 대항운동의 사례가 지금도 계속 보고되고 있다. 이 대항운동 이후에도 소득불평등이 더 커지고 비정규직과 플랫폼노동과 같은 새로운 형태의 노동이 늘어나고 있기 때문이다. 이런 새로운 이슈와 결합하면서 크고 작은 대항운동이 계속 이어지고 있다.

대항적 행동주의의 성격, 직접민주주의 실험과 확대

미국 월스트리트 앞 공원과 시 주차장을 점거한 초기의 운동은, 자본주의가 봉건주의처럼 청년세대에게 빚을 지게 만들고 미래까지 담보로 잡히게 한다는 분노에서 출발하였다. 그러나 이 분노는 대의제 민주주의와 기성 정치에 실낱같은 희망조차 걸 수 없으므로, 불평등하지 않은 '새로운' 민주주의를 고민해 보자는 시대의 절박한 과제로 전환되었다. 당시 현장에 동참해서 점거운동을 관찰한 데이비드 그레이버David Graeber는 이 대항운동의 성격을 자본주의와 금융자본주의 체제에 대항하는 '반'자본주의와, 배제의 정치로 표상되는 기존의 국가정책체제를 거부하자는 '무정부주의적 맥락'의 운동이라고 해석하였다.

무정부주의anarchism는 반권위주의적 방식으로 모든 인류의 해방을 촉진하려는 개인과 사회조직의 옹호를 중심 과제로 삼는다. 억압하고 착취하는 모든 형태의 권위주의에 대항하고, 어디에서든 지배당하지 않는 자유, 누구에게도 특권이 허용되지 않는 형평성, 상호지원을 실현하자는 이념이다.[22] 그가 이렇게 해석한 근거를 몇 가지로 요약할 수 있다. 부의 집중을 확대하며 99% 시민대중의 삶의 기회를 앗아간 신자유주의와 끝없이 불평등을 확대하는 자본주의를 반대한다는 외침을 무정부주의적 성향으로 보았다. 또 이들이 시위현장에서 리더 없이 공동체적 방식으로 평등한 민주주의를 위한 행동계획과 정책을 계속 토론했다는 점에 주목했다.[23] 이들이 '수평적' 방식의 조직으로 점거운동을 운영했다는 것이 권위주의적 권력의 성벽을 허무는 도전적 시도였다고 평가한다.

특히 그는 다른 무엇보다도 부채상환을 거부하는 '경제 불복종' 운동의 성격을 권위주의를 폐기처분하자는 무정부주의와 같은 맥락으로 판단한 것 같다. 부채문제를 인류학적 시각으로 접근한 그의 연구이력이 대항운동의 성격을 판단하는 연결고리의 역할을 했다고 해석된다. 경제 불복종 운동, 조세저항과 부채상환 거부는 세금과 부채를 통해서 하위계층을 영속적으로 통제하려는 자본주의 체제를 거부하는 명시적인 저항방법이다. 기업가의 나라의 뿌리를 흔들고, 경제 제도와 정책을 공급하는 국가체제를 거부하고 위협하는 강도 높은 대항수단이다.

그는 점거운동에서 이들이 보여준 '협동'과 '공유'는 '새로운' 참여민주주의participatory democracy의 실험이라고 평가하면서도[24] 큰 틀에서는 대항운동의 성격을 무정부주의적 성향으로 해석한다. 무정부주의의 의미를 이해하는 사람이 거의 없었고 대항운동이 무정부주의를 표방하지는 않았고 구체적으로 얼마나 많은 사람이 국가와 자본주의를 '완전히' 폐기하기를 바라는지는 확실하지 않지만, 대부분의 미국인이 미국정치를 경멸하며 국가정부를 신뢰하지 않고 미국 언론과 정치세력이 한결같이 대항운동을 무시하고 경멸했음에도 불구하고, 미국시민이 열광적으로 대항운동을 받아들인 이유를 이렇게 설명하고 있다.[25]

그는 대항운동의 성격을 판별하면서, 무정부주의와 직접민주주의를 동일시하지는 않았다. 그러나 무정부주의와 직접민주주의가 친근하게 결합하는 성향을 강조하며 무정부주의적 성격으로 판단하고 있다. 그의 주장을 확장하면, 새로운 세대가 주도하는 무정부주의적 성향의 '급진적' 정치운동은 직접민주주의의 확대에 목표를 두었다고 해석할 수 있다.

대항운동은 자본의 이윤율 성장만 미화한 자본주의 체제와 보수화된 정치의 왜곡된 역사를 발가벗겼다. 직접민주주의 원칙에 기초한 대항운동의 양식은 자본주의 체제와 보수화된 정치가 강제하는 불평등의 역사를 거부하는 민주적 시민 불복종운동과 '진정한' 민주주의가 필요하다는 영감을 시민에게 제공했다. 불평등한 미래를 강요당하는 미래세대가 새로운 주권자로서, 이름만 남아버린 무너진 민주주의를 고민하며 새로운 민주주의를 호출하는 시공간을 '스스로' 열었다고 평가할 부분이다.

소득불평등과 배제의 정치로 자본주의 체제와 국가체제를 유지하려는 기업가 나라의 정치·경제·사회 질서에 대항하며, 직접민주주의를 확대하는 실험을 진중하게 고민하기 시작했다는 의미이다. 기업가정신에 순응하라는 신자유주의식 자본주의를 거부하고 이에 대항한 실험적 양식의 대항운동은, 이들이 시대의 새로운 주체가 되고 주체성을 회복하는 중요한 '장'을 형성했다. 이런 대중의 인식변화와 대항운동의 시간을 경험한 세대의 확대는 변혁을 목표한 의식결집과 '우리'의 시대적 과제를 탐색하는 작업에 중요한 단서를 제공한다.

급진적 대항운동의 새로운 주체와 특성

이런 맥락에서 하위계층의 (기대)소득감소와 부채로 발현되는 소득불평등의 역동성과 대항적 행동주의의 조응관계를 폭넓게 이해하고, 소득불평등이 특히 청년세대의 계급적 주체성에 끼치는 영향과 '급진적' 대항양식의 관계를 깊이 있게 살펴보고 이해할 필요는 충분하다.

이 글 앞의 제1부와 제2부에서 비극적이지만 자본주의 체제와 국가가 해결할 수 없을 정도로 소득불평등이 확대되었고 앞으로 더 심화될 것이라고 주장하였다. 자본주의의 위기를 반복하는 생산 방식·양식과 자본의 이윤동기에 의해 왜곡된 저임금구조가 정당한 임금구조로 바뀌여지는 없기 때문이다.

그러므로 자본주의적 기술혁신의 시대에 새로운 노동 계층과 계급의 출현은 계속 확대된다. 이들은 불평등한 분배'구조'와 배제의 정치와 법제도에 의해 '미'조직의 공간과 필수노동의 '밖'에 방치된 새로운 노동자 계층·계급이다. 자본과 신자유주의적 경제 제도·정책이 노동조직을 파괴하고 노동사회를 파편화시키면서 양산한 비정규직과 불안정한 노동 형태로 일하는 '평범한' 노동자들이다.

노동의 형태와 표면적인 고용형태상 이들이 파편화되어 있는 것처럼 보이지만 그렇지 않다. 그리고 파편화되지도 않는다. 왜곡된 분배구조와 소득불평등을 강제하는 사회경제구조와 '부'의 집중 그리고 1%의 도둑을 위한 감세의 정치와 국가정부의 퇴행적 반노동정책과 법제도가 경제적 동질성과 계급적 동질성을 묶어내기 때문이다. 이 동질성이 공유되며 권위주의적 경제제도와 배제의 정치를 거부하는 대항의 동력을 형성하고 있다. 그러므로 '부정'의 시대는 새롭게 출현한 노동 계층·계급의 주체성을 형성하는 시간이며, 새로운 대항세력의 출현이 예정된 시간이라고 이해할 수 있다.

전통적 노동계층은 노동조합이라는 조직의 틀 안에서 제도화된 협상의 방식과 합법의 공간에서 대항의 주체성이 생성되고, 제도화된 양식으로 대항을 표출한다. 그러나 미조직상태에 있는 비전형적 노동자의 대항양식은 제도화되지 않은 공간에서 이들만의 독특한 양식을 결정한다. 제도화된 대항양식은 자본과 노동 간의 권력기울기에 따라 늘 불리한 협상조건과 양보가 전제되어 있지만, 미조직된 비전형 노동자의 주체성은 불합리한 제도에 포섭될 가능성이 작다. 또 이런 특성상 수평적 논의구조가 '상상력'과 '실험적' 대항양식을 개발할 가능성을 확장한다. 이것이 미조직상태에 있는 다른 노동영역의 하위계층과 연대를 형성하며 급진적 민주주의와 변혁운동의 징검다리 역할을 하는 대항양식까지 다양하게 표출될 가능성이다.

그리스에서는 제도화된 전통노조 외부의 새로운 활동가집단이 지역에 기반을 둔 새로운 형태의 노동운동을 주도했다. 포르투갈에서는 실업자와 자율운동 활동가집단이 노조 '밖'에 있는 미조직 불안정 노동자의 분노를 대변하며 대항운동을 조직화하였다. 전통적인 노동조직 외부에서 일어난 이런 대항운동은 지역사회에서 큰 지지를 받았다. 또 스페인에서는 전통적인 노조가 '새로운' 노동자집단이 주도하는 인디그나도스 운동에 동참하여 국가정부에 대항하였고, 의미 있는 요구사항을 쟁취했다고 평가받는다.

이렇듯 비제도적·비전통적 노동공간에 있던 새로운 활동가와 미조직 노동자들이 '비타협적 원칙'으로 대항을 주도한 사례에서, 새로운 비전형 노동자의 주체성 획득에 영향을 끼치고 급진적 민주주의를 배태하며 다양한 실험적 대항양식을 개발할 가능성을 확인할 수 있다. 또 이들이 사회변혁의 새로운 주체라는 사실을 알 수 있다.

대항적 상상력으로 발현되는 급진적 행동주의 양식

그러므로 소득불평등을 확대하는 권위주의적 경제제도와 감세의 정치, 배제의 정치에 대한 비판인식과 거부표명이 확대되면서 국가정부의 정책이 경제적 손실을 강요한다면, 강도 높은 '경제 불복종' 운동과 노동반대운동 등 파업의 대항양식과 자본주의적 퍼포먼스식 대항양식, 법제도 투쟁적 대항양식 등 급진적인 양식이 다양하게 생성될 것이다. 몇 가지 대항양식에서 다양하게 확장될 가능성을 살펴볼 수 있다.

파업과 경제 불복종 운동의 대항양식

부채파업운동은 주택담보대출과 신용카드 빚, 학자금대출, 2008년 금융위기 이후에 대형 금융회사와 개인 채무자들의 부채를 차별한 분노에서 시작되었다. 2011년 9월에 "우리가 99%"라는 구호는 초기에는 소수 금융자본가를 1%로 지칭했다. 그러나 나중에는 "1%의 도둑, 99%의 위기"라는 구호로 바꾸었다. 이념적으로 확장되고 좀더 정교해진 구호는 글로벌 금융위기를 촉발한 미국에서 악명 높은 학비부채와 파생금융상품의 피해자들인 대학생과 노동자·하위계층을 대항운동에 끌어들이는 흡입력을 발휘했다.

부채파업strike debt 사이트(debt.org)의 입구에는 "당신은 대출자가 아닙니다" "부채파업은 경제정의와 민주와 자유를 위해 싸우는 부채저항자들의 전국적인 운동입니다"라는 문구가 걸려 있다. 부채파업운동은 대학당국과 결탁해서 학비를 올려 부채를 키운 금융자본의 탐욕과 증권화 시스템의 잔인함을 폭로함으로써[26] 대학생세대가 금융자본과 이에 종속된 국가정부와 기성 정치세력에 경제 불복종 운동으로 대항해야 할 명분을 사회에 확산시키는 성과를 동시에 이루었다. 정체된 임금, 제도적 실업, 공공서비스의 감축 때문에 일상적 삶의 기본 영역에서 빚을 져야만 하고 자신의 미래를 금융자본의 손아귀에 넘겨줄 수밖에 없었던 99%를 묶어주는 연대의 끈으로 탈바꿈시켰다.

부채파업운동은, 각자를 고립시키고 부끄럽고 두렵게 만드는 부채가 월스트리트 금융자본의 힘의 원천이지만, 직접행동과 교육을 통해서 대안과 미래를 상상하고 창조하면서 불법적인 경제체제에 대항하는 힘을 함께 모아 그들에게 도전하자고 강조한다. 용서할 수 없는 금융자본 시스템에 의해 빚을 지고 있는 새로운 세대가 반자본주의적 자기 주장을 시작하며 주체성을 확인하고 있다. 부채파업운동은 1%를 위한 사회가 아니라 '친구와 가족과 사회가 있는' 경제를 원한다는 목적과 목표를 제시하면서 경제 불복종 운동으로 이념적 전선을 확대하고 있다. 여러 형태의 지대와 이자 수익에 의존하는 자본가나 금융자본에게 임금인상 투쟁보다 강도가 훨씬 높은 반란과 다름없다. 케인스의 말처럼, '자본가를 안락사euthanasia시키는' 자본주의 사회의 전체 권력과 계급구조를 위협하는 도전을 의미하는 것이다.

미국에서는 지금까지 부채파업의 대항운동 동력이 유지되고 있다. 단체들은 '월가를 점령하라'Occupy Wall Street 운동을 계속 전개하며, 학비대출·주택담보대출 등의 부채상환을 거부하는 경제 불복종 운동을 펼치고 있다. 학비부채와 주택담보부채 이외에도 신용카드 대금과 자동차 할부금 등, 폭력적인 부채상환도 거부하자는 운동도 전개하고 있다. 또 "실리콘밸리 기업자본이 개인의 데이터를 독식하여 이윤을 만든다"는 항의이슈도 퍼져나가고 있다.[27] 부채상환을 거부하는 구체적인 방법과 행동지침을 꾸준히 제작·배포하며, 이 운동을 통해 금융자본에 대한 엄격한 규제, 무상 고등교육의 필요성에 대한 공감을 확산시키고 있다.

• 데이비드 그레이버는 돈과 시장발흥의 역사를 부채의 관점에서 인류학적으로 분석한 연구자이다. 그는 고대 수메르부터 중세 아일랜드와 현대 미국에 이르기까지 사회역사를 통틀어, 왜 사람들이 일반적으로 부채에 대해 '의무'와 '죄'라는 양면적인 의식을 가지는지 의문을 제기하였다. 경제와 자본의 성장엔진으로 기능하며, 하위계층을 억압하는 도구인 부채를 갚는 것을 왜 도덕과 연관 짓고, 돈을 빌려 생활하는 사람들은 왜 악하다고 인식했는지 비판적 관점에서 질문을 던진 연구자이다. 경제 불복종을 담은 부채파업 양식의 대항적 행동주의를, 그는 이런 맥락에서 불만과 엄청난 희망을 표현한 가장 명확한 목소리 중 하나라고 평가한다.

지난 미국 대통령선거에서 민주당의 바이든 후보는 이들에게 학비 부채 탕감을 공약했다. 이들의 투쟁결과라고 할 수 있다. 그러나 학비 부채 탕감과 무상 고등교육의 공약이 실제로 지켜질 가능성은 희박하다. 2023년 8월 29일, 바이든정부는 코로나 감염증이 유행하던 기간에 중단했던 학자금대출 상환을 재개하겠다고 발표했다. 부채파업과 경제 불복종 운동은 공약을 파기한 바이든정부에 대항하여, 또 다른 대항을 준비하는 것 같다. 부채파업운동을 전개하는 '뎁트 콜렉티브'Debt Collective는 최근 이런 위협 속에서, 당신은 빚을 갚을 준비가 되었느냐고 물으며 학비부채에 대한 파업운동 전략과 전열을 구체적으로 다시 가다듬고 있다.

코로나 기간에 부채가 늘어난 가구들이 많아졌다. 미국인구의 약 1/3인, 5천만이 넘는 사람들의 부채가 늘어났고, 임대료 체납도 늘어났다. 이들은 다시 주택이 압류될 것이라고 우려하고 있다. 그러나 바이든정부가 탕감하기는커녕 유예기간도 더 연장하지 않았기 때문에, 부채파업에 많이 참여할 것이 예상된다. 수백만 대중이 팬데믹 기간에 늘어난 부채에 대한 상환을 거부하지 않으면 부채가 하위계층의 삶을 파괴할 것이라는 주장의 글이 여기저기 계속 기고되고 있는 양상을 볼 수 있다.

'반'노동운동, 대항적 파업양식

노동이 배제되는 시대에 의미 있는 다른 노동의 대안을 찾고 실천하자는 운동들도 제안되고 있다. 사회적 가치를 생산하지도 않는 기업자본에 종속된 비민주적 저임금 노동job을 거부하고, 공동체적 가치에 기반을 두고 '일'work하자는 급진적인 실천적 운동도 사회경제 변혁적 경제공동체 실천운동과 함께 다양하게 제안되고 있다.

소득분배구조가 심하게 왜곡된 현실을 체감하며 부채에 짓눌려 있는 청년세대는 스스로를 '자본주의가 낳은 세대'라고 규정한다. 이런 현실은 개인 차원의 문제가 아니라, 우리 사회경제의 구조적 모순이 심화된 시대라는 시간적 개념이 응축된 '자기규정'이다. 더 많은 시간을 일해도 소득은 계속 낮아지고 부채는 늘어나는데, 정작 '일하지 않는 자본가'만 돈을 벌고 그들은 또 다른 먹을거리를 찾아 기웃거리며 부를 키우는 불평등한 세상이라는 냉소가 녹아 있는 자기규정이다. 이런 자기규정 속에서 '주는 만큼만 일하자'라거나 직장을 아예 그만두자는 파업 양식의 반노동anti work 행동주의 바람이 청년세대의 공간에서 일어나고 있다. 이것은 프롤레타리아 계급의식을 구체적으로 파편화하는 자본주의적 부채기반 노동을 거부한다는 노동자·청년 들의 인식전환을 의미한다. 이데올로기적 계급투쟁을 분명하게 의미하는 것이다.

미국 온라인 커뮤니티인 '레디트'reddit에 "모두를 위한 실업을 보장하라"는 문구를 내건 반反노동운동 게시판에는 2021년 12월 현재 130만 명이 넘는 이용자가 가입해 있다. 이용자의 절반이 불과 두어 달 전인 10월 이후에 가입했다고 한다. 이 게시판에는 최선을 다해도 직장에서 한순간에 해고될 수 있고 노예처럼 일해도 정당한 보상을 받을 수 없다는 비관적 전망이나, 스스로 퇴사했다는 사람에 이르기까지 기울어진 자본-노동의 관계에 대한 다양한 불만이 쏟아진다고 한다.

이들의 반노동 행동주의는 우발적이거나 낮은 수준의 동기에서 직장·노동에 대한 '거부'를 표출하는 것처럼 보일 수 있다. 그러나 모순된 세상과 생산방식을 '거부'하자는 냉소적 은유나 사회적 외침은, 미래로 확장되는 소득불평등에 대한 불만의 수위가 이미 높아졌다는 사실을 배경으로 한다. 그러므로 파업 양식의 반노동운동은 생산영역에서 사용자-노동자의 관계가 채권자-채무자의 관계로 치환되며 '왜곡된 소득분배-소득증발-부채증가'의 관계로 이어지는 불평등의 재생산 구조를 거부한다는 적극적인 의사를 표명한 대항적 행동주의로 이해해야 한다.

이 파업 양식의 행동주의는 두 가지 사실을 우리에게 전달한다. 이 반노동운동은 코로나 바이러스 감염증 사태를 겪으면서 '평범한' 노동자들이 노동의 가치와 조직의 필요성 및 가치를 재인식했다는 사실을 알려준다. 소득불평등과 왜곡된 분배구조에 반대하는 이런 행동주의가 특히 서비스업종과 계약직·비정규직·플랫폼노동 등, 여러 노동부문으로 확대되어 대항적 행동주의가 '반향'을 불러일으키고 있다. 이런 파업 양식의 행동주의가 자본주의의 심장부인 미국에서 일어나고 있다. 소득불평등을 강제하는 자본주의 체제에 대한 비판의식과 '변혁지향'의 지평이 넓어졌다는 징표로 해석된다. 이런 행동주의는 지난 월스트리트 점거운동에 참여했던 평범한 청년과 노동자층이 주도하는 것으로 보인다. 미국사회에서 흔히 '버니Bernie Sanders 키즈'라고 불리는 청년세대를 주축으로 민주적 사회주의DSA, Democratic Socialists of America의 바람이 일어나는 이유와도 궤를 같이한다.[28]

또 하나는, 기술혁신과 이에 기댄 플랫폼 지대경제 아래서 기업자본이 분배 없는 혁신을 강요하며 노동형태를 바꾼 것에 대항하여 행동주의에 진입했다는 사실을 알려준다. 자본-노동 간의 첨예한 적대적 대립을 선포한 것이다. 전세계적 대항운동이 일어난 뒤에도 여전히 자본의 일그러진 탐욕에 의해 소득분배구조가 더 왜곡되었고 불평등이 커졌다는 사실을 역설하는 것이다. 자본의 이윤율 상승전략과 고강도의 야만적인 행보가 정당한 노동대가의 보장과 노동자의 기본권을 부정하는 경향성이 더 강화됐다는 고발과 이에 대한 경고인 것이다. 소득분배를 조금 '양보'하라고 기업·자본에 요구하는 차원의 행동주의가 아니다. 모순된 생산방식에 정면으로 이의를 제기하는 행동주의이다. 빈곤으로 내몰리는 역동적인 시간 속에서, 이들이 '비타협적 대항'을 선언했다는 의미로 이해되는 것이다.

미국을 '맹신적'으로 추종하는 우리나라에 이런 양식의 파업과 미국 청년세대의 인식변화가 의미하는 바는 크다. 우리 사회는 비정규직과 미조직 노동자들이 다른 나라보다 더 빠르게 늘어나고 있다. 그러므로 이런 대항적 운동이 시작되면, 파업은 단위작업장의 좁은 울타리를 뛰어넘을 것이다. 비정규직의 특성이나 플랫폼노동의 특성상, 이들은 일터를 계속 옮기기 때문에 보이지 않는 네트워크로 서로 연결되어 있다. 이런 특성상 산업별 연대파업 양식으로 대항운동이 확장될 가능성은 충분하다고 추론할 만하다.

자본주의 방식의 퍼포먼스 대항양식

앞서 경제 불복종 대항양식의 하나로 설명된 부채파업운동은 '자본주의식' 대항전략도 구사했다. 롤링 주빌리Rolling Jubilee(2012)와 뎁트 콜렉티브(2014)는 크라우드 펀딩으로 2주 만에 예상보다 10배 많은 70만 달러를 모았다. 시장에서 채권가격이 하락할 때 채권을 사들였다가 오른 가격에 되파는 투기적 방식으로, 의료비채무와 학비부채에 시달리는 사람들의 부채를 일부 갚았다. 수단과 방법에 문제가 있더라도 극심한 부담을 안고 있는 사람들에게 채무의 해결은 그야말로 구명줄과 같았다. '투기에 투기로 맞서'counter speculation 싸운 자본주의적 대항전략이 정당한 변혁운동의 지속적 수단이라고 평가하기는 어렵다. 장기적으로 전개되면 오히려 금융자본주의에 포섭될 수도 있는 전략이며, 목적과 수단이 전도될 위험성을 내재한 전략이다. 그러나 금융위기의 여파가 하위계층에게 얼마나 컸고 또 아직도 부채의 늪에서 빠져나오지 못하는지, 이 아픔을 공감한다면 이런 대항전략을 자본주의적 전략이라고 단순하게 또는 낮게 평가할 수는 없다.

이 '자본주의식' 대항전략은 누구도 채무자와 하위계층의 편에 서지 않았던, 우경화된 대의제 민주주의와 배제의 정치적 지형이 배태한 것이다. 자칭 중도좌파세력도 '대마불사'와 '긴축'을 지지하면서 신자유주의적 보수진영을 따라 스스로 '우경화'했기 때문이다. 이런 절망의 나락에서, 이들이 선택한 전략은 연대하여 상환을 거부하거나 투기에 투기로 맞서서라도 싸우는 방법 이외에 다른 대안은 없었다는 점을 참작해야 할 것이다.

이들은 이 전략적 투기행동을 하위계층을 갉아먹는 포식자, 부채시스템에 대한 '첫번째 공격'이라고 선포하였다. 부채를 매입해서 폐기하려는 캠페인과 행위는 채무를 자본주의 방식으로 해결하려는 의도보다는, 부채의 늪에 빠뜨린 금융자본주의에 대항하는 부채파업운동이며, 학비걱정 없는 무상 공교육에 목표를 두었다고 밝히고 있다. 이

목표를 이루려고 연대의 시작과 대항의 시작을 알리는 신호탄인, 투기로 투기에 대항하는 투쟁방식을 선택했다는 것이다. 이런 맥락에서, 대항양식이라기보다는 하나의 전략적 퍼포먼스라고 규정하는 것이 더 적절할 것이다.

그러므로 이 대항운동은 금융자본 및 국가정부를 적대적 관계로 설정하며 또 다른 퍼포먼스의 형태로 연대의 방법을 '발명'하고 변혁적 동력을 규합하겠다는 선언을 의미한다. 좌파이론가들이 논쟁을 통해 정치적 변화를 주도하는 것처럼, 부채파업운동으로 연대와 상호지원을 통해서 평범한 시민들과 함께 변혁의 바람을 불러일으키겠다는 것이다. 부채파업 투쟁이나 전략적 퍼포먼스가 금융 신용과 부채 관계에서 이자율 삭감이나 이자탕감, 모기지론 무효 등과 같은 투쟁목표에만 치우쳐 있다면, 일종의 '개량적 타협주의'라고 규정할 수 있을 것이다. 그러나 부채파업운동은 더 넓은 정치적 목표를 향해, 부채의 근본 원인인 상품화 수준과 같은 정치제도적 구조를 거부하는 본격적인 투쟁이라는 의미이다.

일부 급진적 좌파이론가들도 이런 맥락에서 이들의 전략에 지지를 보내고 있다.[29] 금융자본주의의 착취방식이 앞으로도 가혹하게 진화할 것이기 때문에, 자산경제와 금융화된 경제사회를 바꾸려는 정치적 대항의 열망을 확산시키는 데 '급진적' 상상의 지평을 넓히는 대항 양식과 전략이 유효하다는 것이다. 그러므로 부채파업운동은 자기들이 표방한 최종 목표에 도달할 때까지 다양한 대항양식을 계속 생성할 가능성이 크고, 다른 대항운동과 폭넓게 접합할 가능성도 크다. 이런 맥락에서 **변혁**과 연속성을 담보한 대항양식이라고 이해할 수 있다.

무의사결정을 거부하는 법적 소송의 대항양식

영세자영업자들의 영업이익이 줄어들고 부채가 계속 늘어나며, 이미 부채 상환능력의 한계를 넘고 있다. 영세자영업자에게 누적된 위험과 지금의 위기는 그동안 역대 우리 정부가 이들을 정책에서 배제한 탓이 크다.* 그러나 기업가의 나라를 위한 국가정부는 소상공인과 자영업자를 유동성 위기를 일으킬 수 있는 한계기업zombie company으로, 한낱 '좀비'로 취급하고 있다. 경영자단체도 소기업과 영세자영업자, 특히 서비스업종의 한계 자영업자를 정리해야 한다고 '한목소리'로 외치고 있다. 한계에 이른 이들을 국가정부가 지원하면, 유효수요effective demand를 일치시켜 가며 균형이 유지되는 시장 내부의 자동조정 시스템이 깨진다는 이유[30]와 생산성이 낮으면 시장이 혼잡해지는 구축효과crowding out effect를 유발한다는 논리로 이렇게 주장하고 있다. 그러나 이렇게 주장하는 실질적인 이유는 유동성 위기와 외국자본의 이탈이 대기업자본의 시가총액과 자산가치 하락을 불러오기 때문이다.

이런 주장은 퇴로가 없는 영세자영업자에게 스스로 폐업하라는 암묵적 강요이다. 그런 한편으로 거대한 유통플랫폼들은 이들의 시장을 탈취하고, 국가정부는 기업자본의 행태를 옹호하고 있다. 다른 나라보다 훨씬 취업인구 비중이 높은, 약 25%가 포진된 소상공인·자영업 부

---

* 코로나 감염증으로 영업할 수 없는 폐업의 위기에서, 신용·보증기금이나 신용보증재단 또는 소상공인진흥공단이 낮은 금리로 정책자금을 융자했을 때, 이들이 폐업의 위기를 벗어날 수 있게 되었다는 연구결과가 이런 사실을 뒷받침한다. 융자받지 않은 자영업자보다 1년 뒤에 융자받은 자영업자가 폐업할 확률은 10% 정도 낮아졌다는 것이다. 이들의 매출과 고용규모도 각각 28.8%, 22.5% 증가했다고 분석되었다. 오윤해, 「자영업자부채 위험성 진단과 정책방향」, KDI, 2021. 11. 11 참조. 이 효과 분석사례는 우리 정부가 불평등하고 불공정한 성장정책으로 하위계층인 영세자영업자들을 정책에서 배제하고, 늑장 대응한다는 근본적인 지적을 내포하고 있다.

문은 노동시장의 '잔류지'쯤으로 취급하는 국가정부와 경제관료가 세워놓은 '도구적 합리성'의 벽을 넘어서지 못하고 있다. '소상공인 기본법'이 2020년 12월에야 우여곡절 끝에 겨우 제정되었다. 일자리가 사라지면서 소득기회가 차단된 퇴직자가 소매업과 음식업종에 몰리고 특히 이 업종의 개·폐업은 동시에 일어나고 있다. 매년 폐업하는 비율은 코로나가 확산하기 전부터 개업비율의 90%를 넘었을 정도이다. 빈곤의 회전문이 빠르게 돌고 있지만, 코로나 감염증이 장기화된 뒤에도 지원정책은 마련되지 않았고[31] 여전히 '공회전'하고 있다. 폐업과 부도가 가파르게 늘어나고 있었다.

국가정부와 정치인과 관료들은 늘 자기들이 주권자의 '머슴'이라고 강조하지만, 손실을 '어떻게' '언제' 보상하겠다는 결정을 하지 않고 계속 미뤘다. 주권자의 눈에는 그들이 하위계층의 요구를 배제하는 힘을 가진 '기득권세력'으로 보이는 까닭이다. 이렇게 누적된 불신과 불만은 국가정부와 관료들에 대한 적대감을 키우고, 그들은 성장의 도그마에 빠진 '오만한 집단'이라는 분노를 자아내기에 충분했다. 행정부와 입법부를 모두 장악한 문재인정부가 아무런 대책을 제시하지 않은 이유가 무엇인지 이들은 전혀 이해할 수 없었다.•

이런 문재인정부의 태도와 정책배제에 분노한 소상공인·자영업자

• 소득불평등 문제를 논의하는 이 글에서는 정치적인 사건을 언급하지 않으려고 했다. 문재인정부 임기 말, 사법개혁에 관련하여 반대하는 검찰세력과 대치하는 상황에서 법무부장관이 검찰총장의 직무정지를 명령한 사건이 있었다. 당시 윤석열 검찰총장은 효력정지 가처분소송을 제기했다. 법률엘리트 집단 내부에서 일어난 법리싸움에서 놀라우리 만큼 모든 법적 기법과 논리를 동원하여 치열하게 다투는 광경을 목격할 수 있었다. 그러나 비슷한 시기에 절박한 생존의 문제가 걸려 있는 소상공인과 영세자영업자에 대한 손실보상 문제와 법제화는 국가정부나 국회나 법률엘리트가 얼마나 소홀히 다루는지, 너무나 뚜렷하게 대비되었다. 민주주의 법치국가라고 하

들은 강제적 행정명령으로 발생한 손실을 국가가 보상하지 않고 책임을 회피하는 행위를 '입법부작위'立法不作爲 omission 행위라고 규정하였다. 주권자의 자격과 '정당한 청구인'의 자격으로 권위주의 국가정부를 상대로 헌법소원과 손실보상 집단소송을 제기하였다.* 소상공인 영세자영업자가 국가정부의 무의사결정에 대항하는 법제도적 소송 행동주의이다.

국가정부가 소상공인·자영업자에게 손실을 보상해야 할 '불편한 정책'은 대통령선거 공간에서 '득표전략용 공약'으로 '소비'되었다. 당시 윤석열후보는 '온전한' 손실보상을 약속했다. 그러나 대통령선거 뒤에 윤석열후보가 약속한 '온전한'이라는 보상조건은 사라졌다. 피해자인 소상공인·자영업자 들과 협의도 없이, 1년 반이 넘는 기간을 보상기간에서 제외해 버렸다. 자영업자 관련단체들은 대통령이 공약한 손실'보전금'을 '약속한 대로' 지원하라고 촉구했지만, 이해당사자로서 아무런 영향력도 가지지 못한 이들은 정작 자기의 손실보상을 결정하는 정

면서도 실질적으로는 아무런 것도 법으로 지켜주지 않는, '비민주적인' 그들만의 법치국가라는 사실을 더욱 실감했다.
• 서울지역(2020. 12 .5), 전북지역(2020. 12. 16)의 자영업자들이 헌법소원을 시작했고, 뒤이어 손실보상 집단소송이 이어졌다. '소상공인 보호 및 지원에 관한 법률'(소상공인법)은 감염병 예방조치 행정명령으로 발생한 손실을 '보상'해야 한다고 규정하고 있다. 그러나 관련법이 개정(2021.7. 소상공인 보호 및 지원에 관한 법률 개정)되어 '공포한 날부터' 손실을 적용한다는 부칙 조항 때문에, 15개월간 입은 손실은 제외되었다. 코로나피해자영업총연합은 2천여 명의 명의(평균 8천만 원)로 2020년 4월부터 2021년 7월까지, 15개월에 대한 손실보상청구 집단행정소송(집단소송가액, 1600억 원 추산) 및 위헌심사를 청구하였다. 이를 시작으로 1차 소송에 1만여 명이 참여했다. 헌법소원과 손실보상소송은 정책요구를 배제하는 '무의사결정'에 대한 자구적 행동이다. 그러나 아직 재판부의 심리조차 열리지 않고 있다.
••서울 마포의 한 자영업자와 또 시장에서 자영업을 하던 20대 청년이 6개월 동안 임대료를 내지 못하고 2022년 9월에 생활고에 시달리다가 삶을 포기할 수밖에 없었다. 알게 모르게 이런 안타까운 선택을 한 소상공인 자영업자들은 많다.

책과정에서 철저히 배제되고 말았다.** 보상의무가 엄연히 국가정부에 있는데도, 대통령단임제 체제에서 정부가 바뀔 때마다 하위계층의 정책요구가 배제되고 소멸이 반복된다는 사실을 다시금 윤석열정부가 확인시켜 준 것이다.*

국가정부가 합리성이나 절차를 '가장'하여 정책을 보류하거나 배제하는 행위를 '중단하라'는 요구는 더 커질 것이다. 또한 '제한적' 손실보상을 두고 윤석열정부와의 갈등은 첨예해질 것이다. 이들의 영업손실은 부채로 연결되기 때문이다. 배제의 정치로 눈덩이처럼 커진 손실과 부채 위에 쌓인 분노는 정책공약을 이행하지 않는 국가정부를 겨냥하여 또 다른 직접행동과 대항양식을 호출할 것이다. 미국의 부채파업 운동이 그 가능성을 보여주고 있다.

그동안 미조직 자영업자는 국가정부의 정책에서 우선적 배제의 대상이었지만, 그러한 이들이 자구적 투쟁의 한 방법으로 '집단소송'의 통로를 타고 주체적으로 결집하는 단계까지는 나아갔다. 집단소송의 결과가 향후 결속력과 지속력에 영향을 끼치겠지만, 집단소송의 경험은 소상공인·자영업자 들이 적극적으로 주권자의 정당한 권리를 되찾겠다는 '행동주의'의 출발점과 토대를 형성하였다. 불만의 목소리를 제대로 내지 못했던 미조직 소상공인·자영업자 들이 벽을 스스로 허

• 법 개정 이전의 손실기간을 보상기간에서 국가정부가 제외한 문제가 쟁점이다. 손실 전액을 보전해 주겠다고 약속한 윤석열정부는 결국 이 기간마저 적용하지 않았다. 2022년 윤석열정부는 추경으로 마련한 50조 원 중에서 약 23조~24조 원만 손실을 보상하는 데 사용했다. 국회에서 다시 법을 개정해야만 2021년 7월 이전에 발생한 손실을 보상할 수 있다며, '책임'을 국회 다수당인 더불어민주당에 떠넘겼다. 2022년 추경예산에서 증액된 예산 중 약 17조 9천억 원은 쓰이지도 않은 채 다음해로 이월되었다. 그러나 문재인정부와 윤석열정부의 이런 떠넘기기에 대해 야당을 비롯한 정치집단은 아무런 이의도 제기하지 않았다.

물었다는 의미는 크다. 이런 맥락에서 앞으로 소상공인·자영업자 스스로 국가정부의 '배제의 정치'에 맞서 대항행동을 확대하고 대항양식을 개발할 것이라는 전망을 시사한다.

　많은 평론가가 지적하듯이, 지금 윤석열정부는 '법기술'에 의존한 '시행령' 정치를 강행하고 있다. 법체계를 무시하고 '편의적'으로 시행령만 바꿔 불평등한 제도와 비정상적인 정책을 강제하고 있다. 이 소송양식의 행동주의는 이런 맥락에서 국가정부가 헌법가치와 법체계를 무시하고 일방적으로 배제하는 권위주의적 정치를 폭로하는 상징성을 가진 대항양식이라는 의미를 담고 있다.

3. 공감과 연대를 위한 전망과 대항운동의 '복기'

공감과 연대를 위한 전망과 대항운동의 '복기'

연속성을 가진 행동주의에서 가능성의 재발견

대항적 행동이 정치적 변혁운동으로 표출되려면, 하위계층 사이에 소득불평등에 대한 문제의식이 공유되어야 한다. 자본과 권위주의적 국가정부가 계급적 동질성을 가진 집단의 결집을 방해하지만, 주체성과 계급적 의식의 결집이 영원히 불가능하지만은 않다.[32] 저임금·저소득이 강제되는 불평등의 역경 속에서 개인적 경험이 공유되면서, 소득불평등의 역동성과 대항적 행동주의는 '계급의식'을 결집하는 중요한 동력이 될 것이다.

그러나 소득불평등의 역동성에 조응한 '직접행동', 행동주의가 사회변혁의 정당성과 계급운동의 과학적 정합성과 반드시 일치하지 않을 가능성은 충분히 존재한다. 대항적 행동주의와 대항양식의 특성이 가진 전위적·실험적 경향성 때문이다. 또 하나는, 새로운 노동분화 추세와 분화된 노동형태가 가진 고유한 특성상, 행동주의로 표출되는 다양한 사회적 요구가 큰 틀에서의 사회변혁적 가치와 일치하지 않을 가능성이다. 권위주의적 세력과 황색 저널리즘은 이런 불일치의 틈새를 노려 의도적으로 사회적 요구를 폄훼하고 결집을 방해한다. 그러므로 변혁운동의 관점에서 급진적·실험적 행동주의를 평가할 때는, 정당성과 변혁운동의 정합성의 관점에서 대항적 행동주의를 단정적으로 '엄격하게' 평가하기보다는 공감과 연대의 연결고리를 찾는 신중함이 요구된다. 상황적 맥락을 주의 깊게 분석하고 공감하며 서로 연대할 수 있는 연결고리를 찾는 것이, 실험적인 행동주의를 변혁운동으로 수렴하는 통로를 넓혀줄 것이다.

과소평가를 넘어, 의의를 재발견할 필요성

미국에서의 대항운동이 방향성을 잃고 전선의 쟁점을 흐트러뜨렸다는 비판이 제기되었다. 신자유주의에 대항했던 행동주의가 귀중한 에너지를 변혁적인 힘으로 변환시키지 못했으며, 정치적이지 못하고 이데올로기적이지도 못했다는 비판이다. 분노의 대상인 소수 1%가 누구이고, 그들이 어떻게 부를 축적했으며 축적할 수 있었는지 분명하게 규명하지 않고, 소수 1%를 위해 작동하는 자본주의를 집중적으로 공격하지 않았다는 맥락이다. 이것은 대항운동이 평등주의를 지향한 것은 인정하지만, 맹목적이고 순진했고, 지속 가능한 강력한 조직체를 고민하지 않은 것이 치명적인 약점이었다는 비판으로 요약된다.[33] 사회정치적 변혁운동으로 전환될 수 있도록 진정한 분노를 표출하고 신속한 운동전략을 결정하려면, 모든 힘을 동원하여 대항하고 목표를 실현할 수 있는 강력한 조직이 필요했는데, 그렇지 않아 대항운동의 실패가 예정되었다는 비판이다.

…대항운동이 마치 죽음을 맞이한 양 무시당하고 조롱받거나 이런 조롱을 안타까워하는 대중적 정서 사이에서 크게 흔들리고 있습니다. 좌파가 바라보는 관점도 조금은 불쾌했습니다. 대항운동의 다양성 때문에, 오랫동안 친밀했던 성향의 비판적 진보, 사회주의, 무정부주의로부터 십자포화를 맞았습니다. 이러한 많은 비판은 대항운동에 대한 실망과 파멸에 대한 우울증에 빠지게 합니다. 이러한 부정이 자기실현적인 예언을 낳고, 더 중요하게는 착각까지 불러일으킵니다….[34]

세상을 바꿀 진정한 변혁운동으로 발전할 기회를 가져보지도 못하고 대항운동이 죽고 사라지지 않을까 하는 위축감이 엄습했고, 좌파의 많은 비판을 감당하기 어려웠다는 가슴 아린 고백이다. 체제변혁 지향적인 엄격한 좌파의 이념적 평가는 대항적 행동주의가 더 넓은 새로운 행동을 열 가능성을 제약하며 변혁운동으로 수렴되는 길을 차단함으로써 이들을 좌절에 빠져들게 할 수도 있다. 그러나 불평등한 사회의 지배에 좌절한 세대가 스스로 인식을 전환하고 변혁의 필요성을 제기했다는 가치는 인정해야 한다.

그러므로 성공과 실패라는 관점에서 평가하기보다, 대항운동의 과정을 짚어가며 대항운동의 심층에 있는 이데올로기적 지향점이 무엇이었는지 재해석하고 재발견하는 것이 중요할 것이다.

새로운 정치적 삶을 지향한 실험

대중적 대항을 확산시키기 위한 '출산의 고통'이 초기 조직과정에 있었다는 이해가 필요하다. 좌파는 대항과 점거 운동방식이 해프닝과 자선주의philanthropy 운동방식이라고 비판하였다. 그러나 대항운동 주도자들은 일련의 이런 적응주의적accommodational 행동전략을 '출산의 고통'이라고 해명한다. 대항운동이 금융세계화에 대한 반대와 경제불평등에 초점을 맞춘 월스트리트 점령운동으로 설계되었지만, 어떤 정치적 방식으로 문제를 제기하는 것보다 훨씬 더 광범위하게 99%를 대항운동에 초대하는 데는 이런 피해와 착취와 억압을 경험한 자신들의 이야기를 풀어내는 해프닝방식이 적절했다는 것이다.[*]

이런 서사적 방식과 해프닝 방식으로 "우리는 99%"라는 슬로건이 자본주의의 모순을 공감하며 하나로 뭉치는 공통의 상징적 언어가 되었고, 경제적 불평등 문제를 사회대중 담론으로 끌어올렸다는 것이다. 이것이 대중에게 대항운동의 불을 지폈고, 짧은 기간에 미국과 전세계에 어느 때보다 자본주의에 대한 정치적 반대의견이 공론화되고 또 많이 접할 수 있는 매개수단이 되었다고 의미를 부여한다. 출산의 고통이었던 이런 해프닝 방식에 대한 좌파의 비판이 많았지만, 대중적 대항운동으로 확대하려고 극좌파ultra left로 보이지 않도록 경계하지 않

• 이 방식은 1950년대 후반부터 70년대 초반까지 북아메리카, 서유럽, 일본 등으로 확장되었고 큰 관심을 얻었던 저항문화의 양식이다. 예술가와 관객을 분리하는 전통적인 벽을 허물며 근본적으로 민주적 방식을 추구하는 방식이다. "… 예술에서 빌려온 해프닝 방식은 정해진 내러티브가 없이, 관객이 개입하여 공연을 만들고 참여를 확장하려고 유도하는 방법입니다. 의도된 예술적 권위를 뛰어넘어 상호협력을 선동하는 문화형태입니다. …신자유주의 문화의 가장 큰 속임수는 '역사의 종말'(the end of history)과 '다른 대안이 없다'(There is no alternative!)는 것을 우리에게 확신시키는 작업이었습니다. 그러나 해프닝을 통한 시위(the occupations as happenings)는 갤러리와 시가지에서 즉각적으로 이뤄지는 일회성이 강한 공연예술과 작품전시로, 이런 사실을 폭로하며 지배적인 신자유주의 문화를 크게 뒤흔들었습니다. 그것을 접한 사람들에게 새로운 가능성을 다양하게 열어준 매개체였습니다."(Ethan Earle, "Occupy's Legacy: A Massive Burbling of Possibilities," *The Nation* 2013. 9. 28.)

을 수 없었다고 해명한다.[35]

　행동주의의 초기 이슈가 이데올로기적으로 정교하지 못했다는 지적은 충분히 공감된다. 그러나 변혁운동의 전망이 뚜렷하게 제시되고 자본과 국가정부에 대한 적대적 관계를 변혁운동의 흐름이 대중적으로 광범위하게 형성되어 있었다면, 대항운동의 양식이 이념 지향적인 변혁운동의 목적과 가치와 상충하지 않았을 것이다. 그리고 이보다 더 엄격한 평가도 기꺼이 수용해야 한다. 그러나 새로운 세상에 대한 전망이 불투명한 상황에서 이들의 대항양식을 변혁적 정치운동이라는 엄격한 잣대로 평가하고 그 결과에 무게를 두는 데 그치면, 불평등한 사회구조를 반대했던 '평범한' 청년세대의 대항행동의 동기와 상징적 선언의 시대적 가치는 묻히고 만다. 미국과 유럽의 자율점거운동 autonomia이나 대학등록금 반값을 외쳤던 우리나라 '88만원 세대'의 대항적 행동주의에서 분출된 '진정한 분노'는 일시적인 '치기 어린 분노'로 평가절하될 수밖에 없다.

　그러므로 이들의 심층에 있는, 이들이 바라는 새로운 정치형태가 무엇인지에 대한 이해가 필요하다. 이들은 자본주의 체제에서 허구와 가식이 가득한 경제성장의 정치와 전제주의와 같은 금융자본의 덫에 걸린 파산자나 피해자들이다. 이들이 바라는 새로운 정치는 자기들이 당한 '파산 너머의 자율적인 사회관계와 정치적 삶'을 가리킨다. 국가권력을 장악하고 새로운 사회적·정치적 질서를 확립하는 것을 목표로 삼은 변혁운동과는 다르게, 이들은 평등하고 수평적인 집단 형태의 직접민주주의와 정치적 삶을 지향하고 있다는 독창적인 성향을 주목할 필요가 있다는 견해도 나오고 있다.

국가와 국가의 공식적인 기존 틀을 벗어나 참여민주주의나 직접민주주의적인 정치적 전술로써, '자율'의 정치적 관계로 재배치하는 것이라고 해석하는 관점이다.[36] 공식적인 조직구조도 없는 조직화와 리더가 없는 지도체제라는 새롭고 독특한 자율운동과 실천양식의 대항운동은, 닿는 곳마다 뿌리를 내리며 뻗는 근경rhizome 식물처럼 파업과 불복종 대항운동의 내용을 담아 자본주의 사회의 신경조직 전반에 퍼지며 권력을 포위하는 '전술'을 의미한다는 것이다. 이렇게 재해석하면, 정치적 요구와 의제가 없고 반정치적이고 일관되지 않으며 무질서하다고 평가할 수는 없다. 이 전술에서 대항운동의 '연속성'과 '확장성'과 변혁운동의 접합 가능성을 재발견해야 할 의미는 충분하다.

시대적 과제와 실험적 행동주의의 연속성

…우리는 지금을 더러운 세상이라고 이해하고 올바른 세상을 정의하기 위해 필사적으로 노력해야 하는 사회에 살고 있습니다. …대항운동은 과거 수십 년 동안 전혀 예상조차 하기 어려웠던, 미래를 향한 중요한 급진적인 사고와 행동의 지형을 새롭게 열었습니다. 이 운동은 결실을 볼 것입니다. 대항운동은 끝나지 않았습니다. 그리고 아직 시작되지도 않았습니다. …사회적·경제적·정치적 변화를 급진적으로 이루기 위해, 2011년 말에 일어난 대항운동과는 다르게, 예상치 못한 방식으로 꿰뚫고 뒤흔들겠습니다. …우리는 이미 차세대 진보적 행위자의 지위를 강화할 수 있는 활동기반을 구축했습니다. 우리 각자의 프로젝트는 좌파이념을 더 지향하겠습니다. …수많은

대중과 함께 충분히 승리했다고 확신할 때까지 대항운동은 계속될 것입니다. 그리고 변화에 대한 각자의 비전이 실현될 때 끝낼 것입니다. 그러므로 특별한 이유가 없다면, 대항운동으로 촉발된 급진주의는 미국에서 다음에 일어날 큰 사회적 격변의 시기에 중요한 역할을 할 것입니다. 계속되는 긴축정책과 정치적·사회경제적 구조의 맥락에서 볼 때, 그럴 가능성은 매우 크다고 생각합니다. 모순 그 자체의 무게를 감당하지 못하고 균열이 발생할 것입니다. 우리 행동가들은 다음에 미국역사상 위대한 운동이 일어날 때, 더 확실히 등장할 것입니다. 이런 위대한 운동의 조짐이 이미 우리 눈앞에서 조용히 시작되었는지도 모르겠습니다…[37]

급진적 대항운동을 깊이 있게 다듬은 이 선언적 다짐은, 숲에 있는 큰 나무가 쓰러질 때 굉음이 나더라도 주변에 듣는 사람이 없으면 그 큰 나무가 쓰러졌는지조차 모른다는, 오랫동안 변혁운동을 하면서 좌절을 거듭하며 체득한 진보주의자들의 비판적 '우려'를 곱씹어본 자기성찰의 결과로 풀이된다.

이렇게 재점화를 다짐할 무렵, 미국에서는 패스트푸드산업 분야에서 일하는 노동자의 파업과 위스콘신 주청사 점거시위가 일어났고, 이 파업의 불길은 60개 이상의 도시로 다시 퍼져나갔다. 대항운동 주도자들은 대항운동이 제기한 반자본주의 운동의 토양에서 이런 파업이 일어났다는 자신감을 발견하고 연속적 대항을 실천하겠다고 다짐했을 수도 있다.

그러나 부정적인 자기예언을 벗어나 스스로 곧추세우고 급진적 대항운동이 변혁운동으로 수렴되기를 기대하는 간절함을 내포하고 있다. 자본주의에 포섭당하는 개량주의적 운동 차원에 머무르지 않겠다는 의지표명은 물론이거니와 지대추구에 사활을 건 자본과 신자유주의적 경제제도의 '청산'을 비타협적 적대관계로 설정한 대항운동을 계속 전개하겠다는 연속성을 담고 있다. 허구적인 성장에 의존한 자본주의의 눈속임과 자본의 생산 방식·양식과 자유주의 시장경제체제를 '악마화'하고 민주주의를 파괴하는 대의제 민주주의 정치를 거부하는, 미래를 향한 급진적인 사고와 행동에 대한 선언적 다짐은, 소득불평등의 모순을 '단절'시키고 주권과 민주주의의 '복원'을 전제한 대항운동의 시간을 재구성할 확장 가능성을 시사하고 있다.

그러므로 '새로운' 생산체제와 분배방식, 주권자의 정당한 권리를 되찾는 정치적 행동방식이 무엇인지 또 어떻게 되찾아야 할 것인지를 모색하자는 급진적 민주주의의 의제는 소득불평등의 역동성과 조응하여, 신자유주의적·권위주의적 기존 질서를 부정하고 거부하는 운동으로 계속 실험되고 있다고 해석할 수 있다. 그렇지 않다면, 자본주의 체제의 메카인 미국사회에서 민주적 사회주의 청년층이 늘어나고 움직임이 확대되는 실태나 부채파업·경제불복종 운동이 어떤 힘으로 계속 유지되는지, 또 코로나 이후에 일어나고 있는 파업양식과 반노동운동의 원동력이 무엇인지, 그 연결고리를 찾기는 어려울 것이다.

대항운동 주도자들이 스스로 밝힌 바처럼 대항운동의 연속성은 축소되거나 소멸하지 않았다. 이데올로기적이지 못했다는 비판에도 불구하고 변혁을 향한 뿌리줄기를 계속 뻗어내리고 있다. 이런 맥락에서 '건설적 실패'[38]였다는 평가에 동의하며, 급진적 대항운동의 연속성이 불평등 해소라는 시대적 과제를 안고 있는 우리에게 어떤 의미를 제공하는지 재발견하는 것이 중요할 것이다.

대항적 행동주의 '복기'의 교훈, 공감과 연대의 필요성

소득불평등의 역동성과 조응한 대항운동이 분배정의와 이것을 보장하는 제도투쟁 이슈를 포괄하는 변혁운동으로 수렴된다면, 민주주의와 자본주의의 불안한 '동거'를 끝장내는 계기를 마련하고 불평등한 사회경제구조를 바꾸고 민주적인 사회경제체제로 재구성하는 정치경제적 변혁의 원동력이 될 것이라고 기대해 봄직하다. 사회변혁의 향방을 가를 '힘'은 불평등을 청산하라는 '시대적 과제'가 사회적으로 얼마나 공유되느냐에 달려 있다. 이 판가름은 소득불평등의 역동성에 조응한 대항운동에 대한 '공감'과 '연대'에서 시작될 것이다. 대항운동의 연속성과 확장성은 행동주의가 진보적 정체성과 접합하고 수렴되는 시간을 우리가 긴 호흡으로 이해해야 할 필요성을 요구한다. 또 대항운동과 행동주의 양식에 대한 기성세대와 사회변혁운동의 공감과 연대를 요구한다.

 공통된 목표를 가진 여러 세력과 사회단체를 아우르는 '하나의' 조직으로 결집하지 못했다는 평가는 흔히 '연대형태'의 운동현장에서 가장 많이 제기되는 평가주제의 하나일 것이다. 이보다 앞선 반세계화운동에 대한 평가도, 이와 비슷하게 '결집력' 부족이 분산된 조직체계에 있다고 지적되기도 했다. 그러나 결집력을 끌어내지 못했다는 평가보다, '평범한' 대학생세대와 '미조직' 노동자들이 주도했던 독특한 양식의 대항운동에 공감과 연대와 이해가 부족했다는 평가가 더 필요할 것 같다. 공감과 연대가 부족했던 상황을 복기rethinking하면서, 조직적인 연대가 제대로 이뤄지지 않았던 이유와 방해요인이 무엇인지 되짚어 볼 필요가 있다. 이것이 다양한 형태의 행동주의와 변혁운동을 '접합' 하는 전략적 고민의 출발점이 될 것이다.

연대가 이뤄지지 못했던 대항운동의 복기

내생적인 연대부족 요인으로 경제적 상황의 차이를 지적하는 견해와 전통적 노조와 미조직 비정규직의 연대부족 문제를 들 수 있다. 또 외 생적으로는 자본의 압박을 요인으로 들 수 있다.

유럽 각 나라·지역의 서로 다른 경제적 상황이 노동조직의 연대를 방해하는 요인으로 작용했다는 견해가 있다. 2008년의 금융위기는 남유럽의 하위계층 노동자들의 삶을 거의 파괴하다시피 강타했다. 금 융위기의 타격이 컸던 남유럽에 비해서, 충격이 덜했던 나라의 노동조 합들이 남유럽 노동자들의 항거에 소극적으로 결합했었다고 분석하 는 견해이다.

노동사회의 또 다른 견해는 '전통적인' 노동조합조직과 '미조직' 노 동자 간에 연대가 이뤄지지 않았다고 분석한다. 당시에 전통 노조는 노조에 가입하지 못했거나 불안정한 노동형태로 일하는 미조직 노동 자의 문제를 그다지 중요하게 여기지 않았고, 적극적인 연대가 이루어 지지 않았다는 내생적 요인에 대한 지적이다. 전통 노조의 적극적인 연대 없이 미조직 노동자들만의 힘으로 유럽연합의 제도적 틀에 큰 타 격을 입히는 수준의 대항은 역부족이었다.

2012년 11월, 유럽 전역에서 긴축재정에 대한 반대시위가 절정에 이르렀을 때도 노동조직들이 마치 '갈라진' 것처럼 대응했다는 평가가 있다. 마드리드에서 일어난 대규모 시위는 스페인 전역으로 퍼져나갔고, 벨기에·프랑스 등 동부지역이나 리투아니아에서 화물운송 노동자들은 총파업을 전개했다. 그러나 유럽 북부지역과 독일의 노조들은 "남유럽 노동자들과 연대한다"는 보도자료와 성명서 정도만 발표하는 차원에서 소심하게, 소극적으로 대응했다는 평가이다. '조직 간 연대 부족'이 잇따른 항거로, 변혁운동으로 확대되지 못한 이유라고 보는 견해이다.

또 이 당시에 유럽경제의 유로화 단일체제가 전통 노조의 정치적 '행동주의'를 압박했다고 분석하는 견해도 있다.[39] 2008년 4월에 모든 유럽국가에서 최저임금제를 요구하는 대규모 시위가 일어났을 때, 유럽중앙은행ECB 총재 장클로드 트리셰Jean-Claude Trichet는 유럽연합 회원국들에 "만약 전통 노조가 시위를 한다면 임금을 인상해서는 안 된다"고 강하게 주문했다는 것이다. 이 무렵 유럽에서는 최저임금제를 둘러싼 갈등이 있었다. 이런 상황에서, 자본이 임금을 빌미로 전통 노조의 행동주의를 위협한 압박이 '먹혀들었다'는 견해이다. 임금 결정 과정이 사회적 타협이라는 이름으로 이뤄진다고 하지만, 실제로는 '양보'를 강요당하는 협상방식이다. 전통 노조가 최선을 다하더라도, 사회적 타협이라는 대전제는 자본과 국가정부가 전통적 노조를 종속적 관계로 포섭하는 무기인 것은 사실이다.

어쨌거나 이렇게 복합적인 내생적 요인과 외생적 요인이 '연대'를 가로막은 요인이라고 설명하고 있다. 그러나 여기서 노동사회 내부에서 전통 노조가 미조직 노동자와 연대가 부족했다는 문제에 대한 해석을 좀더 사려 깊게 복기할 필요가 있다. 비정규직으로의 분화가 가속화되는 노동의 위기 시대에, 노동사회 내적 '연대'와 '공감'의 부족은 노동사회와 사회운동조직 '내부'에서 극복되고 해소되어야 할 중요한 과제이다.

'내부자연합'insider coalition 가설은 1990년대 이후에 유럽 사민주의 국가와 정당이 정규직과 비정규직을 분리한 사회적 타협을 함으로써 내부적 균열에 주도적으로 개입했다는 사실을 설명하고 있다.[40] 미조직 노동자를 제도적으로 보호하지 못한 사민주의의 '한계'를 지적하고 있다. 노동자의 권리를 회수하라고 강요한 신자유주의 프로젝트가 모든 수단과 방식을 동원하여 노동조합 결성을 방해하며 노동자의 권리를 적극적으로 파괴했고, 전통 노조와 미조직 비정규직을 분할시킨 신자유주의의 '갈라치기' 전략이 노동자와 빈민의 계급적 '연대'를 방해했다는 사실은 결코 변할 수 없다. 그러나 '노동자와 노동자' 간의 밥그릇 '싸움'을 설명하는 가설이 아님에도 불구하고, 노동조합 '내부자'인 정규직과 '외부자'인 비정규직이 대립관계에 있는 것처럼 혹은 정규직이 비정규직 문제를 배제한 것처럼 표면화된 측면이 있다. 마치 정규직이 비정규직 문제를 배제한 것처럼 매도하는 보수진영과 우파 행동주의의 반노동적 논리의 질료가 된 측면이 있다.

황색 저널리즘의 왜곡이 가세하여 이런 논리가 오늘날 우리 사회에서 더 기승을 부리고 있다. 노조운동과 변혁운동의 경험으로 이런 오용을 막고 단결된 힘으로 결합하려면, 공감과 연대의 적극성이 더 발휘되어야 한다. 노조를 폄훼하며 '귀족노조' '폭력노조'라고 매도하는 파시즘의 전유물로 쓰이지 못하게 차단하는 '공감'과 '연대'가 곧 '대항력'의 밑거름이기 때문이다.

기성세대의 과제, 세대 간 장벽 허물기

신자유주의와 금융세계화를 반대하는 전세계적 대항운동은 우리나라에도 영향을 끼쳤다. 2011년 10월 15일, 우리나라 시민사회단체들은 "1%에 맞서는 99%, 분노하는 99%, 광장을 점령하라"는 "서울을 점령하라"Occupy SEOUL 슬로건을 내걸고 '서울국제공동행동'을 선언하였다. '금융수탈에 반대하는 99% 행동'은 금융자본과 금융산업을 엄격히 규제하고 금융피해자를 구제하라고 요구하였다. 한미FTA 저지 국민운동본부는 미국과의 자유무역협정을 파기하라고 촉구하였다. 노조는 비정규직 문제를, 시민단체들은 임대료 인하와 대학생들은 등록금 인하 등을 주요 이슈로 내걸었다. 철거민단체와 노점상단체 등 빈민연합세력은 '빈곤철폐를 위한 행동'을 선언했다. 문화제 형식으로 밤을 지새우며 치러질 예정이었던 당일 시위는 아쉽게도 날씨 때문에 제대로 진행되지 못했다.

이명박정부 당시, 4대강 보 건설사업과 토건土建주의식 부채주도 성장과 '기업 프렌들리'라는 신자유주의식 경제 제도와 정책이 절정에 이르렀다. 이명박정부는 노무현정부의 누진적 과세제도를 일부 폐지했고, 2007년부터 신자유주의식 '부자 감세' '감세의 정치'를 한껏 확대했다. 그러나 이러한 경제 제도·정책에 대한 반대와 저항 이슈가 쟁점화되지는 않았다. 소득불평등에 대한 항거와 신자유주의적 경제제도를 종식시키자는 전세계적인 연대운동이 우리나라에서는 큰 이슈로 부상하지 못했던 것 같다.

　이보다 앞서 2011년 3월부터 'IMF외환위기 세대' '88만원 세대'라고 불렸던 대학생들은 '대학등록금 반값 투쟁'을 장기간에 걸쳐 전개했다. 여름방학 기간까지 대학생들은 항의를 이어갔고 시민의 귀와 입을 광화문 광장으로 끌어냈다. 등록금 반값 투쟁은 잔여적 복지정책과 관련된 우리 사회의 전반적인 이슈를 제기하는 공론의 장을 만들어냈다. 당시 야당은 '반값등록금 제도화'를 당론으로 채택하였고, 이명박 정부도 등록금을 낮추겠다고 약속했다. 그러나 그 약속은 지켜지지 않았다. 이 투쟁을 거친 세대가 이제 불안정한 직장노동을 하며 대출받은 학자금을 갚고 있지만, 연체율도 높아지고 있다. 우리나라에서도 학비부채를 사회적 성격의 부채로 규정하고 '부채탕감' 운동을 다시 시작하고 있다. 부채가 노동계급의 일상적 삶을 지배하고 '노동자'보다 '채무자'로 규정하고 있다는 사실에서 비판과 변혁의 필요성이 구성되고 있다는 정황을 반영하고 있다. 저임금·저소득과 부채가 소득불평등의 역동성으로 발현되면서, 우리 삶의 모든 불평등을 하나로 묶으며 정치적으로 진보적인 새로운 투쟁의 새로운 기회를 창출할 것이라고 기대해 봄직하다.

　당시 대학생들은 기회 '불공정'을 사회적 '폭력'으로 규정했지만, 학생들과 소득불평등의 이슈가 깊이 있게 연대하지는 못했다. 대학생들이 제기했던 이슈도 사회적으로 더 확대되지는 않았다. 그러나 깊이 있게 연대가 이뤄지지 않았다고 해서 그 이유가 대학생·청년 세대의 대항적 사고의 한계나 대항양식의 한계에 있다고 단정할 수는 없다. 수학여행을 가던 고등학생들을 죽음으로 내몰았던 '세월호 참사'에 대한 책임을 추궁하는 데서 시작하여, 국정을 내팽개친 책임을 추궁하는 '박근혜 탄핵'운동이라는 '촛불혁명'의 과정에서 이들이 외친 '공정사회, 기회의 공정'의 밑변은, 불공정과 불평등이 세습되는 우리 사회의 구조적 모순을 응축한 표현으로 구성되어 있다는 사실을 확인할 수 있다. 주권자의 권리를 분명히 요구하며 분배정의와 새로운 변혁의 열망을 결집하여 행동으로 표출한 것이다. 이들이 곧 불평등한 민주주의에 반대하는 자발적 직접행동의 주체로 기성 정치에 대항했으며, 앞으로도 대항의 주체가 된다는 사실에 더 주목해야 할 것이다.

세대 간 갈등의 문제가 한동안 우리 사회에서 사회문화 비평의 주제가 되었지만, 그것은 불평등경제가 파생시킨 변형된 하위요인의 파편에 지나지 않는다. 세대 간에 경험과 인식·문화의 차이는 있겠지만, 우리의 일상을 지배하고 있는 불평등한 사회경제의 구조적 모순을 인식하는 데는, 대다수 기성세대와 장래세대 사이에 장벽이 있다고 단정할 근거는 전혀 없다. 더욱이 소득불평등의 시대와 빈곤영속화의 시간에, 소득불평등의 역동성이 대항적 행동주의에 조응할 가능성이 증폭된 예고된 대항의 시간에, 기성세대와 청년세대라는 '연대기적' 구분법으로는 아무런 변혁실천의 의미도 확보하지 못한다.

'자본주의가 낳은 세대'라고 응축한 자기규정에는 이들이 기성세대보다 불평등을 더 일찍부터 체감한 세대라는 사회비판이 담겨 있다. 그러므로 이 자기규정이 자조적이라고 판단한 이유는 없다. 불평등한 자본주의에 순응하지 않고 체념하지도 않는다는 역설적 자기규정으로 이해해야 한다. 전세계적인 대항운동이 보여주듯이 이들 세대는 각자의 영역에서 새로운 '주체'가 되고 있어, 이들의 주체성이 대항운동을 주도하고 있다는 사실에 주목해야 한다. 이들이 자기들의 상상력으로 대항력 복원의 가능성을 열고 있다는 사실과 대항양식을 새롭게 제시할 가능성이 크다는 사실에 주목하여, '공감'과 '연대'를 표출하는 것이 기성세대의 '과제'이다. 기성세대가 이 과제를 실천하는 것이 '분배와 사회정의를 회복'하고 반드시 회복해야 하는, 장래세대와 변혁의 연대고리를 견고하게 이어줄 것이다.

그러나 지금의 우리 기성세대가 불평등이 재생산되는 사회경제구조, 즉 장래에 기대하는 소득이 줄어드는 불안정성과 위험한 신자유주의적 사회를 장래세대에게 유산으로 물려준다면, 세대 간의 관계는 달라질 것이다. 이것은 기성세대가 장래세대에게 불평등한 사회를 '순순히' 받아들이라고 강요하는 것과 다르지 않다. 그렇다면 세대 간 적대적 갈등으로 비화할 것이다. 그러므로 기성세대가 불평등 타파와 사회변혁에 대한 이들의 열망을 공감하지 못한 이유가 무엇이고, 이들 세대의 행동주의에 적극적으로 동참하지 못한 이유가 무엇인가라는 질문으로 앞의 질문을 대체·수정해야 할 것이다. 공감과 연대를 복원하기 위해서, 기성세대가 스스로 질문을 던져야 할 시간이 되었다는 것이다. 소득불평등과 구조적 모순에 대한 비판적 사고를 더 많이 사회에 전파하고, 대항양식을 구현할 아이디어를 더 많이 모색하여 이들을 뒷받침해 주며 성찰과정을 자극하는 토양을 제공해야 한다. 그것이 기존 정치와 일체의 타협을 거부하고 정당성을 스스로 확보하도록 에너지를 제공하는 것이다.

···어제 노동대회에서 한 연설자께서 "우리는 서로를 찾았습니다"라

고 말하더군요. 그 아름다운 감정이 만들어지는 장면을 여기서 포착할 수 있었습니다. 더 나은 세상을 원하는 모든 사람이 서로를 찾을 수 있는 공간이 활짝 열렸고, 어떤 공간에도 담을 수 없을 만큼 큰 생각들이 지금 여기에 넘쳐나고 있군요. 여러분 고맙습니다….[41]

하위계층의 소득감소와 부채증가로 표출되는 확대된 소득불평등은 오늘날 극단적으로 치닫는 위험사회의 중요한 의제이다. 이러한 권위주의적 경제제도의 청산은 시대적 과제이다. 그러나 하위계층이 사회·경제·정치의 모든 영역에서 여러 형태의 이름으로 마치 다른 주체로 인식되는 시공간에서, 각 주체의 경제적 이해와 관련된 주장이 파편화되고 자기 밥그릇 싸움인 것처럼 왜곡된 채 유통되고 있다.

그러므로 우리의 역사가 되어버린 소득불평등의 심층적 구조에서 이데올로기의 공통분모를 찾는 인식의 전환과 작업은 매우 중요하다. 소득불평등 사회가 고착되고 하위계층의 빈곤이 영속화되는 시대에, 소득불평등의 역동성과 조응하는 대항운동에 대한 공감과 연대는 우리 기성세대의 과제와 맞닿아 있다. 이것이 대항력을 회복하는 통로를 열어줄 것이다.

주

1 닉 콜드리는 이것을 '다시 말하게 하기'라는 개념으로 표현하고 있다. '다시 말
하게 하기'는 '소통' 또는 '연결'connecting을 의미한다. 신자유주의 교리가 하
위계층이 노동체제와 삶의 구조적 문제에 대한 정치적 이데올로기적 발언을 하
지 못하게 방해했고, 노동자의 권리는 근본주의적 시장자유주의 논리에 의해 절
대적으로 배제되었다고 주장한다. Nick Couldry, *Why Voice Matters: Culture and
Politics after Neoliberalism*, Sage, 2010. 그러므로 신자유주의 체제에서 사회정치
조직에 대응하고 배제당하는 하위계층(또는 약자)의 표현이 소통되어야 하며,
이것이 민주주의 사회에 전제된 기본권을 되찾고 목소리를 '회복'하는 것이라고
주장한다. 하위계층의 목소리에 대한 가치를 복원하는 것이 사회정치적으로 중
요하다는 것이다.

2 개인의 이념적 입장이 자기선호보다 경제적 또는 물질적 이해에 따라 왜곡될 수
도 있다고 주장이 제기되었다. 글로벌 금융위기 이전과 이후에, 미국인들이 노
동시장에서 경험한 것과 그들의 정치적 태도를 추적한 결과를 토대로 분석한 주
장이다. "개인의 경제적 어려움, 특히 실직한 경험이 있는 공화당원 지지자들도
민주당의 복지지출 확장정책을 지지하였는데, 이런 태도변화는 오래 가지 못했
다. 이것은 고용상황이 '완전히' 해결되었다는 의미(천정효과 ceiling effect)가
아니라, 개인의 고용 상황이 개선되자 태도 변화가 일어났다." Yotam Margalit,
"Explaining Social Policy Preferences: Evidence from the Great Recession,"
American Political Science Review vol. 107/Issue no. 1, 2013. 이 연구는 경제적 충
격이 유권자가 사회정책을 선호하는 데는 상당한 영향을 끼치지만, 전반적으로
는 이런 태도변화가 일시적으로만 영향을 끼친다고 주장하고 있다. 그러나 공화
당 지지자가 곧 하위계층을 대표하지는 않는다. 그들의 전통적 지지성향으로 회
귀한 현상을 설명하는 분석이지, 이 분석으로 하위계층이 자기선호를 왜곡한다
고 확대해석할 수는 없을 것이다.

3 주디스는 스페인과 그리스에서 포퓰리즘 정당의 출현과정을 설명하고 있다(John
B. Judis, *The Populist Explosion: How the Great Recession Transformed American and
European Politics*, Columbia Global Reports, 2016 참조).

4 굿하트는 지역에 국한되지 않고 지식을 갖춘 도시엘리트(anywhere)와 지방에
서 살아가는 지역민(somewhere)의 성향을 구분하여, 지역민들을 고정된 보수
로 인식하는 편향된 시각을 가지고 도시엘리트에게서만 정치적 지지를 확보하
려는 포퓰리즘적 유럽 좌파정당을 비판하고 있다. 그는 이런 정치문화가 확대되
고 있으며, 이것이 '유럽의 비극'이라고 표현한다. David Goodhart, *The Road to
Somewhere: The Populist Revolt and the Future of Politics*, Hurst, 2017 참조.

5 Michael Roberts, *The Long Depression: Marxism and the Global Crisis of Capitalism*, Haymarket Books, 2016. 이런 주장은 대개 콘트라티에프 Nikolai D. Kondratiev 의 '파동가설'을 참고한다. 소련이 해체된 후에 사회주의의 미래를 전망하기 어렵던 시기에, 존 로머의 연구(John E. Romer, *A Future for Socialism*, Harvard University Press, 1994)를 토대로 한, 자본주의 시장경제체제가 영속되지 않고 사회주의와 나선형으로 '교차한다'는 시장사회주의'market socialism에 대한 전망도 제시된 바 있다(Boswell Terry, Christoper Chase-Dunn, *The Spiral of Capitalism and Socialism: Toward Global Democracy*, Lynne Rienner Publishers, 2001).

6 Eprime E. Eshag, "J. Robinson. Collected Economic Papers vol. Ⅲ," *The Economic Journal* vol. 77/Issue. 306, 1967; John Robinson, *The Accumulation of Capital*, Palgrave Macmillan, 1956(3rd edition); *Economic Heresies: Some Old Fashioned Questions in Economic Theory*, Macmillan, 1971.

7 Thomas Piketty, *Capital in the Twenty-First Century*, trans. Arthur Goldhammer, The Belknap Press of Harvard University Press, 2014.

8 Daron Acemoglu, James Robinson, *The Narrow Corridor: States, Societies, and the Fate of Liberty*, Penguin Press, 2019.

9 Wolfgang Streeck, *Buying Time: The Delayed Crisis of Democratic Capitalism*, Verso, 2014; *How Will Capitalism End? Essays on a Failing System*, Verso, 2016.

10 Elizabeth F. Cohen, *The Political Value of Time: Citizenship, Duration, and Democratic Justice*, Cambridge University Press, 2018.

11 부채는 자본주의가 선택한 생산관계이며, 노동력을 '탈프롤레타리아화'할(노동력을 자유롭지 않게 옥죄는) 목적으로 '상위층'이 하위층을 상대로 수행하는 '계급전쟁'이다(Tom Brass, *Labour Regime Change in the Twenty-First Century; Unfreedom, Capitalism and Primitive Accumulation*, Brill, 2011).

12 Julien-François Gerber, Tsegaye Moreda, C. Sathyamala, "The Awkward Struggle: A Global Overview of Social Conflicts against Private Debts," *Journal of Rural Studies* 86, 2021.

13 Robert Pear, "Top Earners Doubled Share of Nation's Income," Congressional Budget Office U. S. 2011. 10. 25.

14 David Degrow, "The Economic Elite vs. The People of the United States," *AmpedStatus.org* 2011. 2. 15. 그는 미국 정부와 정당이 잘 조직된 경제엘리트들에게 매수되고 국민의 삶을 파괴하고 있고, 국민 99%가 정치적 대표성을 갖지 못하게 가로막고 있다고 비판하였다. 노골적으로 왜곡된 경제와 세금제도는 자본의 전략적인 공격이며, 국민 99%는 계속 그들의 지배를 받을 것이라고 주장하였다. 그러므로 그는 미국민이 단결해서 국가정부에 대항하여 민주주의를 되찾아야 한다고 주장하였다. 이 글은 금융자본으로부터 테러를 당한 피해자와 피해규모, 금융테러를 일으킨 경제엘리트에 대한 폭로와 적대관계를 설정하며, 금융쿠데타와 극복전략으로 승리하자는 직접행동을 제안하였다. 2011년 말에 같은 제목의 책으로 출판되기도 했다.

15 미국 청년학생들에게 행동주의 동참을 호소한 공개서한. "…소비를 강요하는

권위주의적 자본주의 체제의 발아래 우리가 있어야 합니까? 아니면 부담수수료를 즉시 과감하게 낮추는 혁명적 운동을 시작하시겠습니까? …제1세계의 학생인 여러분들이 기업을 무너뜨리고, 소비자의 지출을 줄이고, 평등한 공동체를 건설하는 운동을 구축할 때라고 생각합니다. 우리와 함께 투쟁으로 나아갑시다. 함께하는 미래가 우리의 것입니다. 여러분이 가진 열정과 지식, 기술이 이 운동과 투쟁에 필요합니다."(Adbusters.org, "An Open Letter to Students, We are Beginning the Long Struggle to Define Our Future," 2009. 11. 25.) 또 AmpedStatus.com과 어나니머스Anonymous도 월가를 점령하자고 제안하며 주코티공원에 집결하자는 계획을 전파했었다.

16 이 대항운동이 미국 좌파운동사에서 일찍이 보지 못할 정도로 빠르게 대중적 지지를 얻은 요인은 '경제정의'와 '부의 제한'을 의제로 제기했기 때문이다(Todd Gitlin, *Occupy Nation: The Roots, the Spirit, and the Promise of Occupy Wall Street*, it Books, 2012).

17 Basic Income Earth Network, 2008.

18 Frederic Lordon, "Et Si On Fermait la Bourse…"(증권거래소를 폐쇄한다면…), *Le Momond Diplomatique* 2010. 2.

19 반세계화운동, 반자본주의운동과 전세계적 대항운동 이슈는 다양하다. 다음의 자료 참조. Paul Mason, *Why It's Kicking off Everywhere, The New Global Revolutions*, Verso, 2012; 2013; Marcos Ancelovici, Pascal Dufour, Heloise Nez, *Street Politics in the Age of Austerity: From the Indignados to Occupy*, Amsterdam University Press, 2016; Alex Callinicos, Stathis Kouvelakis, "Syriza and Socialist Strategy," *International Socialism* 2/146, 2015; Alex Callinicos, "The Return of the Arab Revolution," *International Socialism* 2/130, 2011; "The Anti-Capitalist Movement after Genoa and New York," Stanley Aronowitz, Heather Gautney ed., *Implicating Empire*, Basic Books, 2003; Donatella della Porta, *Social Movements in Times of Austerity: Bringing Capitalism back into Protest Analysis*, Polity, 2015; *Late Neoliberalism and its Discontents in the Economic Crisis: Comparing Social Movements in the European Periphery*, Palgrave Macmillan, 2017; Nadav Eyal, *Revolt, the Worldwide Uprising against Globalization*, Ecco, 2021; Sarah van Gelder, the Staff of YES! Magazine ed., *This Changes Everything: Occupy Wall Street and the 99% Movement*, Berrett-Koehler Publishers, 2011; Paolo Gerbaudo, *The Mask and the Flag: Populism, Citizenism and Global Protest*, Oxford University Press, 2017; David Graeber, *The Democracy Project, a History, a Crisis, a Movement*, Spiegel & Grau, 2013; James Holston, "Come to the Street: Urban Protest, Brazil 2013," *Anthropological Quarterly* 87, 2014; Cedric Hugrée, Etienne Penissat, Alexis Spire, *Social Class in Europe: New Inequalities in the Old World*, Verso, 2020; Interface, "Social Movement Thinking beyond the Core: Theories and Research in Post Colonial and Post-Socialist Societies," *Interface* vol. 9/Issue 2, 2017; Sahan Karatasli, "The Twenty-first Century Revolutions and Internationalism: A World Historical Perspective," *Journal of World-Systems Research* vol. 25/Issue 2, 2019; Leo Panitch, Colin Leyes, *Global Flash Points*, Socialist Register 38, 2008; Emily Welty, Matthew Bolton, Meghana Nayak, Christopher Malone ed.,

Occupying Political Science: The Occupy Wall Street Movement from New York to the World, Palgrave Macmillan, 2012; Richard Wolff, *Occupy the Economy: Challenging Capitalism*, City Light Books, 2012; Writers for the 99%, *Occupying Wall Street: The Inside Story of an Action that Changed America*, OR Books, 2011.

20 Karl Marx, Friedrich Engels, *Marx-Engels Collected Works 1844~1845*(vol. 4, International Publishers, 1975. p. 280)의 표현을 인용하였다.

21 Naomi Klein, "Occupy Wall Street: The Most Important Thing in the World Now," *The Nation* 2011. 10. 6.

22 Arnachists.org는 생 이미에르St.Imier 150주년 행사를 2023년 7월에 서울에 서 개최하기로 했었다. Arnachists.org 2023이다. 이 계획을 알리는 홍보포스터 (2011. 10. 15)의 표어를 인용했다.

23 점거운동에서 시도된 수평적 구조의 총회general assembly는 소수의 리더가 결 정하거나 다수결로 의사를 결정하는 시스템이 아니었다. 의제가 아무리 많아도 총회에서 전원합의로 결정하는, 신중한 의사결정 방식으로 운영되었다. 합의되 지 않는 의제는 의회 내의 실무그룹에 넘겼다. 회의중에 참가자들이 질문하거나 지지나 반대 또는 노골적인 반대를 표현하는 독특한 '수화' 방식으로 많은 참석 자에게 의견을 묻고 그 결과를 알리는 방식을 사용했다. Nathan Robinson, *Why You Should Be a Socialist*, All Points Books, 2019.

24 David Graeber, *The Democracy Project: A History, a Crisis, a Movement*, Spiegel&Grau, 2013; Sarah van Gelder, the staff of YES! Magazine. ed., *This Changes Everything*, Berrett-Koehler, 2011.

25 David Graeber, "Occupy and Anarchism's Gift of Democracy," *The Guardian* 2011. 11. 15.

26 고린도대학Corinthian College과 증권시스템이 벌린 사기행각 사례(Michel Feher, *Rated Agency: Investee Politics in a Speculative Age*, Zone Books, 2018 참조).

27 학비 등 부채상환 거부운동 내용(Strike Debt, *The Debt Resisters' Operations Manual*, PM Press, 2014; Debt Collective, *Can't Pay Won't Pay*, Haymarket Books, 2020 참조). 거부운동에 대한 평가(Mikkel Bolt Rasmussen, *Crisis to Insurrection: Notes on the Going Collapse*, Minor Composition, 2015 참조). '자율 운동'autonomia(Hollis Phelps, "Parasites on Unwilling Hosts: Student Loan Debt and the Generation of Value," Continental Thought & Theory, *A Journal of Intellectual Freedom* vol. 1/issue 2, 2017; http://ctt.canterbury.ac.nz. 참조).

28 대항운동 이후에도 미국에서 실질임금이 낮아지고 학자금 대출도 늘어나고 있 다. 이런 경제상황은 젊은 세대가 자본주의 체제를 비판하는 경향과 밀접하게 관련되어 있다. 분배가 왜곡된 불평등사회에 대한 비판의식은 사회주의에 대한 우호적 시각으로 확장되고 있다. 이런 경향이 미국 선거여론조사ANES나 Pew Survey의 조사결과에 나타나 있다(John B. Judis, 앞의 책 주 참조). DSA도 회원 수가 늘고 젊은 신인 정치인들의 참여가 늘어나고 있다(Raina Lipsitz, *The Rise of a New Left: How Young Radicals Are Shaping the Future of American Politics*, Verso, 2022).

29 마우리지오 라자라토, 샹탈 무페, 미셸 페허 같은 이론가들은 이런 '급진적' 방식

의 사회운동 전략이 필요하다고 지지한다. 또 조지 카펜치스는 채무자조직이 단지 부채운동조직으로 머무르지 않고, 우리 삶의 모든 측면을 하나로 묶어야 한다고 주장한다(George Caffentzis, "Two Interviews with Barzonistas," https://www.academia.edu/6312440/Intro_to_El_Barzon, 2013).

30 자유시장주의 교의와 주류경제학의 이런 주장을 마크 블라이스는 비판하고 있다(Mark Blyth, *Austerity: The History of a Dangerous Idea*, Oxford University Press, 2013).

31 "신속지급이라더니, 소상공인 피해지원금 하세월," 『경향신문』 2021. 10. 7.

32 Edward P. Thompson, *The Making of the English Working Class*, Vintage Books, 1963(1980 new preface).

33 Alain Badiou, *The Rebirth of History: Times of Riots and Uprisings*, Verso, 2012; Slavoj Žižek, *The Year of Dreaming Dangerously*, Verso, 2012.

34 Ethan Earle, "Occupy's Legacy: A Massive Burbling of Possibilities," *The Independant* 2013. 9. 28. 그는 점거운동 당시에 현장에서 활동했고, 로자 룩셈부르크 재단 뉴욕사무소의 프로젝트 관리자였다(*A Brief History of Occupy Wall Street*, Rosa Luxemburg Siftung, 2012의 저자이다).

35 대항운동에 참여를 독려했던 Adburster.org는 '일부러' '자본주의 타도'라는 캐치프레이즈를 내걸지 않았다고 한다. 극좌파가 대항운동을 주도하는 것처럼 대중들이 인식하면, 대항운동이 확장되지 못할 수 있다고 판단했기 때문이었다고 한다. John B. Judis, 앞의 책.

36 Saul Newman, "Occupy and Autonomous Political Life," Alexandros Kioupkiolis, Giorgos Katsambekis eds., *Radical Democracy and Collective Movements Today*, Ashgate, 2014; Sarah L. Augusto, "Structuring the 'Structurless' and Leading the 'Leaderless': Power and Organiztion in the Student Movement at the University of California," Lorenzo Cini, Donatella della Porta, Cesar Guzman-Concha eds., *Student Movements in Late Neoliberalism: Dynamics of Contention and Their Consquencies*, Palgrave macmillan, 2021.

37 Ethan Earle, 앞의 자료.

38 Adbursters.org의 미카 화이트Micah White는 이런 맥락에서 대항운동의 일련의 실패를 '건설적 실패'constructive failure라고 표현했다.

39 Cedric Hugrée, Etienne Penissat, Alexis Spire, *Social Class in Europe: New Inequalities in the Old World*, Verso, 2020.

40 David Rueda, *Social Democracy Inside Out: Partisanship and Labor Market Policy in Industrialized Democracies*, Oxford University Press, 2007.

41 Naomi Klein, 앞의 연설문.

참고문헌

강명세, 『불평등민주주의와 포퓰리즘』, 바오, 2019.

국회예산정책처. 「2022년 예산 세수추계」, 2021.

김기헌 외, 『청년 사회 첫출발 실태 및 정책방안 연구: 일자리』, 한국청소년정책연구원, 2021.

김세움, 『기술진보에 따른 노동시장 변화와 대응』, 한국노동연구원, 2015.

김유선. 「비정규직 규모와 실태」 이슈페이퍼 2019-17, 한국노동사회연구소, 2019.

김준영 외, 『플랫폼경제종사자 규모 추정과 특성 분석』, 한국고용정보원, 2019.

_____, 『플랫폼종사자의 규모와 근무실태』, 한국고용정보원, 2022.

나수미, 「자영업 불평등도의 분석과 지원방향」, 『중소기업 포커스』 19/09, 중소기업연구원, 2019. 4.

다비드 카사사스, 『무조건 기본소득: 모두의 자유를 위한 공동의 재산』, 구유 옮김, 리얼부커스, 2020.

베르나르 스트글러, 아리엘 키루, 『고용은 끝났다, 일이여 오라』, 권오룡 옮김, 문학과지성사, 2018.

상속세제 개혁포럼 외, 『국가의 약탈, 상속세: 개인과 기업과 나라경제 파괴하는 거짓 정의세』, 펜앤북스, 2023.

성재민·오상봉·강동우, 『자영업분석인프라 구축 및 자영업의 동태적 변화분석』, 한국노동연구원, 2018.

스테파노 자마니, 루이지노 브루니, 『21세기 시민경제학의 탄생』, 제현주 옮김, 북돋움, 2015.

오상봉, 『자영업 경영상황의 동태적 변화 연구 II』, 한국노동연구원, 2019.

이창근, 『최저임금 산입범위확대의 임금인상 삭감효과』, 민주노동연구원, 2021. 6.

이철승, 『불평등의 세대』, 문학과지성사, 2019.

잉고 슐체, 『우리의 아름다운 새 옷』, 원성철 옮김, 오롯, 2014.

전병유 외, 『다중격차, 한국사회 불평등구조』, 페이퍼로드, 2016.

정영식 외, 「국제사회의 부동산보유세 논의방향과 거시경제적 영향분석」, 대외정책연구원, 2022.

정흥준, 「특수형태근로종사자 규모추정에 대한 새로운 접근」, 고용노동 브리핑, 한국노동연구원, 2019. 3.

통계청, 『가계금융복지조사』, 각 연도.

_____, 『경제활동인구조사 및 부가조사』, 각 연도.

_____, 『2020년 주택소유 통계』, 2021. 11.

_____, 『임금근로자 일자리별 소득조사결과』, 각 연도.

하랄트 벨처, 『저항안내서: 스스로 생각하라』, 원성철 옮김, 오롯, 2015.

『한겨레21』, "특집기사: 쿠팡의 노조 탄압" 2022. 6. 3.

한국CXO연구소, 『법인세 상위 100대 기업의 최근 5년간 고용과 법인세 변동흐름』, 2022. 7. 28.

한국은행, 「국민계정에 의한 소비불평등 추정」, 『조사통계월보』 2021. 10. 29.

_____, 『금융안정보고서』, 각 연도 상·하반기

홍민기 외, 『자영업 경영상황의 동태적 변화 연구 Ⅲ』, 한국노동연구원, 2020.

_____, 『자영업자 현황 및 소득통계 비교연구』, 한국노동연구원, 2022.

홍민기·오상봉 『자영업자 경영상황의 동태적 변화 분석』, 한국노동연구원, 2019.

Adair Turner, *Between Debt and the Devil*, Princeton University, 2016.

Adam Tooze, *Crashed: How a Decade of Financial Crises Changed the World*, Viking, 2018.

Adbusters.org, "An Open Letter to Students, We Are Beginning the Long Struggle to Define Our Future," 2009. 11. 25.

Alan Tonelson, *The Race to the Bottom: Why a Worldwide Worker Surplus and Uncontrolled Free Trade Are Sinking American Living Standards*, Westview Press, 2000.

Albert O. Hirschman, *The Rhetoric of Reaction*, Belknap Press, 1991.

Alberto Alesina, Dani Rodrik, "Distributive Politics and Economic Growth," *Quarterly Journal of Economics* vol. 109/no. 2, 1994.

Alexandrea Ravenelle, *Hustle and Gig: Struggling and Surviving in the Sharing Economy*, University of California Press, 2019.

Alexandros Kioupkiolis, Georgos Katsambekis ed., *Radical Democracy and Collective Movements Today: The Biopolitics of the Multitude versus the Hegemony of the People*, Ashgate, 2014.

Anatasia Guscina, "Effects of Globalization on Labor's Share in National Income," IMF WP/06/294, 2006.

André Gorz, *Farewell to the Working Class*, Pluto Press, 1982.

Ann Harrison, "Has Globalization Eroded Labor's Share? Some Cross-Country Evidence," UC Berkeley, 2002.

Ann Harrison ed., "Globalization and Poverty," NBER, The University of Chicago

Press, 2007.

Arun Sundararajan, *The Sharing Economy*, The MIT Press, 2016.

Atif Mian, Amir Sufi, *House of Debt*, The University of Chicago Press, 2014.

Ben Gook, "Backdating German Neoliberalism: Ordoliberalism, the German Model and Economic Experiments in Eastern Germany after 1989," *Journal of Sociology* vol. 54, 2018.

Benjamin Page, Martin Gilens, *Democracy in America? What Has Gone Wrong and What We Can Do about It*, The University of Chicago Press, 2017.

Bernard Stiegler, *Automatic Society vol. 1 The Future of Work*, Polity Press, 2016.

Boswell Terry, Christoper Chase-Dunn, *The Spiral of Capitalism and Socialism: Toward Global Democracy*, Lynne Rienner Publishers, 2001.

Brett Christophers, *Rentier Capitalism: Who Owns the Economy, and Who Pays for It?*, Verso, 2020.

Carl Benedikt Frey, Michael A. Osborne, "The Future of Employment: How Susceptible Are Jobs to Computerization?," Oxford Martin School Working Paper, 2013.

Carmen Reinhart, Kenneth Rogoff, "Is the 2007 US Subprime Financial Crisis so Different? An International Historical Comparison," NBER Working Paper 13761, 2008.

Cedric Hugrée, Etienne Penissat, Alexis Spire, *Social Class in Europe: New Inequalities in the Old World*, Verso, 2020.

Chris Harman, "The Rate of Profit and the World Today," *International Socialism*, 2007.

Christian Marazzi, *The Violence of Financial Capitalism*, trans. Kristina Lebedeva, Jason Francis Mc Gimsey, Semiotext(e), 2009.

Colin Crouch, *The Strange Non-Death of Neoliberalism*, Polity Press, 2011.

Daniel Oesch, Giorgio Piccitto, "The Polarization Myth: Occupational Upgrading in Germany, Spain, Sweden, and the UK, 1992~2015," *Work and Occupations* vol. 46/issue 4, 2019.

_____, *Redrawing the Class Map: Stratification and Institutions in Britain, Germany, Sweden, and Switzerland*, Palgrave Macmillan, 2006.

Daniel Raventós, *Basic Income: The Material Conditions of Freedom*, trans. Julie Wark, Pluto Press, 2007.

Daniel Susskind, Richard Susskind, *The Future of the Professions*, Oxford University Press, 2015.

Daniel Waldenstrom, "Lifting All Boats? The Evolution of Income and Wealth Inequality over the Path of Development," Doctoral Dissertation. Economic History, Lund University, 2009.

Daron Acemoglu, James Robinson, *The Narrow Corridor: States, Societies, and the Fate of Liberty*, Penguin Press, 2019 .

Daron Acemoglu, Suresh Naidu, Pascual Restrepo, James Robinson, "Democracy, Red-istribution, and Inequality," *Handbook of Income Distribution* vol. 2B, 2013.

_____, "Democracy Does Cause Growth," *Journal of Political Economy* vol. 127/no. 1, 2019.

David C. Korten, *When Corporations Rule the World*, Berrett-Koehler Publishers, 2015(3rd Edition).

David Degrow, "The Economic Elite vs. the People of the United States," AmpedStatus.org, 2010. 2.

David Goodhart, *The Road to Somewhere: The Populist Revolt and the Future of Politics*, Hurst, 2017.

David Graeber, "Occupy and Anarchism's Gift of Democracy," *The Guardian* 2011. 11. 15.

_____, *The Democracy Project: A History, a Crisis, a Movement*, Spiegel & Grau, 2013.

David Harvey, "The 'New' Imperialism: Accumulation by Dispossession, The New Imperial Challenge," *Socialist Register* 40, 2004.

_____, *The Enigma of Capital: And the Crises of Capitalism*, Oxford University Press, 2010.

_____, *Seventeen Contradictions and the End of Capitalism*, Oxford University Press, 2014.

David M. Kotz, "Capitalism and Forms of Capitalism: Levels of Abstraction in Economic Crisis Theory," *Review of Radical Political Economics* vol. 47/issue 4, 2015.

_____, *The Rise and Fall of Neoliberal Capitalism*, Harvard University Press, 2015.

David Rueda, *Social Democracy Inside out: Partisanship and Labor Market Policy in Industrialized Democracies*, Oxford University Press, 2007.

David Rueda, Daniel Stegmueller, *Who Wants What? Redistribution Preferences in Comparative Perspective*, Cambridge University Press, 2019.

Debt Collective, *Can't Pay Won't Pay*, Haymarket Books, 2020.

Donatella della Porta, *Social Movements in Times of Austerity: Bringing Capitalism Back into Protest Analysis*, Polity Press, 2015.

Donatella della Porta, Massimiliano Andretta, Tiago Fernandes eds., *Late Neoliberalism and Its Discontents in the Economic Crisis: Comparing Social Movements in the European Periphery*, Palgrave Macmillan, 2017.

Edward P. Thompson, *The Making of the English Working Class*, Vintage Books, 1963; 1980.

Elena Ianchovichina, Susanna Lundstrom, "Inclusive Growth Analytics," World

Bank Policy Research Working Paper no. 4851, 2009.

Elizabeth F. Cohen, *The Political Value of Time: Citizenship, Duration, and Democratic Justice*, Cambridge University Press, 2018.

Eprime E. Eshag, "J. Robinson. Collected Economic Papers vol. Ⅲ," *The Economic Journal* vol. 77/issue 306, 1967.

Era Dabla-Norris, Kalpana Kochhar, Nujin Suphaphiphat, Frantisek Ricka, Evridiki Tsounta, "Cause and Consequence of Income Inequality," IMF Discussion Note, 2015.

Eric Brynjolfsson, Andrew McAfee, *The Second Machine Age*, W. W. Norton & Company, 2014.

Erik Olin Wright, *Envisioning Real Utopias*, Polity Press, 2010.

_____, *Understanding Class*, Verso, 2015.

_____, *How to Be an Anticapitalist in the 21st Century*, Verso, 2019.

Ethan Earle, *A Brief History of Occupy Wall Street*, Rosa Luxemburg Siftung, 2012.

_____, "Occupy's Legacy: A Massive Burbling of Possibilities," *The Independant* 2013. 9. 28.

Federico Campagna, Emanuele Campiglio eds., *What We Are Fighting for: A Radical Collective Manifesto*, Pluto Press, 2012.

Francesca Polletta, *It Was like a Fever: Storytelling in Protest and Politics*, University of Chicago Press, 2009.

François Bourguignon, "The Poverty-Growth-Inequality Triangle," Indian Council for Research on International Economic Relations Working Paper no. 125, 2004.

Frank Lovett, *A General Theory of Domination and Justice*, Oxford University Press, 2010.

Frederic Lordon, "Et Si On Fermait la Bourse…," *Le Momond Diplomatique* 2010. 2.

Gary Gerstle, *The Rise and Fall of the Neoliberal Order*, Oxford University Press, 2022.

George Akerlof, Robert J. Shiller, *Animal Spirits: How Human Psychology Drives the Economy, and Why It Matters for Global Capitalism*, Princeton University Press, 2009.

George Caffentzis, "Two Interviews with Barzonistas," https://www.academia.edu/6312440/Intro_to_El_Barzon, 2013.

_____, "Everyday Life in the Shadow of the Debt Economy," Ernst Schraube, Charlotte Højholt eds., *Psychology and the Conduct of Everyday Life*, Routledge, 2016 .

Giovanni Arrighi, *The Long Twentieth Century: Money, Power, and the Origins of Our Times*, Verso, 2010.

Guy Standing, *The Corruption of Capitalism*, Bitback Publishing, 2016.

Herman Minsky, "The Financial Hypothesis," The Jerome Levy Economics Institute Working Paper no. 74, 1992.

Hollis Phelps, "Parasites on Unwilling Hosts: Student Loan Debt and the Generation of Value," *A Journal of Intellectual Freedom* vol. 1/issue 2, Debt and Value, 2017.

Howard J. Wiarda, *Corporatism and Comparative Politics: The Other Great 'ism'*, Routledge, 1997.

IMF, "World Economic Outlook: Growth Resuming, Dangers Remain," 2012.

István Mészáros, *The Challenge and Burden of Historical Time: Socialism in the Twenty-first Century*, Monthly Review Press, 2008.

Jacob Hacker, "The Institutional Foundation of Middle Class Democracy," *Policy Network*, http://www.policy-network.net/articles/ 3998, 2011.

Jagdish Bhagwati, "Immiserizing Growth: A Geometrical Note," *The Review of Economic Studies* vol. 25/issue 3, 1958.

James Ferguson, *Give a Man a Fish: Reflections on the New Politics of Distribution*, Duke University Press, 2015.

Jayati Ghosh, "The Monetary Tightening Trap," *Project Syndicate* 2022. 11. 15.

Jeff Madrick, *Seven Bad Ideas: How Mainstream Economists Have Damaged America and the World*, Vintage, 2014.

Jess Prassl, *Human as a Service*, Oxford University Press, 2018.

Jill Rubery, "Re-regulating for Inclusive Labour Markets," ILO Conditions of Work and Employment series no. 65, 2015.

Joan Robinson, *The Accumulation of Capital*, Palgrave Macmillan, 1956(3rd edition).

_____, *Economic Heresies: Some Old-fashioned Questions in Economic Theory*, Macmillan, 1971.

John B. Judis, *The Populist Explosion How the Great Recession Transformed American and European Politics*, Columbia Global Reports, 2016.

_____, *The Politics of Our Time: Populism, Nationalism, Socialism*, Columbia Global Reports, 2021.

John E. Romer, *A Future for Socialism*, Harvard University Press, 1994.

John Kingdon, *Agendas, Alternatives, and Public Policies*, Pearson, 2013(2nd edition).

John M. Keynes, "Economic Possibilities for Our Grandchildren, Essays in Persuasion"(1930), *Essays in Persuasion*, Harcourt Brace, 1932.

Jonathan D. Ostry, Andrew Berg, Chararambos G. Tsangarides, "Debt and Growth," IMF Discussion Note, 2014.

Jonathan D. Ostry, Pakarash Loungani, Andrew Berg, *Confronting Inequality*, Colombia University Press, 2018.

Jonathan Haskel, Stian Westlake, *Capitalism without Capital*, Princeton University

Press, 2018.

Jonathan Morduch, Rachel Schneider, *The Financial Diaries: How American Families Cope in World of Uncertainty*, Princeton University Press, 2017.

Joseph Stiglitz, *People, Power, and Profit*, W. W. Norton & Company, 2019.

Julien-François Gerber, Tsegaye Moreda, C. Sathyamala, "The Awkward Struggle: A Global Overview of Social Conflicts against Private Debts," *Journal of Rural Studies* 86, 2021.

Kenneth J. Arrow, *Social Choice and Individual Values*, Yale University Press, 2012(3rd edition).

Liam Murphy, Thomas Nagel, *The Myth of Ownership, Tax and Justice*, Oxford University Press, 2002.

Lisa Adkins, Melinda Cooper, Martijn Konings, *The Asset Economy*, Polity Press, 2020.

Lisa B. Kahn, "The Long-Term Labor Market Consequences of Graduating College in a Bad Economy," *Labour Economics* vol. 17/issue 2, 2010.

Lorenzo Cini, Donatella della Porta, Cesar GuzmanConcha eds., *Student Movements in Late Neoliberalism: Dynamics of Contention and Their Consquencies*, Palgrave macmillan, 2021.

Lucas Chancel, "Ten Facts about Inequality in Advanced Economies," World Inequality Database working paper 2019/15, 2019.

Lucie Greene, *Silicon States*, Counterpoint, 2018.

Luis A. Rivera-Batiz, Paul M. Romer, "Economic Integration and Endogenous Growth," *The Quarterly Journal of Economics* vol. 106/no. 2, 1991.

Manuel Castells. *The Rising of the Network Society* vol. 1, Willey-Blackwell, 2011(2nd edition).

Mariana Mazzucato, *The Value of Everything: Making and Taking in the Global Economy*, Penguin, 2018.

Mark Blyth, *Austerity: The History of a Dangerous Idea*, Oxford University Press, 2013.

Martin Kenney, Richard Florida, *Beyond Mass Production, The Japanese System and Its Transfer in the US*, Oxford University Press, 1993.

Matthew Fisher-Post, "Factor Shares in the Long-run," World Inequality Lab Working Paper 2020/03, 2020.

Matthew Sparkes, "Borrowed Identities: Class(ification), Inequality and the Role of Credit-debt in Class Making and Struggle," *The Sociological Review* vol. 67/issue 6, 2019.

Maurizio Lazzarato, *Governing by Debt*, trans. Joshua D. Jordan, Semiotext(e), 2015.

———, *The Making of the Indebted Man: An Essay on the Neoliberal Condition*, trans. Joshua D. Jordan, Semiotext(e), 2012.

Michael Hardt, Antonio Negri, *Commonwealth*, The Belknap Press of Harvard University Press, 2009.

Michael Kumhof, Romain Rancière, "Inequality, Leverage and Crises," IMF Working Paper 10/268, 2010.

Michael Roberts, *The Long Depression: Marxism and the Global Crisis of Capitalism*, Haymarket Books, 2016.

Michel A. Gould-Watofsky, *The Occupiers: The Making of the 99% Movement*, Oxford University Press, 2015.

Michel Feher, *Rated Agency: Investee Politics in a Speculative Age*, Zone Books, 2018.

Mikkel Bolt Rasmussen, *Crisis to Insurrection: Notes on the Going Collapse*, Minor Composition, 2015.

Modecai Kurz, "On the Formation of Capital and Wealth: IT, Monopoly Power and Rising Inequality," Stanford Institute for Economic Policy Research, 2017.

Molly Kinder, Katie Bach, Laura Stateler, "Profits and the Pandemic: As Shareholder Wealth Soared, Workers Were Left behind," *Brookings Metro* 2022. 4. 21.

Nadav Eyal, *Revolt, The Worldwide Uprising against Globalization*, Ecco, 2021.

Naomi Klein, "Occupy Wall Street: The Most Important Thing in the World Now," *The Nation* 2011. 10. 6.

Nathan Robinson, *Why You Should Be a Socialist*, All Points Books, 2019.

Nick Couldry, *Why Voice Matters: Culture and Politics after Neoliberalism*, Sage, 2010.

Nick Srnicek, *Platform Capitalism*, Polity Press, 2017.

Nouriel Roubini, *Crisis Economics: A Crash Course in the Future of Finance*, Penguin Book, 2010.

_____, "The Instability of Inequality," *Project Syndicate* 2011. 10. 17.

OECD, *Going for Growth*, 2013; 2014; 2015.

_____, "In It Together: Why Less Inequality Benefits All?," 2015.

_____, "The Governance of Inclusive Growth," 2015.

OECD, 'Declaration on Enhancing Productivity for Inclusive Growth, Paris', "Building More Resilient and Inclusive Labour Markets," The Future of Work Policy Forum, 2016. 1. 15.

Paul Romer, "Endogenous Technological Change," *Journal of Political Economy* vol. 98/no. 5, 1990.

Per Molander, *The Anatomy of Inequality*, Melville House Publishing, 2016.

Peter Bachrach, Morton Baratz, *Power and Poverty: Theory and Practice*, Oxford University Press, 1970.

Peter Barnes, *With Liberty and Dividend for All*, Berrett-Koehler Publishers, 2014.

Philippe Aghion, Peter Howitt, "A Model of Growth through Creative Destruction,"

Econometrica vol. 60/no. 2, 1992.

Quentin Ravelli, "Debt Struggles: How Financial Markets Gave Birth to a Working-class Movement," *Socio-Economic Review* vol. 19/no. 2, 2021.

Raghuram Rajan, *Fault Lines*, Princeton University, 2010.

_____, *The Third Pillar* Penguin Press, 2019.

Raina Lipsitz, *The Rise of a New Left: How Young Radicals Are Shaping the Future of American Politics*, Verso, 2022.

Richard K. Caputo, *Basic Income, Guarantee and Politics*, Palgrave Macmillan, 2012.

Robert A. Solow, "A Contribution to the Theory of Economic Growth," *The Quarterly Journal of Economics* vol. 70/no. 1, 1956.

_____, "Technical Change and the Aggregate Production Function," *The Review of Economics and Statistics* vol. 39/no. 3, 1957.

Robert E. Lucas, "The Industrial Revolution: Past and Future," *Annual Report* vol. 18, Federal Reserve Bank of Minneapolis, 2004.

Robert Pear, "Top Earners Doubled Share of Nation's Income," Congressional Budget Office US, 2011. 10. 25.

Robert Solow, "Dumb and Dumber in Macroeconomics," http://textlab.io/doc/927882, 2003.

Roberto M. Unger, *What Should the Left Propose?*, Verso, 2005.

_____, *The Left Alternative*, Verso, 2009.

_____, *Democracy Realized: The Progressive Alternative*, Verso, 2010.

_____, *The Knowledge Economy*, Verso, 2019.

Robin Blackburn, "Finance and the Fourth Dimension," *New Left Review* 39, 2006.

Ronald Davies, Krishna C. Vadlamannati, "A Race to the Bottom in Labor Standards?," *Journal of Development Economics* vol. 103/issue C, 2013.

Rutger Bregman, *Utopia for Realists*, The Correspondent, 2016.

Sahra Wagenknecht, *Prosperity without Greed: How to Save Ourselves from Capitalism*, trans. Andreas Pickel, Campus Verlag, 2016.

Samuel Bentolila, Gilles Saint-Paul, "A Model of Labor Demand with Linear Adjustment Costs," *Labour Economics* 1, 1994.

Sarah van Gelder, the Staff of YES! Magazine eds., This Changes Everything: Occupy Wall Street and the 99% Movement, Berrett-Koehler Publishers, 2011.

Sebastien Rioux, Genevieve LeBaron, Peter J. Verovsek, "Capitalism and Unfree Labor: A Review of Marxist Perspectives on Modern Slavery," *International Political Economy* 27/3, 2019.

Stephan A. Marglin, *Rising Keynes: A Twenty-first-Century General Theory*, Harvard University Press, 2021.

Stephan Klasen, "Measuring and Monitoring Inclusive Growth: Multiple Definitions, Open Questions, and Some Constructive Proposals," ADB Sustainable Development Working Paper, 2010.

Strike Debt, *The Debt Resisters' Operations Manual*, PM Press, 2014.

Thomas Ferguson, Servaas Storm, "Myth and Reality in the Great Inflation Debate," Institute for New Economic Thinking Working Paper no. 196, 2023. 1. 1.

Thomas Frank, *Pity the Billionaire: The Hard-Times Swindle and the Unlikely Comeback of the Right*, Metropolitan Book, 2012.

Thomas Piketty, *Capital in the Twenty-first Century*, trans. Arthur Goldhammer, The Belknap Press of Harvard University Press, 2014.

_____, *The Economics of Inequality*, trans. Arthur Goldhammer, Harvard University Press, 2015.

Todd Gitlin, *Occupy Nation: The Roots, the Spirit, and the Promise of Occupy Wall Street*, it Books, 2012.

Tom Brass, *Labour Regime Change in the Twenty-first Century Unfreedom, Capitalism and Primitive Accumulation*, Brill, 2011.

Walter Korpi, Joachim Palme, "Paradox of Redistribution and Strategies of Equality: Welfare State Institutions, Inequality, and Poverty in the Western Countries," *American Sociological Review* vol. 63/no. 5, 1998.

Werner Bonefeld, *The Strong State and the Free Economy*, Rowman & Littlefield, 2017.

Wolfgang Streeck, *Buying Time: The Delayed Crisis of Democratic Capitalism*, Verso, 2014.

_____, *How Will Capitalism End? Essays on a Failing System*, Verso, 2016.

Yotam Margalit, "Explaining Social Policy Preferences: Evidence from the Great Recession," *American Political Science Review* vol. 107/issue no 1, 2013.

찾아보기